Anja Meulenbelt und Anke Wevers

Frauen und Alkohol

**Mit drei Interviews von
Colet van der Ven**

Deutsch von Annette Löffelholz

Rowohlt

Die Originalausgabe erschien 1994 unter dem Titel
«Vrouwen en alcohol» bei Sara / Van Gennep,
Amsterdam, Boumanhuis, Rotterdam

1. Auflage März 1998
Copyright © 1998 by Rowohlt Verlag GmbH,
Reinbek bei Hamburg
«Vrouwen en alcohol»
Copyright © 1994 by Anja Meulenbelt / Anke Wevers /
Colet van der Ven / Uitgeverij en boekhandel
Van Gennep bv, Spuistraat 283, 1012 VR Amsterdam
Alle deutschen Rechte vorbehalten
Umschlaggestaltung Lars Heitmann
(Fotos: G + J Photonica / Gen Nishino; Roy Volkmann)
Satz aus der Life (Linotronic 500)
Gesamtherstellung Clausen & Bosse, Leck
Printed in Germany
ISBN 3 498 04392 7

Inhalt

Teil III: Therapien und Selbstkontrolle

Dank

Dieses Buch hätte ohne die finanzielle Unterstützung des Boumanhuis, Centrum Verslavingszorg Zuid Holland Zuid in Rotterdam, und ohne die Beiträge der «Landelijke Platform Vrouwenhulpverlening in de Verslavingszorg», die von den Soroptimisten in den Niederlanden finanziert wurden, nicht erscheinen können.

Wir danken auch den Fachspezialistinnen auf dem Gebiet «Frauen und Alkohol», die das Manuskript in seiner ersten Fassung kritisch gelesen haben. Wir haben nicht alle Hinweise aufgenommen, viele verdienen eigene Publikationen, und die werden sicher in nicht zu ferner Zukunft erscheinen.

An erster Stelle danken wir der Psychologin Sylvia Lammers, die sich an der Universität Nimwegen auf das Gebiet «Frauen und Sucht» spezialisiert hat. Sie stellte uns großzügig Material zur Verfügung. Wir danken Anja Bouman, Psychologin und Systemtherapeutin im Huis te Schie, einer Alkoholklinik, die zum Boumanhuis gehört, für ihre Ausführungen zur Methodik der Rückfallprävention, Yvonne Spee, Psychologin und Koordinatorin bei CAD in Rotterdam, die seit Jahren mit Frauengruppen zusammenarbeitet, der Psychologin Pauline Beusekamp von der Vrouwenhulpverlening van de Riagg Rijnmond Noord-West, und Marees Derksen, Juristin, Ärztin und frühere medizinische Leiterin des Boumanhuis. Wir danken der Redaktion von *Opzij*, die uns das Umschlagfoto für die holländische Ausgabe des Buches und das erste Interview von Colet van der Ven zur Verfügung gestellt hat. Und wir danken all den befreundeten Frauen, deren private und berufliche Erfahrungen in das Buch eingegangen sind, ohne daß wir ihre Namen nennen.

Anja Meulenbelt und Anke Wevers

Einleitung

Frauen trinken mehr als früher – ein Phänomen, das hin und wieder als ein Nebeneffekt ihrer gewachsenen Emanzipation verstanden wird. Völlig aus der Luft gegriffen ist eine solche Deutung nicht. Zunehmend mehr Frauen sind außer Haus berufstätig, fahren Auto und gehen häufiger aus. Die größere ökonomische Selbständigkeit hat den Frauen mehr Möglichkeiten und Spielraum gegeben, viele der früher als typisch männlich bezeichneten Verhaltensweisen zu übernehmen. Bei der jüngeren Generation ist kaum noch ein unterschiedliches Trinkverhalten bei Männern und Frauen zu erkennen. Vor allem berufstätige Frauen sind häufiger in Restaurants zu finden oder gehen mit ihren Kollegen in die Kneipe, sie fahren öfter in Urlaub oder unternehmen kleine Wochenendtrips – all dies sind Situationen, in denen Alkohol selbstverständlich akzeptiert ist. Aber es wäre zu einfach, wenn man behaupten würde, daß Frauen die vorgegebenen Verhaltensweisen der Männer imitierten, einschließlich ihrer schlechten Angewohnheiten wie Rauchen, Trinken und Fremdgehen – auch wenn es nicht wenige Frauen gibt, die drauf und dran sind, mit den Männern gleichzuziehen. Ebenso unvollständig erscheint die Erklärung, daß berufstätige Frauen demselben Streß unterliegen wie Männer – ein Streß, der bei Männern zum Problemtrinken führen kann. Sucht oder übermäßigen Konsum können wir bei beiden Geschlechtern als Antwort auf eine Situation begreifen, in der das Verhältnis von Belastbarkeit und Belastung aus dem Gleichgewicht geraten ist. Und, das wird in diesem Buch

9

deutlich werden, für Frauen kann es viele spezifische Situationen geben, in denen dieses Gleichgewicht zerstört ist. Dies, in Kombination mit einer größeren Verfügbarkeit des Genußmittels Alkohol, führt dazu, daß es heute mehr Frauen als früher gibt, die nicht nur Mineralwasser trinken.

In der Fernseh- und Anzeigenwerbung werden uns immer häufiger Frauen mit einem Glas in der Hand präsentiert. Ob es Campari, Martini oder eine bestimmte Biersorte ist, die betreffenden Frauen sind immer jung und attraktiv, umweht von einer Atmosphäre der Romantik, Erotik und Geselligkeit. Niemals würden sie ein Glas zuviel trinken, niemals würden sie die Kontrolle verlieren. Noch nie war die Akzeptanz von Frauen, die in der Öffentlichkeit trinken, so groß wie heute – vorausgesetzt, sie verstehen es, Maß zu halten. Der alkoholische Drink paßt zu einem modernen Lebensstil, zu einem höheren Einkommen, zur allgemeinen Emanzipation der Frauen.

Das Trinkverhalten der Gesamtbevölkerung hat einen Wandel erfahren. In den meisten Kreisen galt Alkohol lange Zeit als etwas Besonderes, das man sich nur zu festlichen Anlässen, bei Geburtstagen oder seltenen Besuchen gönnte. Lange war das Klischee des Alkoholikers der Mann, der am Freitagabend seinen Lohn in der Kneipe versoff. Echter Alkoholismus wurde in erster Linie als ein Männerproblem gesehen. In den siebziger und achtziger Jahren ist der Alkoholkonsum in allen Schichten der Bevölkerung gewaltig gestiegen. Immer mehr Leute gewöhnten sich daran, täglich zu trinken, einen Aperitif vor den Mahlzeiten, ein Glas Wein zum Essen, eine Flasche Bier vor dem Fernseher. Auch an den Frauen ging dieser allgemeine Trend nicht vorbei. Der Konsum hat nicht zugenommen, weil der Prozentsatz trinkender Frauen gestiegen wäre, sondern weil Frauen ganz allgemein häufiger und mehr trinken. Während 1976 16,8 Prozent täglich ein alkoholisches Getränk zu sich nahmen, waren es 1987 schon 35 Prozent (Spee, 1991). Die Frauen und Männer, die sich an die offiziellen Suchtberatungsstellen wenden, bilden nur die Spitze eines Eisbergs. Bei einer Befragung, die im holländischen Scheveningen durchgeführt wurde, stellte sich heraus, daß 17 Prozent der befragten Männer und 9 Prozent der Frauen ihren Alkoholkonsum zu hoch fanden. 65 Prozent der Männer und 63 Prozent der Frauen hatten einen oder mehrere Versuche unternommen, ihr tägliches Quantum zu reduzieren (Burger und van Toorn, 1993). Inzwischen geht der durchschnittliche Verbrauch wieder zurück. Die Erkenntnis wächst, daß Alkohol nicht nur die Lebensfreude steigert, sondern durchaus schädlich sein kann. Wir wissen nicht, was bei diesem Bewußtseinsprozeß die größte Rolle spielt, der Slogan der öffentlichen Antialkoholkampagnen: «Alkohol macht mehr kaputt, als dir lieb ist», oder die obligatorische Warnung bei der Alkoholwerbung: «Genieße, aber genieße in Maßen». Vielleicht ist es auch der zunehmende allgemeine Trend zu einem gesundheitsbewußteren Leben. Tatsache ist, daß es wieder mehr Menschen gibt, die ganz auf Alkohol verzichten. An den Zahlen aus dem Jahr 1992, die in dem Alkohol-Rapport des niederländischen Ministeriums für Volksgesundheit veröffentlicht wurden, läßt sich ablesen, daß der Prozentsatz der völlig abstinent lebenden Frauen von 16 Prozent auf 25 gestiegen war und der Konsum derjenigen, die sich durchaus einmal ein Glas gönnen, von ehemals durchschnittlich 5,6 auf 4,9 Gläser pro Woche sank. Die Männer tranken und trinken noch immer doppelt soviel: 9,1 Gläser gegenüber früher 10,8. Läßt sich daraus ableiten, daß es keine Alkoholprobleme mehr gibt oder daß sie sich von selbst regeln werden? Würden wir alle nur 4,9 Gläser in der Woche trinken, wäre die Welt wahrlich in Ordnung. Aber es gibt Frauen, die wesentlich mehr konsumieren, die täglich trinken, die immer wieder einmal über die

Stränge schlagen, und es gibt Frauen, die sich jahrelang mit ein paar Gläsern in geselliger Runde begnügten, bis sie in eine Krise gerieten und bemerkten, daß sie den Alkohol brauchten, oder die allmählich in ein Trinkverhalten hineingeschlittert sind, von dem sie, wie sie zu ihrem großen Schreck feststellen, nicht mehr ohne weiteres loskommen. Bei den Suchtberatungsstellen melden sich nach wie vor erheblich weniger Frauen als Männer (etwa 20 Prozent), aber wie wir in diesem Buch zeigen werden, ist die Gruppe der Frauen, die mit leichten oder auch schweren Alkoholproblemen zu kämpfen hat, keineswegs klein. Wir schätzen, daß etwa 3 Prozent der erwachsenen weiblichen Bevölkerung in den Niederlanden echte Alkoholprobleme haben oder süchtig sind (gegenüber 10 Prozent bei den Männern); in absoluten Zahlen ausgedrückt, betrifft das etwa 150 000 bis 200 000 Frauen. Manche Schätzungen liegen noch höher. Präzise Aussagen sind schwierig. Zum einen sperrt sich der Begriff des «Problemtrinkens» gegen eine genaue Definition, und die Grenze zu einer echten Sucht ist nur schwer zu markieren, zum anderen halten gerade Frauen ihr Trinken länger vor ihrer Umwelt verborgen.

Über Alkohol und Alkoholismus wurde schon viel geschrieben. Von warnenden Broschüren und Anleitungen zur Selbsthilfe bis hin zu Artikeln für Suchttherapeuten und wissenschaftlichen Untersuchungen. Ist es bei dieser Fülle an Material und Informationen überhaupt nötig, sich ganz speziell mit dem Alkoholkonsum von Frauen zu beschäftigen? Wir meinen ja. Bis vor kurzem ging es in fast allen Veröffentlichungen zu diesem Thema explizit oder implizit um Männer. Das sollte uns nicht wundern, denn schließlich geraten Männer häufiger in Konflikte mit der Justiz, wenn sie sich in angetrunkenem Zustand ans Steuer setzen und Unfälle verursachen oder Gewaltdelikte begehen, bei denen Alkohol im Spiel ist. Oder das Stichwort Fußballvandalismus. Gründe genug, um einen übermäßigen Alkoholkonsum vor allem bei Männern nicht nur als ein individuelles, sondern auch als ein gesellschaftliches Problem zu sehen. Auch der Arbeitsausfall wegen Alkoholmißbrauchs ist in die Diskussion geraten. In diesem Kontext kommen Frauen kaum vor. Sie sind relativ häufiger «stille» Trinkerinnen, die mit ihrem Verhalten kaum die «öffentliche Ruhe und Ordnung» stören.

Und das ist beileibe nicht der einzige Unterschied zwischen Männern und Frauen, wenn es um das Thema Alkohol geht. Im Vorgriff auf die nächsten Kapitel dieses Buches seien hier ein paar der anderen Aspekte kurz angerissen:

— Eine Frau, die regelmäßig zuviel trinkt, wird anders beurteilt als ein Mann. Zum gängigen Männlichkeitsbild gehört, daß ein richtiger Mann durchaus einen kräftigen Schluck verträgt. Die Stigmatisierung trinkender Frauen ist ein Grund, weshalb Frauen ihren Alkoholismus länger verbergen und erst relativ spät zu erkennen geben, daß sie Hilfe brauchen.

— Frauen sprechen gegenüber ihrem Arzt oder Therapeuten öfter von Depressionen oder Schwierigkeiten in der Beziehung. Dahinter verbirgt sich jedoch nicht selten ein Alkoholproblem. Bei weitem nicht alle Ärzte und Therapeuten haben den geschulten Blick, um zu erkennen, daß Alkohol zumindest ein Teil der präsentierten Problematik ist.

— Bei Frauen sieht man häufiger eine Bündelung von Problemen, bei der Alkohol nur ein Aspekt von vielen ist. So ist ein hoher Prozentsatz der süchtigen Frauen in der Kindheit oder Jugend Opfer sexuellen Mißbrauchs gewesen. Außerdem gibt es eine geschlechtsspezifisch bedingte Beziehung zwischen Alkohol und Gewalt gegen Frauen. Eine Frau ist in einer heterosexuellen Beziehung, in der einer der Partner oder beide trinken, stärker der Gefahr einer Mißhandlung ausgesetzt als in einer Verbindung, in der mäßig oder nicht getrunken wird.

– Es gibt eine direkte Beziehung zwischen Streß und Alkoholkonsum. Nicht nur die Lebensumstände, die Streß erzeugen, sind für Männer und Frauen unterschiedlich, auch die Art, wie mit dem Streß umgegangen wird, kann durchaus unterschiedlich sein. Bei Männern ist es eher der Streß am Arbeitsplatz, der sie zur Flasche greifen läßt, Frauen spülen eher ihre Beziehungsprobleme mit einem Schluck hinunter. Männer suchen bei Streß doppelt so häufig ihr Heil im Alkohol als Frauen – die gehen, im Vergleich zu den Männern, doppelt so oft zu ihrem Hausarzt, um sich irgendwelche Pillen verschreiben zu lassen. Eine Polysucht – die Abhängigkeit von Alkohol und von rezeptpflichtigen Medikamenten – ist bei Frauen häufiger anzutreffen.

– Männer neigen eher dazu, sich unter dem Einfluß ihrer männlichen Altersgenossen das Trinken anzugewöhnen. Bei Frauen findet der Einstieg in den Alkohol im allgemeinen später statt. Häufig spielt dabei der Einfluß des Mannes, mit dem sie zusammen sind, die entscheidende Rolle. Nicht selten kommt es auch vor, daß innerhalb einer Familie nur der Mann trinkt. Frauen sind anfangs häufiger «Mittrinkerinnen». Wenn ein Mann versucht, vom Alkohol loszukommen, wird seine Frau oder Freundin öfter versuchen mitzuziehen, als dies umgekehrt geschieht. Frauen, die den Versuch machen, abstinent zu werden, können weniger auf die Unterstützung eines männlichen Partners rechnen; trinkende Frauen werden öfter von ihren Männern verlassen, während Frauen viel länger an der Seite ihres alkoholsüchtigen Mannes bleiben. So steht am Ende der Ehe einer alkoholabhängigen Frau oft die Scheidung mit allen damit verbundenen finanziellen Problemen und in einzelnen Fällen auch der Verlust der Kinder.

– Auch körperlich wirkt Alkohol bei Männern und Frauen unterschiedlich. Frauen bekommen die negativen Folgen eines überhöhten Alkoholkonsums in der Regel schneller zu spüren als Männer.

Alkohol hat also auf verschiedenen Ebenen bei Männern und Frauen durchaus unterschiedliche Effekte: der Körper reagiert anders, die Motivation zu trinken ist unterschiedlich; Alkohol kann bei Männern und Frauen eine andere Funktion und unterschiedliche Auswirkungen haben. Selbstverständlich bleibt dies nicht ohne Folgen für die diversen Formen der Selbsthilfe oder Behandlung.

Dieses Buch wendet sich an unterschiedliche Zielgruppen. An erster Stelle will es die Frauen und die Menschen in ihrem näheren Umfeld ansprechen, die meinen, daß sie sich über das eigene Trinkverhalten ein paar Gedanken machen sollten. An zweiter Stelle richtet es sich an Therapeuten. Die beiden Autorinnen dieses Buches, Anke Wevers, die an verantwortlicher Stelle im Bereich frauenspezifischer Suchttherapien arbeitet, und Anja Meulenbelt, Dozentin und Trainerin für frauen- und geschlechtsspezifische Therapieformen und Sozialwissenschaftlerin, haben versucht, Erfahrungsberichte und wissenschaftliche Studien zusammenzufügen und mit den Erkenntnissen zu verknüpfen, die in der Suchttherapieszene und aus den frauenbezogenen Therapien gewonnen wurden. In vielen Studien wird eine Grenze zwischen den «echten Alkoholikern» einerseits und den Leuten ohne Probleme andererseits gezogen. Abgesehen davon, daß sich diese Beiträge überwiegend mit der männlichen Suchtproblematik befassen, ist es in Wirklichkeit so, daß sich die meisten Frauen in ihrem Trinkverhalten irgendwo auf der breiten Skala zwischen Totalabstinenz und Sucht befinden und in all diesen Darstellungen wenig Parallelen zu den eigenen

Erfahrungen und Konflikten entdecken können. Gerade weil sich das Trinkverhalten im Laufe eines Lebens – schrittweise oder plötzlich – sehr verändern kann, ist es wichtig, daß wir über die Wirkung und die Nebenwirkungen von Alkohol gut informiert sind und die Funktion erkennen, die Alkohol für uns persönlich haben kann – in positivem wie in negativem Sinn.

Wir gehen in diesem Buch von den Prinzipien frauenspezifischer Therapieformen aus. Das impliziert unter anderem, daß wir die Alkoholproblematik von Frauen im Kontext der aktuellen gesellschaftlichen Verhältnisse sehen und eine Verbindung zur geschlechtsspezifischen Sozialisation herstellen. Dabei werden wir Alkoholismus als einen Überlebensmechanismus definieren, als eine, wenn auch nicht unbedingt adäquate Art der Problembewältigung; wir wehren uns dagegen, dieses Phänomen als Krankheit oder Störung zu sehen. Gerade weil trinkende Frauen so stark stigmatisiert werden, halten wir es für wichtig, dieser Sichtweise eine weniger strafende Haltung entgegenzusetzen. Schuld und Scham müssen wir den Frauen, die fürchten, von Alkohol abhängiger zu sein, als ihnen lieb ist, mit Sicherheit nicht beibringen. Wir hoffen, Frauen mit diesem Buch ein wenig Unterstützung zu geben – Frauen, die sich in einer Risikophase befinden, in der es noch möglich ist, ohne Hilfe von außen den Konsum zu reduzieren. Wir möchten ihnen eine Grundlage geben, von der aus sie besser vorbereitet Hilfe suchen können.

Bei den Therapeuten haben wir verschiedene Gruppen im Auge. Wie in Teil III dieses Buches deutlich werden wird, fanden viele Frauen, die sich in der Vergangenheit an ihren Hausarzt, an ein ambulantes psychiatrisches Zentrum, an eine Sozial- oder Suchtberatungsstelle oder auch an eine frauenspezifische Institution wandten, nicht die Hilfe, die angemessen gewesen wäre. Die Hemmschwelle, sich an eine Suchtberatungsstelle zu wenden, ist für Frauen immer noch sehr hoch, und obwohl viel getan wird, die Prinzipien der frauenspezifischen Therapien einzubringen, das heißt, die Problematik der betroffenen Frauen im Zusammenhang mit ihrer Sozialisation und den gesellschaftlichen Bedingungen zu sehen, ist eine entsprechend gezielte Fortbildung der Therapeuten dringend notwendig.

Andererseits wissen die Therapeutinnen oft noch zuwenig über Alkohol und Sucht. Wie wir aus Erfahrung wissen, wurde bei Frauen, deren Alkoholproblem nur ein Teilaspekt einer größeren Gesamtproblematik war, entweder nur das Suchtproblem wahrgenommen und vielfach als Kontraindikation für eine Behandlung angesehen – unserer Meinung nach bei weitem nicht immer zu Recht –, oder aber der Alkoholkonsum wurde bagatellisiert bzw. ignoriert. Bei beiden Varianten bekam die Frau nicht die Hilfe, die sie suchte und brauchte. Ob es nun um Formen der Selbsthilfe oder um eine professionelle Behandlung geht, wir plädieren in jedem Fall für eine zweigleisige Herangehensweise. Es ist von großer Bedeutung, sich sowohl mit dem Alkoholkonsum selbst auseinanderzusetzen als auch mit der Funktion, die Alkohol im Alltagsleben einer Betroffenen hat, ihn als eine Überlebensstrategie zu definieren und mit dem gesellschaftlichen Status, der Sozialisation und der Hintergrundproblematik zu verknüpfen.

TEIL I

Warum Frauen trinken

1. Hintergründe

Alkohol ist an erster Stelle ein Genußmittel, in zweiter Linie aber – und hier ist die Grenze nicht immer deutlich zu ziehen – eine Art der Selbstmedikation. Alkohol ist legalisiert und rezeptfrei überall erhältlich. Neben edlen Statusgetränken wie Champagner und teurem Whisky finden sich in den Regalen der Supermärkte auch die billigen Sherrys und Weine, mit denen sich jede Frau, auch wenn sie von der Sozialhilfe oder einer Mindestrente leben muß, einen Rausch antrinken kann. Als Selbstmedikation und Teil einer Überlebensstrategie oder als Möglichkeit und Mittel, das Leben erträglicher zu gestalten, greifen viele Frauen zur Flasche, wenn Belastung und Belastbarkeit aus der Balance geraten, wenn, um es anders auszudrücken, die objektiven Zwänge sich summieren und schwerer wiegen als das eigene subjektive Wollen. Eine solche Selbstmedikation kann nach sehr unterschiedlichen Mustern verlaufen. Es gibt Frauen, die erst nach 5 Uhr nachmittags oder nach Arbeitsschluß trinken, dann aber große Mengen, während andere zwar weniger konsumieren, aber schon am frühen Vormittag, nachdem der Mann aus dem Haus ist, mit dem ersten Gläschen anfangen. Im Gegensatz zu den Männern, die häufiger in Gesellschaft trinken, hat es bei den meisten Frauen, die zuviel trinken, mit ein paar Gläsern zu Hause, sozusagen unter Ausschluß der Öffentlichkeit, angefangen. (Studien über Frauen, die wegen eines Alkoholproblems letztendlich psychiatrisch behandelt werden mußten, sprechen von 75 Prozent «einsamer Trinkerinnen» [De Zwart, 1983].) Wer Alkohol als Selbstmedikation einsetzt, läuft Gefahr, immer größere Mengen zu konsumieren, um dieselbe Wirkung zu erzielen. Um diesen Aspekt der erhöhten Toleranz und der suchterzeugenden Faktoren wird es in Teil II dieses Buches gehen.

Zunächst wollen wir jedoch den gesellschaftlichen Hintergrund erhellen und über für Frauen typische Entscheidungen und Konfliktsituationen sprechen, die das Gleichgewicht zwischen Belastbarkeit und Belastung zerstören können. Trotz großer individueller Unterschiede gibt es einige gemeinsame strukturelle Aspekte, die dazu beitragen, daß bei Frauen das Bedürfnis nach einem bestimmten Rauschmittel erwacht, von dem sie sich ein leichteres oder angenehmeres Leben versprechen.

Werfen wir einen Blick auf die Wahlmöglichkeiten, die sich Frauen nach fünfundzwanzig Jahren Emanzipation geschaffen haben, um ihr Leben einzurichten. Als erstes sind da die Frauen, die sich für das traditionelle Modell, sprich für Kinder und eine Familie entscheiden und ihre bezahlte Arbeit aufgeben, auch wenn sie vielleicht die Absicht haben, sich wieder auf Arbeitssuche zu begeben, wenn die Kinder groß und aus dem Haus sind. Nicht in allen Fällen ist eine solche Entscheidung wirklich freiwillig, es gibt genügend Frauen, die keine geeignete Arbeit finden können oder ihre Stelle wieder verlieren, wenn sie mit ihrem Mann umziehen. Daneben gibt es die Gruppe der alleinerziehenden Frauen mit kleinen Kindern, die von Unterhaltszahlungen des Mannes oder von der Sozialhilfe leben müssen und bewußt auf eine Arbeit verzichten oder auch keine bekommen, solange die Kinder noch klein sind.

Der Emanzipationsprozeß hat den Frauen eine zweite Möglichkeit erschlossen, nämlich die, den Schwerpunkt auf die

Arbeit zu legen. Noch nie zuvor hat es in der westlichen Geschichte so viele gut ausgebildete Frauen gegeben. Praktisch steht ihnen heutzutage jede Art von bezahlter Arbeit offen – und ansatzweise sind sogar ernsthafte Versuche zu erkennen, Frauen den Aufstieg in Spitzenpositionen zu ermöglichen.

Da es mit den Mitteln, die uns gegenwärtig zur Verfügung stehen, zum ersten Mal tatsächlich möglich ist, keine Kinder zu bekommen, gibt es mehr Frauen als je zuvor, die ganz bewußt auf Kinder verzichten oder sich auf nur ein Kind beschränken. Mit dem Wort «Karrierefrau» wird nicht mehr ausschließlich das Klischee der «männlichen» Frau mit großem Ehrgeiz und wenig Charme assoziiert. Selbstbewußt, schlank, gut gekleidet und perfekt frisiert – eine Frau, die sich niemals mit schweren Einkaufstaschen abschleppt und unbeirrt auf ein festes Ziel zusteuert –, hat sich die «Karrierefrau» mittlerweile in den Werbespots einen festen Platz neben der Hausfrau erobert, die das Weiß ihrer Wäsche mit dem ihrer Nachbarin vergleicht. Auch in dieser Kategorie finden wir Frauen, die sich nicht unbedingt aus freien Stücken für eine solche Lebensform entschieden haben. Manche Frauen wissen nur zu genau, daß sie nicht auf einen männlichen «Ernährer» rechnen können – lesbische Frauen zum Beispiel. Und obwohl auch sie zur Zeit häufiger Kinder bekommen, sind sie in jedem Fall gezwungen, ihr eigenes Geld zu verdienen, und sind auf eine relativ gut bezahlte Arbeit angewiesen.

Die dritte Möglichkeit ist die, eine bezahlte Arbeit mit der Sorge für Familie und Kinder zu kombinieren. Es ist ein Modell, das in manchen Fällen aus der Not geboren wurde. In längst nicht allen Schichten der Bevölkerung reicht das Einkommen des Mannes für den Unterhalt der ganzen Familie aus. Aber diese Option wird gerade bei jungen Frauen zunehmend beliebter. Wenn man junge Frauen fragt, wie sie sich ihre Zukunft vorstellen, so bekommt man nicht selten zur Antwort: «Ganz einfach, ein netter Mann, ein paar nette Kinder und ein gutbezahlter Job, der Spaß macht.» Sie gehen wie selbstverständlich davon aus, daß sie den angenehmen Job auch dann behalten, wenn die netten Kinder erst einmal da sind. Und dann wären da noch die lesbischen Paare mit Kindern, die beide eine Halbtagsstelle haben.

Daß Frauen heute eine wesentlich größere Entscheidungsfreiheit haben, heißt nicht, daß die verschiedenen Modelle problemlos lebbar wären. Die Frage ist, wie es im einzelnen um die Ausgewogenheit zwischen Belastung und Belastbarkeit bestellt ist, wo die jeweiligen Problemzonen liegen. Bei der Gruppe, die sich für das traditionelle Modell entschieden hat, ist am besten dokumentiert, mit welchen Schwierigkeiten Frauen konfrontiert werden, welchen Preis sie für eine solche Entscheidung zahlen. Bereits Betty Friedan, eine der ersten Feministinnen der neuen Frauenbewegung, hat die «namenlose Krankheit», das Hausfrauensyndrom, beschrieben. Hausarbeit und die Sorge für die Kinder sind äußerst wichtig, nicht nur für die einzelnen Familienmitglieder, die Kinder oder Männer, die ohne den Rückhalt und die Unterstützung von zu Hause an ihrem Arbeitsplatz kläglich versagen würden, sondern auch im gesamtgesellschaftlichen Rahmen. Frauen erledigen ein unglaubliches Quantum an unbezahlter Arbeit, ohne die der Zusammenbruch der Gesellschaft vorprogrammiert wäre. Wir sollten froh sein, daß sich unter diesen Umständen immer noch Frauen finden, die bereit sind, die Sorge für die nächste Generation zu übernehmen. Allerdings bezahlen die Frauen dafür einen hohen Preis. Hausarbeit wird vor allem dort sichtbar, wo sie *nicht* getan wird. Die Soziologin Ann Oakley hat sie bereits als eine endlose Reihe immer wiederkehrender gleicher Handgriffe und Tätigkeiten beschrieben, die nicht so geplant werden können, daß wirklich «Freizeit» entsteht. Wenn die Kinder ständig irgendwo hingebracht oder von irgendwo abgeholt werden müssen, sind nicht nur alle Wochentage und die Abende, sondern auch die Wochenenden zerstückelt. Und selbst von dem gutwilligsten Ehemann kann man nicht erwarten, daß er sich tagtäglich für eine saubere Küche, die gebügelten Oberhemden im Schrank und die gemachten Betten bedankt. Ein zusätzlicher Aspekt ist natürlich die ökonomische Abhängigkeit. Frauen werden heute im Durchschnitt älter und bekommen weniger Kinder. Wenn eine Frau ihre Lebensmitte erreicht hat, sind die Kinder mehr oder weniger selbständig. Eine Wiedereingliederung in den Arbeitsprozeß ist dann alles andere als einfach. Solange die Beziehung stimmt, braucht es für Frauen kein Problem zu sein, daß der Mann das Geld nach Hause bringt. Wenn jedoch die Unzufriedenheit – bewußt oder unbewußt – ständig wächst, wird schmerzlich sichtbar, wie begrenzt die Möglichkeiten für eine Frau sind, noch etwas anderes mit ihrem Leben anzufangen. Jede dritte Ehe wird geschieden, und in zwei Dritteln der Fälle wird die Scheidung von der Frau eingereicht, obwohl sie dadurch im allgemeinen wesentlich größere finanzielle Nachteile hat als der Ehepartner. Die neue Armut, die unauffällige Armut der Sozialhilfe, hat vor allem unter alleinerziehenden Müttern und alleinstehenden älteren Frauen zugenommen. Männer finden relativ schnell eine neue – und auffallend oft eine jüngere – Ehepartnerin, während Frauen, vor allem wenn sie das Sorgerecht für die Kinder behalten, geringere Chancen haben, sich mit einem neuen Lebensgefährten zusammenzutun. Dies kommt nicht nur dann zum Tragen, wenn Frauen gezwungen sind, sich allein zurechtzufinden, sondern spielt auch innerhalb der Ehe eine Rolle. Ob

eine Frau nun den Mut hat, sich dies bewußt zu machen oder
nicht, in jedem Fall ist sie in der schwächeren Verhandlungsposition, wenn es um Zuwendung und Aufmerksamkeit
geht, die sie in ihrer Partnerschaft erwartet. So ist es keineswegs überraschend, wenn die Ergebnisse von Studien zeigen,
daß Frauen dieser Gruppe – möglicherweise in Kombination
mit einem zu hohen Alkoholkonsum – erheblich mehr zu Depressionen oder psychosomatischen Beschwerden neigen
(die mit fortschreitendem Alter zunehmen), übermäßig essen und eine verstärkte Abhängigkeit von rezeptpflichtigen
Medikamenten, vor allem von Beruhigungs- und Schlaftabletten, entwickeln.

Die zweite Kategorie Frauen hat es in mancherlei Hinsicht
leichter. Zumindest hat eine Frau, die ihr eigenes Geld verdient, mehr Bewegungsfreiheit. Sie hat die Mittel, sich
Dienstleistungen zu kaufen, sich eine Putzfrau zu leisten,
ihre Wäsche in die Wäscherei zu bringen und sich im Restaurant an den gedeckten Tisch zu setzen. Das einzige, was sie
sich von ihrem Geld nicht kaufen kann, sind der emotionale
Rückhalt und die Organisation der Hausarbeit und Freizeit –
Dinge, die für die meisten Männer, die unter einer vergleichbaren Arbeitsbelastung stehen, mit Selbstverständlichkeit
die Ehefrau erledigt. Im Zusammenleben mit einer anderen
Frau wird die Aufgabenverteilung im Beruf und Haushalt
wahrscheinlich ausgewogener und gerechter sein. Teilt sie
ihr Leben aber mit einem Mann, gestaltet sich das wesentlich
schwieriger. Noch immer sind die Männer dünn gesät, die
ihre Frauen ganz selbstverständlich emotional und materiell
auffangen und unterstützen, wenn sie in ihrem Beruf sehr
gefordert sind. Viele Männer können offensichtlich schlecht
damit umgehen, daß eine Frau ihre Arbeit genauso ernst
nimmt, wie sie es für gewöhnlich tun. Vor allem wenn sie

mehr verdient oder erfolgreicher ist als er, ist es möglich, daß sich die Beziehungsprobleme dramatisch zuspitzen.

Nicht wenige ehrgeizige Frauen stellen einen Kinderwunsch zurück, und eine signifikante Anzahl verzichtet letztendlich auch auf eine Beziehung zu einem Mann. In dieser Gruppe können verdeckte Einsamkeitsgefühle eine wichtige Rolle spielen – eben weil diesen erfolgreichen Frauen auf dem Arbeitsmarkt dieselben Leistungen abverlangt werden wie den Männern, sie jedoch mit erheblich weniger Unterstützung auskommen müssen. Obwohl Frauen mit einem eigenen Einkommen im allgemeinen psychisch und physisch gesünder sind als Frauen, die in einer finanziellen Abhängigkeit leben, zahlen auch sie ihren Preis, dem man den dynamisch klingenden Begriff «Burn-out» verpaßt hat. Zwischen dem «kleinen Muntermacher», dem zusätzlichen Drink gegen den Freitagabend-Blues, der Belohnung, die man woanders nicht bekommt, und dem «Burn-out-Syndrom» oder der chronischen Streß-Störung besteht eine direkte Beziehung. Während nach einem anfänglichen Anstieg des Alkoholkonsums unter der Gesamtbevölkerung jetzt wieder ein gewisser Rückgang zu beobachten ist – der Trend geht eher zu einer gesünderen Lebensweise –, ist die Tendenz bei den beruflich erfolgreichen Frauen und bei Frauen in den sogenannten Männerberufen nach wie vor steigend.

Frauen der dritten Gruppe, die versuchen, bezahlte Arbeit und Familie miteinander zu kombinieren, sind in jeder Hinsicht überlastet. Unter Kollegen sind Frauen mit Kindern nicht immer gern gesehen, da sie als weniger zuverlässige Arbeitskräfte gelten. Sie stehen unter dem Druck, beweisen zu müssen, daß ihre Arbeit nicht unter der Sorge für die Kinder leidet. Gleichzeitig sind sie dafür verantwortlich, daß Mann und Kinder wegen des Berufes nicht zu kurz kommen. Diese

Frauen wissen nur zu gut, was Schuldgefühle sind, da sie in ihrem ständigen Bemühen, alle Beteiligten bei Laune zu halten, häufig das Gefühl haben, die eine oder andere Seite zu vernachlässigen. Viele Frauen versuchen das Problem der Doppelbelastung dadurch zu lösen, daß sie eine Teilzeitarbeit oder eine Beschäftigung annehmen, die keine allzu hohen Anforderungen an sie stellt. Das bedeutet aber auch, daß sie ihre Talente selten voll entfalten können und geringere Aufstiegschancen haben. Die Frage bleibt, ob sie sich von ihrer eigenen Arbeit über Wasser halten könnten, wenn die Beziehung oder Ehe scheitern sollte. Während in den Niederlanden etwa jede zweite (erwachsene) Frau einer bezahlten Arbeit nachgeht, wäre nur ein Viertel von ihnen in der Lage, von dieser eigenen Arbeit zu leben. Da die meisten Männer voll arbeiten – eine Tatsache, die dadurch legitimiert wird, daß er in der Ehe in der Regel der ältere ist, dadurch bereits einen Vorsprung auf dem Arbeitsmarkt hat und somit mehr verdient –, ist es ganz selbstverständlich für sie, die Arbeit zu reduzieren, wenn Kinder kommen. In der Regel wird sie im Verlauf der Ehe dadurch schlechter dastehen, während sich seine Position für gewöhnlich verbessert. Ist eine Frau der Doppelbelastung nicht mehr gewachsen, was nicht selten vorkommt, liegt es auf der Hand, daß sie ihre Arbeit aufgibt und damit in die erste Kategorie der «Hausfrauen und Mütter» zurückfällt. Ein erheblicher Prozentsatz der Frauen, die fest entschlossen waren, neben der Familie weiterzuarbeiten, sieht sich letztendlich gezwungen, den Beruf an den Nagel zu hängen.

Natürlich kennt dieses etwas einfache Grundschema zahlreiche Variationsmöglichkeiten, denn selbstverständlich gibt es sie, die Frauen, denen es auf wundersame Weise gelingt, Arbeit und Beziehung miteinander zu verbinden, die einen Beruf haben, der sie befriedigt, und einen Partner gefunden haben, der bereit ist, wirklich zu teilen. Es gibt sie, die Frauen, die freiwillig auf Kinder verzichten oder kein Problem darin sehen, ohne einen festen Partner zu leben. So profitieren viele Frauen einerseits von dem breiteren Spektrum an Möglichkeiten, es ist inzwischen aber auch deutlich geworden, daß sie wenig Unterstützung bekommen und unter hohem Leistungsdruck stehen. Im Leben sehr vieler Frauen stimmt die Balance zwischen dem fremdbestimmten «Müssen» und dem subjektiven «Möchten» nicht, egal, für welches Modell sie sich entschieden haben. Während Frauen verhältnismäßig stärker in die Männerrolle hineingeschlüpft sind, haben die Männer keinen entsprechenden Anteil an der Frauenrolle übernommen, wie sie bis vor kurzem noch als klassisch galt. Aus einem so gestörten Gleichgewicht kann sich sehr leicht eine Überlebensstrategie entwickeln, die mit übermäßigem (Alkohol-)Konsum einhergeht. Es ist also nicht die Emanzipation an sich, die neue Probleme schafft, sondern die Tatsache, daß dieser Prozeß nicht abgeschlossen ist; dies macht Frauen anfällig, auf der Suche nach einer Form des Trostes und der Selbstbelohnung den manchmal verhängnisvollen Griff zur Flasche zu tun.

Soweit eine erste grobe Übersicht. Selbstverständlich gibt es noch wesentlich mehr Ursachen, die an der Entstehung eines Alkoholproblems beteiligt sein können. Sexueller Mißbrauch in der Kindheit oder Jugend ist ein noch weitgehend unterschätzter Faktor, der bei fast jeder Form weiblicher Sucht eine Rolle spielt. Die individuellen Unterschiede sind groß, sie haben ihre Wurzeln in der spezifischen Lebensgeschichte und werden durch das Elternhaus, das Milieu, die Partnerwahl, den bevorzugten sexuellen Lebensstil und das ethnische oder kulturelle Umfeld bedingt. Hinzu kommen die spezifischen Charaktermerkmale der jeweiligen Person. In ihrer Gesamtheit und Komplexität können all diese Aspekte nicht mehr auf ein simples Schema zurückgeführt werden, aus dem sich ablesen ließe, welche Frauen es beim sozialen Trinken belassen werden bzw. welche stark gefährdet sind. Auf einige wesentliche Faktoren werden wir noch genauer zu sprechen kommen, zunächst geht es uns jedoch darum darzustellen, in welchen Formen sich der Alkohol- und Drogenkonsum als Überlebensmechanismus manifestieren kann.

2. Alkohol und Überlebensmechanismen

Es ist ein Verdienst der frauenspezifischen Therapien, daß man sich allmählich von rigiden, ursächlichen Erklärungen für ein Suchtverhalten zu distanzieren beginnt. Es heißt nicht mehr, daß Sucht automatisch psychische Probleme nach sich zieht oder psychische Probleme in einem Suchtverhalten enden müssen. In den frauenspezifischen Therapien wird Sucht als ein funktionales Verhalten gesehen. Sucht hat die Funktion, Situationen, die als schwierig erfahren werden, die Stirn zu bieten, und deshalb spricht man auch von Coping-Verhalten oder «Überlebensstrategie», so nennt es die Psychologin und Psychotherapeutin Carien Karsten, die sich in ihrer Dissertation mit heroinabhängigen Prostituierten beschäftigt hat. Es gibt unterschiedliche Überlebensmechanismen, wie es unterschiedliche Methoden gibt, ein schwieriges Leben zu bewältigen. Wir kennen die sogenannten «leichten» Formen des Suchtverhaltens bei Frauen, die in ihrer Beziehung nicht das bekommen, was sie gern hätten, aber dennoch nicht den Mut finden, einen Schlußstrich zu ziehen – vielleicht wegen der Kinder, vielleicht wegen der finanziellen Situation, vielleicht auch, weil sie im Grunde ihres Herzens meinen, daß sie als Frauen eine unbefriedigende Beziehung aufrechterhalten müßten. Und wir kennen die «schwereren» Formen, zum Beispiel bei Frauen mit einer traumatischen Vergangenheit. Karsten geht davon aus, daß Suchtverhalten fast immer als Überlebensmechanismus gesehen werden muß und daß die Unterschiede zwischen einer Alkohol-, Tabletten- und Drogensucht nicht signifikant sind. Hinter jeder Form von Abhängigkeit verbergen sich jedoch ein paar Hauptmotive, die mit den Problemen der jeweiligen Frau zusammenhängen und mit der Überlebensstrategie zu tun haben, für die sie sich «entschieden» hat. Bei Drogenabhängigen fand Karsten zwei Hauptformen: zum ersten den Versuch, unerwünschten Gefühlen aus dem Weg zu gehen, und zum zweiten das Bemühen, nicht die Kontrolle über das eigene Leben zu verlieren. Jede dieser beiden Hauptformen tritt in einer introvertierten, also in einer nach innen gerichteten, und in einer extrovertierten, nach außen gerichteten Variante auf (Karsten, 1993). Aus einer vergleichenden Gegenüberstellung ergibt sich das folgende Schema:

	introvertiert	*extrovertiert*
Vermeidung	Betäubung	Rausch / Kick / Enthemmung
Kontrolle	Anpassung	Performance

Karsten hat dieses Schema anhand der Erfahrungen drogenabhängiger Frauen aufgestellt. Wir erlauben uns, dafür auf die Erfahrungen von Frauen zurückzugreifen, die zuviel trinken, wobei wir die Begriffe entsprechend angepaßt haben. (So wird zum Beispiel das Wort «flash», die Folge eines Heroinschusses, Leuten mit Drogenerfahrung sicherlich etwas sagen, während Menschen, die trinken, wahrscheinlich wenig damit anfangen können.)

1. Die Betäubungsstrategie kann ein Hinweis auf das Vermeiden unerträglicher, schmerzlicher Gefühle sein, die möglicherweise durch Traumata in der Kindheit hervorgerufen werden. Die Hälfte der Frauen, die in einer Tages- oder Alkoholklinik aufgenommen wurden, sind in ihrer Kindheit oder Jugend sexuell mißbraucht, vernachlässigt oder mißhandelt worden. Dieser Prozentsatz liegt doppelt so hoch wie bei einer beliebigen Gruppe von Frauen, die

nicht in eine Alkoholabhängigkeit geraten sind. Alkohol kann dazu benutzt werden, nichts zu fühlen, sich nicht erinnern zu müssen.

2. Die Rauschstrategie kann die Funktion haben, sich aus dem Alltag wegzustehlen, die Kontrolle verlieren zu dürfen, fröhlich zu sein und für kurze Zeit die Bürde der Verantwortung abzuwerfen. Alkohol kann als Mittel eingesetzt werden, um positive Emotionen, für die sonst wenig Raum ist, zulassen zu können, um sich freier und gelöster zu fühlen, sich offener zu äußern, problemloser mit Leuten ins Gespräch zu kommen, und vielleicht auch, um leichter sexuelle Kontakte anzuknüpfen.

3. Die Anpassungsstrategie steht bei den Frauen im Mittelpunkt, die im Grunde mit ihrer Lebensweise äußerst unzufrieden sind, vor dem entscheidenden Schritt jedoch zurückschrecken. Frauen, die ihre Beziehung als unbefriedigend empfinden, aber zu große Verlustängste haben, greifen möglicherweise zur Flasche, um sich an ihre Rolle anzupassen, um ruhig zu bleiben oder den Sex, gegen den sie eigentlich einen Widerwillen haben, ertragen zu können.

4. Die sogenannte Performance-Strategie ist am deutlichsten imagegebunden. Bei drogenabhängigen Prostituierten kann sich das in einer provozierenden, herausfordernden Haltung ausdrücken: «Wenn mich sowieso jeder zum Kotzen findet, dann spiele ich eben die Heroinnutte.» Aber auch Alkohol kann als Hilfsmittel benutzt werden, gegenüber der Außenwelt eine bestimmte Haltung einzunehmen und in Situationen, die über die eigenen Kräfte gehen, eine Fassade aufzubauen: Mit den Jungs bei der Arbeit mitzuhalten, beherrscht und schlagfertig zu sein, zu zeigen, daß man eine emanzipierte Frau ist, die alles schafft. Sylvia Lammers, die sich intensiv mit der Alko-

holproblematik bei Frauen beschäftigt hat, sagt dazu, daß der Alkoholkonsum zwar insgesamt, auch bei Frauen, wieder etwas zurückgeht, daß unter berufstätigen Frauen, die in einem nicht-traditionellen Beruf, das heißt in einem Umfeld mit über 50 Prozent männlicher Kollegen arbeiten, jedoch relativ mehr getrunken wird. Dabei kann es sich um Frauen handeln, die den Männern nicht nachstehen wollen und deshalb ebenfalls zum Whisky greifen. Auch lesbische Frauen können eine Performance-Strategie aufbauen, nach dem Motto: Mir kann keiner etwas anhaben. Überflüssig zu sagen, daß sich in allen Fällen hinter der Fassade eine große Verletzlichkeit verbergen kann.

Einige Anmerkungen zu diesem Schema:

Auch wenn die unterschiedlichen Überlebensmechanismen bei allen Formen der Sucht vorkommen, ist doch deutlich, daß manche Mittel besser in die eine als in die andere Schublade passen. So wird man bei einer Anorexie (Magersucht) häufiger Kontrollmechanismen entdecken als bei der Bulimie und Obesität (Freßsucht). Ebenso liegt es auf der Hand, daß Tabletten, die in erster Linie eine sedierende Wirkung haben, häufiger bei den introvertierten Varianten zu finden sind, während Alkohol, der neben einer schmerzstillenden und betäubenden auch eine enthemmende und berauschende Wirkung haben kann, bei beiden Varianten eine Rolle spielt. Und mit einem kleinen Rekurs auf die geschlechtsspezifische Sozialisation: Wenn man bedenkt, daß Männer nicht dazu erzogen werden, ihre Wut und Aggression zu unterdrücken, während von Frauen eher Passivität und Einfühlungsvermögen erwartet werden, scheint es kein Zufall zu sein, daß doppelt so viele Männer wie Frauen alkoholsüchtig werden, während doppelt so viele Frauen in eine Abhängigkeit von Beruhigungsmitteln geraten.

Eine zweite Anmerkung: In diesem Schema erscheinen die vier Pole als Extreme, als Mechanismen, die einander ausschließen. Im wirklichen Leben haben wir es jedoch mit Mischformen zu tun, hier sind die Grenzen durchaus fließend. Eine Frau, die schlimme sexuelle Erfahrungen machen mußte, die immer dann zurückzukommen drohen, wenn sie mit einem Mann schläft, kann ein paar Gläser gut vertragen, um sich zu entspannen und hinzugeben – Vermeidung und Anpassung zugleich. Die Frau, die mit einem Glas in der Hand ihren männlichen Kollegen durchaus Paroli bieten kann, wird in den eigenen vier Wänden vielleicht gerade deshalb trinken, um sich «klein» und weniger tüchtig fühlen zu dürfen.

Das Schema wurde anhand von Frauen entwickelt, die durch ihre Abhängigkeit in Schwierigkeiten geraten sind und (professionelle) Hilfe suchten. Aber diese Mechanismen sind auch den Frauen nicht fremd, die sich zwar selbst nicht als süchtig bezeichnen würden, aber bemerken, daß sie täglich trinken oder unter bestimmten Umständen über die Stränge schlagen. Es ist nicht nur für den Therapeuten wichtig, gemeinsam mit einer Patientin herauszufinden, welche Funktion Alkohol in ihrem Leben hat. Auch für Frauen, die ihren Konsum reduzieren bzw. ihr Trinkverhalten besser durchschauen wollen, kann dieses Schema eine Orientierungshilfe sein, um sich klarzumachen, welche Funktion Alkohol in welchen Situationen möglicherweise für sie hat.

Für übermäßigen Alkoholkonsum gibt es keine monokausale Erklärung. Jede Frau hat ihre spezifische «Alkoholkarriere». Jede Frau kann, allein oder mit Unterstützung, überprüfen, welche Rolle der Alkohol in ihrer ganz persönlichen Überlebensstrategie spielt, was dabei rein individuell, was allgemein menschlich ist und wo die Berührungspunkte zu ihrer Sozialisation und gesellschaftlichen Position als Frau liegen. Obwohl die individuellen Unterschiede zwischen Frauen groß sind, lassen sich, was nicht zuletzt die Forschung auf diesem Gebiet gezeigt hat, auch einige feste Strukturen erkennen.

Manche Frauen sind stärker gefährdet, von einem normalen gemütlichen Trinken in Gesellschaft zur Problemtrinkerin zu werden oder in eine echte Sucht zu geraten. Bei manchen Frauen, die schon früh angefangen haben und in einem sozialen Umfeld leben, in dem Alkohol eine wichtige Rolle spielt, ist der Verlauf vorhersehbar. Momentan ist zu beobachten, daß sich gerade bei den Jüngeren der Alkoholkonsum von Männern und Frauen fast angeglichen hat. Ältere Frauen sind verhältnismäßig weniger daran gewöhnt, in der Öffentlichkeit zu trinken, in dieser Gruppe ist das heimliche Trinken verbreiteter. Manche Frauen trinken, um ihre Isolation und Einsamkeit besser zu ertragen, bei anderen spielt der Alkohol gerade innerhalb der Beziehung zu einem Mann oder einer Frau eine Rolle. Daneben gibt es die Frauen, die ziemlich viel trinken, weil Alkohol zu einem Lebensstil gehört, der von der Umgebung akzeptiert wird, und die erst durch eine Lebenskrise in Schwierigkeiten geraten. Verläßliche Prognosen, bei welchen Frauen gerade *Alkohol* zu einem Teil der Überlebensstrategie wird, gibt es nicht. Ebensowenig kann man vorhersagen, welche Frauen sich für harte Drogen entscheiden, übermäßig essen oder sich in einem Kaufzwang ständig selbst belohnen müssen, welche zu Beruhigungs- und Schlaftabletten greifen oder harmlosere Formen finden, die Realität auszublenden, indem sie viel und lange schlafen oder in Tagträumen leben. Die jeweilige Entscheidung wird von zahlreichen Faktoren beeinflußt.

Die persönliche Vorgeschichte

Eine Zeitlang dachte man, daß Alkoholismus erblich sei, da ein Kind – ob Sohn oder Tochter – mehr oder weniger alkoholabhängiger Eltern stärker gefährdet ist als andere. Möglich ist aber auch, daß das Beispiel der Eltern den Alkohol als probatestes aller Mittel erscheinen läßt.

Das Umfeld

Manche Frauen sind in die Drogenszene geraten, weil ihr erster Freund ein Fixer war, weil sie gegen das Elternhaus rebellierten und die Drogenkultur spannend fanden, weil gerade das Illegale sie faszinierte. Und nicht wenige Frauen beginnen erst dann zuviel zu trinken, wenn ihr Partner das auch tut.

Die Verfügbarkeit des Rauschmittels

Die Eßsucht kommt auch deshalb bei Frauen zehnmal häufiger vor, weil Frauen tagtäglich mit Lebensmitteln umgehen; sie sind es, die einkaufen und kochen; sie wissen, was der Kühlschrank zu bieten hat, und sie sind es, die täglich, ohne von anderen kontrolliert zu werden, der Verführung widerstehen müssen.

Um zu zeigen, wie unterschiedlich die einzelnen «Alkoholkarrieren» bei Frauen verlaufen können, hier drei exemplarische Geschichten.

3. Drei Geschichten

Clara

«Kennst du diese Erzählung von Dostojewskij, in der es um einen Mann geht, der sein Leben lang davon träumt, einmal in der Zeitung zu stehen, und eines Tages jubelnd durch die Straßen läuft und ruft: ‹Ich stehe drin, ich stehe drin›. Als die Leute neugierig zu ihm kommen, um zu erfahren, was dort steht, entdecken sie nur einen kurzen Bericht über seine gestohlene Jacke. So fühle ich mich jetzt auch. Da werde ich schon mal interviewt, und dann geht es nicht um meinen Beruf, sondern um mein Trinken.»

Clara, eine 46jährige Psychologin, muß selbst darüber lachen. So ganz stimmt diese Parallele auch nicht. Es hätte genausogut ein Gespräch über ihre Karriere im Gesundheitswesen werden können, aber es wird ein Interview über ihr Trinkverhalten, weil ihre Geschichte für die vieler Frauen steht. Allerdings stellt sie eine Bedingung: «Ich will nicht mit diesem traurigen Stereotyp assoziiert werden. Frauen wie ich sind keine Problemtrinkerinnen, geschweige denn Alkoholikerinnen – sie trinken einfach nur gern und viel. Und sie leiden eher unter dem ‹Syndrom der starken Frau›, als daß sie sich einsam oder verkannt fühlen würden. Sie arbeiten sehr hart, haben viel erreicht, aber vielleicht ist das zu sehr auf ihre eigenen Kosten gegangen.

Frauen meines Alters ist immer eine Menge abverlangt worden. Wir sind in diesem Bewußtsein aufgewachsen, daß die Gesellschaft verändert werden kann, wir hatten große

Ideale, deren Verwirklichung uns selbst überlassen war. Wir kämpfen in einem ständigen zermürbenden Stellungskrieg. Nichts ist selbstverständlich – auch wenn wir auf der anderen Seite viele Freiheiten haben. Dieser Streß läßt sich nicht mit einem Schluck Milch hinunterspülen. Spannungen, Herausforderungen sind für mich alltäglich, vielleicht sogar eine Notwendigkeit. Ich bin ein richtiger *Streß-Freak*. Streß zieht sich wie ein roter Faden durch mein Leben. Das ist auch der Grund, weshalb ich mich dafür entschieden habe, Pionierarbeit zu leisten.

Außerdem kann ich hervorragend Theater spielen. In mehrere, und zwar ganz unterschiedliche Rollen hineinzuschlüpfen ist für mich absolut kein Problem. Es ist ganz typisch für Karrierefrauen, die privaten Fragen, Freuden und Wünsche strikt vom Berufsleben zu trennen. Das ist die Kultur, in der ich lebe. Die Arbeit ist das Allerwichtigste. Ich entspanne mich nicht beim Squash oder auf dem Tennisplatz – dazu fehlt mir die Zeit –, sondern beim Rauchen und Trinken.

In einem ihrer Bücher sagt Marguerite Duras, die selbst mit Sicherheit keine Abstinenzlerin war, daß Trinken zunächst der Widerhall der Einsamkeit sei, letztlich jedoch zu ihrer Quelle werde.

‹Es ist das Echo, aber nicht der Ursprung. Der Ursprung liegt in meiner persönlichen Geschichte. Trinken ist für mich auch eine Form des Überlebens gewesen.›»

Sie ist vierzehn

Es ist die Zeit der Partys in halbdunklen Zimmern mit Matratzen auf dem Boden, dröhnender Beatlesmusik aus den Boxen und Bierkästen. «Es wurde furchtbar viel getrunken, aber für mich war es das vertraute Muster, das ich von zu Hause aus kannte. Der tägliche Aperitif und der Wein zum Essen galten nicht als Alkohol, sondern entsprachen dem gehobenen Lebensstil unserer Schicht. Zu Festen wurde massenhaft Alkohol herangekarrt, ich sah meine Eltern und ihre Freunde betrunken werden, aber das war für mich ein normaler Bestandteil des Lebens.»

Sie ist achtzehn

Sie beginnt mit dem Studium und wird Mitglied in derselben Studentenvereinigung, in der auch schon ihre Eltern waren. Die Nächte sind lang: Gespräche, Kartenspiele und Alkohol. Sie verbringt ihre Zeit vor allem in Gesellschaft von Männern. «Frauen tranken gar nicht oder kaum – zumindest sagten die, die ich kannte, schon nach einem Sherry: ‹Nein, danke.› Ich fühlte mich dadurch abgelehnt. Offensichtlich benahm ich mich nicht so, wie eine Frau sich zu benehmen hatte. Für Männer war ich ein Kumpel. Ich konnte beim Trinken locker mithalten und hatte keine Probleme mit ihnen, auch wenn sie einen über den Durst getrunken hatten.» Sie selbst wird nur selten betrunken. Allerdings wacht sie morgens hin und wieder neben einem Mann oder einer Frau auf und fragt sich, wer das wohl sein könne – aber ach, was soll's. Das Studium läuft gut, sie besteht alle Prüfungen und schließt ihr Studium mühelos ab.

Sie ist fünfundzwanzig

Es ist die Zeit, in der man sich politisch engagiert. Sie kommt in eine leitende Stellung, die viele Konferenzen mit sich bringt und endlose Nachbesprechungen – wieder mit Männern – in irgendwelchen Cafés. «In dieser feuchtfröhlichen Stimmung ging es mit der Arbeit eigentlich erst richtig los. Hier kamen die tatsächlichen Probleme auf den Tisch, hier begannen die wirklichen Verhandlungen.»

Ihr damaliger Partner kommt aus der Politik. Auch keine alkoholfreie Zone. Sie arbeiten beide hart, und abends wird der Streß mit Wein hinuntergespült. «Außerdem brachte der Alkohol unsere Beziehung auf Trab. Gefühle zu äußern war nicht unsere Stärke, aber eine Therapie kam absolut nicht in Frage, so etwas paßte einfach nicht zu ‹Leuten wie uns›. Der Alkohol hielt die ganze Sache etwas zusammen. Eine Zeitlang wenigstens. Unsere gemeinsamen Besäufnisse konnten auf Dauer nicht darüber hinwegtäuschen, daß wir grundlegende Probleme hatten. Irgendwann zogen wir um, in der Hoffnung, daß uns ein Tapetenwechsel guttun würde – aber es endete nur in stärkerem Trinken. Ich kam wieder in eine Führungsposition, wieder in eine Männerwelt mit all den Konferenzen und Besprechungen, in denen ohne Alkohol nichts lief. Ich stieg um: von Wein auf Schnaps. Sechs, sieben Gläser am Tag. Auf meine Arbeit wirkte sich das nicht aus. Vielleicht fühlte ich mich hin und wieder etwas müde, aber mit ein paar Aspirin war ich schnell wieder auf dem Damm.

Ob ich noch andere Gründe hatte zu trinken? Wenn man mir damals diese Frage gestellt hätte, wäre meine Antwort ein klares Nein gewesen. Jetzt denke ich allerdings, daß auch eine gehörige Portion Angst mit im Spiel war. Angst, nicht den Erwartungen zu genügen, die man von klein auf an mich gestellt hatte: zum ersten mußte ich Karriere machen und zum zweiten nicht gerade die schlechteste. Meine Eltern hatten für mich einen hohen Posten in der Landespolitik vorgesehen. Ich bin mit der Idee erzogen worden, daß man als Frau nicht abhängig sein darf, daß man versuchen muß, in der Gesellschaft etwas zu erreichen. Frauen sind das dominante Geschlecht in meiner Familie, und ich bin das Produkt.»

Sie ist dreißig
Es wird immer deutlicher, daß die Ehe nicht mehr zu retten ist. Es kommt zur Scheidung. «Das implizierte, daß ich öfter allein trank, aber auch, daß ich es mehr genoß. Ich trank

nicht mehr unbedingt, um im Beruf gelöster aufzutreten oder den Beziehungsstreß wegzutrinken, sondern nur zu meiner eigenen Entspannung. Der Moment, in dem man spürt, daß man abtaucht, wegdriftet, in dem man das Gefühl hat, daß nichts mehr wirklich wichtig ist, der Augenblick, in dem das Denken aussetzt, dieser Augenblick ist einfach herrlich. Ganz für mich allein in einem Rausch aufzugehen, ohne daß die Gefahr bestand, von der Außenwelt gestört oder beobachtet zu werden, das war es, worum es mir ging. Mehr möchte ich dazu nicht sagen. Ich hatte das Gefühl, daß es keinen Schaden anrichtete, solange ich die Kontrolle über mein eigenes Leben behielt, denn das stand für mich nach wie vor an erster Stelle: am Ball bleiben. Die Kontrolle zu verlieren oder schlechte Arbeit abzuliefern war für mich tabu. Heute denke ich, daß ich getrunken habe, um noch eine andere Angst zu bannen, die Angst, zu entdecken, daß ich nur noch das war, was ich nach außen hin darstellte, daß die Leere real war. Daß in Wirklichkeit gar nichts da ist, obwohl wir alle so tun, als wäre da mehr.»

Sie ist fünfunddreißig
Sie wechselt aus der Politik in eine hohe Funktion im Gesundheitswesen. Statt männlicher hat sie jetzt weibliche Kollegen, und sie entdeckt die lesbische Welt. «Trinken war unter Frauen inzwischen mehr akzeptiert. Ich war nicht die einzige, die in dieser Welt heimisch war, aber vielleicht suchte ich mir meine Kontakte auch gezielt aus. Ich verkehrte mit Frauen, die unter derselben Anspannung standen wie ich, die hart arbeiteten und für ihre Existenzberechtigung als Lesben kämpften; die dem Streß, den ein solches Leben mit sich brachte, mit Alkohol begegneten, ohne daß das Trinken an erster Stelle gestanden hätte. Ich hatte inzwischen eine Therapeutenausbildung angefangen. Ich gab Kurse für Frauen,

für Kolleginnen, und freundete mich allmählich mit dem Gedanken an, mir selbst helfen zu lassen. Ich wußte nicht mehr, wer ich war: Eigentlich definierte ich mich als heterosexuell, aber ich hatte Beziehungen zu Frauen, ich arbeitete hart, hatte mein großes Ziel, ein Amt in der Landespolitik, aber verfehlt. Ich beschloß, eine Therapie zu machen. Bei dem Aufnahmegespräch wurde ich gefragt, wieviel ich trinke. ‹Normal›, sagte ich. Das war auch meine Überzeugung, aber vielleicht war da auch die tiefersitzende Angst, daß so eine Therapeutin sagen würde: ‹Wissen Sie, wenn Sie eine Therapie machen wollen, dann müssen Sie schon mit dem Trinken aufhören.› Das hätte ich nicht gekonnt. Ich denke, daß die Therapeuten in dieser Hinsicht umdenken müssen. Frauen wie ich können hervorragend mit Worten parieren. Man kommt nicht an sie heran, wenn man bei einem ersten Gespräch nach dem Trinkverhalten fragt. Dieser Typ Frau hat immer alles allein gemacht und versteht es meisterhaft, seine geheimsten Wünsche und tiefsten Bedürfnisse zu verbergen. Sie lassen sich nicht mit einer einzigen Frage aus der Reserve locken.»

Sie ist vierzig

und beschließt, in einem Anfall von Nüchternheit, nicht mehr zu rauchen und zu trinken. «Das bedeutete auch, daß ich dem Leistungsdruck nicht mehr gewachsen war, soziale Kontakte abbrach. Die Midlife-Krise bahnte sich an. Die Frage: ‹Ist das schon alles gewesen?› Ich verreiste. War nervös und angespannt. Jemand bot mir etwas zu trinken und eine Zigarette an. Warum eigentlich nicht? Ich fand es nicht mehr wichtig, fühlte mich irgendwie befreit nach dieser üblen Zeit der Abstinenz. Aber ansonsten: Krise. Was wollte ich? Ich hatte das Bedürfnis, neue Menschen kennenzulernen, neue Eindrücke zu sammeln, und beschloß, eine Stelle anzunehmen, die mir in Afrika angeboten wurde. Ich war noch keine zwei Monate dort, als ich mir einen komplizierten Beinbruch zuzog, der mich sechs Wochen ans Bett fesselte. Durch Kollegen ließ ich Whisky anfahren, um die Schmerzen ertragen zu können. Alkohol ist ein gutes Mittel gegen körperlichen und seelischen Schmerz. Nach diesen sechs Wochen wurde ich nach Holland zurückgebracht und war dort ein Jahr lang erwerbsunfähig. Eine Katastrophe. Da ich eine hohe Ausbildung hatte, traf keinerlei Regelung auf mich zu. Kein Hund kümmerte sich um mich. Ich habe mich damals so schnell wie möglich wieder beworben, selbstverständlich auf eine stressige Stelle. Ich wurde angenommen, und die Geschichte wiederholte sich: hart arbeiten, im Kollegenkreis der Kontakte und der Geselligkeit wegen und zu Hause zur Entspannung zu trinken.

Aber es war auch etwas anders geworden. Ich wollte keine Menschen mehr um mich haben. Ich entwickelte ein wachsendes Bedürfnis, allein zu sein. Ich fühlte mich nicht mehr sicher. Und ich hatte das Gefühl, bei meiner Arbeit zu versagen. Ich war nicht mehr in der Lage zu erkennen, was ich wirklich wert war, ich kappte meine Beziehungen, arbeitete aber nach wie vor. Hart und pflichtbewußt. Der Gedanke, daß am Abend der Alkohol wie ein Liebhaber auf mich wartete, machte den Schmerz erträglicher.»

Sie ist fünfundvierzig
und liest einen Artikel über den Zusammenhang zwischen Trinken und Depressivität. «Ich hatte nie darüber nachgedacht, daß biochemische Reaktionen, die durch Alkohol hervorgerufen werden, Depressionen auslösen können. Zum ersten Mal beschäftigte ich mich eingehend mit meinem Alkoholkonsum, der nach wie vor bei circa acht Schnäpsen am Tag lag. Kamen meine depressiven Gefühle nun vom Trin-

ken, oder war es umgekehrt? Gab es überhaupt einen Zusammenhang? Es ist gar nicht so einfach, dahinterzukommen. Was mir allerdings klar wurde, war: Ich will eine Frau sein, aber ich bin nur ein Arbeitstier. Ich weiß nicht, wie ich ohne Arbeit, ohne Streß, ohne Herausforderungen leben soll. In der Therapie habe ich Schritt für Schritt gelernt, die Angst vor dieser Leere zuzulassen, experimentierfreudiger zu werden. Wie ein Kind habe ich noch einmal ganz von vorn angefangen. Theater, Konzerte, interessante Freunde und Freundinnen und – was für Frauen in meiner Position ungeheuer wichtig ist – ein Netzwerk von Freundinnen, um zu lernen, wie man sich ausweinen kann, um zu lernen, klein sein zu können, denn das war das Letzte, was ich mir zugestand.»

Und jetzt?
«Die Vorstellung, ohne Alkohol auskommen zu müssen, ist für mich alles andere als attraktiv. Alkohol gehört so sehr zu meinem Leben, daß ich den Gedanken, nicht mehr trinken zu dürfen, fast völlig verdränge. Nicht nur, weil ich körperlich abhängig bin, denn das ist natürlich der Fall, sondern auch, weil ich es herrlich finde. Erst wenn ich nicht mehr trinke, wird der Alkohol zu einer Obsession. Dann bekomme ich den Gedanken daran nicht mehr aus dem Kopf.

Meine Idealvorstellung ist deshalb auch nicht die völlige Abstinenz, sondern daß ich den Alkohol hin und wieder zulasse, den Schnaps aber nicht mehr als Mittel zur Entspannung brauche. Ein Gang zu einer Beratungsstelle für Alkoholabhängige oder ein ähnlicher Unsinn käme für mich überhaupt nicht in Frage. Vielleicht ist das typisch für die soziale Schicht, zu der ich gehöre, aber ich will mich einfach nicht über Beziehungsprobleme oder mein Elternhaus unterhalten. In einer solchen Situation habe ich sofort die Neigung, die Rollen umzukehren und dem oder der anderen die Fragen zu stellen.

Es mag paradox klingen, aber die Therapeuten müssen erkennen, daß Trinken für Frauen meiner Kategorie ein Problem ist, weil es so normal ist. Wenn ich an Therapieformen denke, dann sehen die ganz anders aus als die momentan üblichen. Eine diskrete Form des Entzugs, irgendwo weit weg, integrierbar in die Arbeitssituation und kombiniert mit Sauna und Schönheitsfarm – das wär's. Entgiften, den Ballast abwerfen, denn Trinken bewirkt, daß man sich körperlich mies fühlt. Viel Wasser, Sonne und frische Luft, aber auch nicht zu weit von der Wirklichkeit entfernt. Der Anschluß an das Alltagsleben darf niemals unterbrochen werden. Alkohol wird oft benutzt, um aus der Realität zu flüchten; es geht jedoch darum, die reale Lebenssituation bewältigen zu können. Mein einziger Wunsch ist, mehr Kontrolle über mein Trinken zu bekommen. Mir ist bewußt, daß ich eine Grenzgängerin bin, aber andererseits habe ich die Grenze noch nie überschritten, und eigentlich glaube ich auch nicht, daß ich das jemals tun werde. Sonst wäre das schon längst passiert.»

Margriet

Margriet (42): «Bis zu meinem siebzehnten Lebensjahr war ich das einzige Kind, dann bekam ich noch eine Schwester. Für mein Gefühl ist sie zu spät und ich zu früh geboren. Meine Eltern mußten heiraten, weil ich unterwegs war. Dieses ‹müssen› habe ich ständig gespürt. Ich hatte immer den Eindruck, als wären sie lieber für sich, als wäre ich ihnen im Weg. Mir steht noch das Bild von unseren gemeinsamen Radtouren vor Augen. Sie zu zweit nebeneinander, ich allein hinter ihnen. So war das.

Zu Hause war ich ein schüchternes, stilles Kind, in der Grundschule ein Angeber. Immer ein bißchen weiter gehen, immer etwas mehr wagen als die anderen in dem Versuch, dazuzugehören. Dem Beispiel all meiner Freundinnen folgend, bin ich später auf eine Haushaltsfachschule gegangen. Danach hätte ich gern eine Ausbildung im Sportbereich gemacht, aber das war aufgrund meiner Rückenprobleme nicht möglich, und so landete ich in einem Büro.

Mit vierzehn lernte ich einen Jungen kennen, der sieben Jahre älter war. Ein Mann von Welt, Hafenarbeiter, gutaussehend. Von ihm bekam ich die Zuwendung, die ich suchte. Fünf Jahre später haben wir geheiratet.

In der ersten Zeit unserer Ehe trank ich wenig. Ab und zu ein Gläschen eklig süßen Likör im Café und zu Hause Wein zum Essen. Mein Mann trank erheblich mehr, aber das war mir damals nicht so recht klar. Ich war so naiv. Ich sah ihn zwar morgens mit einem Kasten Bier oder einer Flasche Schnaps zur Arbeit gehen, dachte mir aber nichts dabei.

Ich bin fast siebzehn Jahre verheiratet gewesen, fünfzehn Jahre zu lange. Ich war nicht glücklich in meiner Ehe. Von seiner anfänglichen Zuwendung blieb nur wenig übrig. Wir lebten nebeneinander her. Meine Gefühle für ihn hatten sich auf null reduziert, aber das wollte ich nicht zugeben. Ich war diejenige gewesen, die auf eine Heirat gedrängt hatte, und so empfand ich es als Niederlage, mir einzugestehen, daß alles ganz anders lief, als ich gehofft hatte. Nach außen hin machte unsere Ehe einen perfekten Eindruck, aber im Innern herrschte eine große Leere. Für mich war mein Mann ein großes egoistisches Kind. Es ging etwas Bedrohliches von ihm aus, vor allem in der Sexualität. Er zwang mich zu Dingen, die ich lieber nicht getan hätte, aber ich gab nach. Um Schlimmerem vorzubeugen. Wenn wir miteinander schliefen, deponierte ich meinen Kopf sozusagen auf dem Nachttisch. Ich war davon überzeugt, daß es sich nicht gehörte, einem anderen etwas abzuschlagen. Niemand hatte mir jemals gesagt, wo es langging, aber diese Norm hatte ich verinnerlicht. Später dachte ich manchmal, daß er sich vielleicht deshalb so machohaft benahm, weil er sich selbst beweisen wollte, daß er kein Homo war. Darüber geredet habe ich nicht. Mit niemandem, weder mit ihm noch mit meinen Freundinnen. Ich hatte nie gelernt, meine Gefühle zu äußern. Da ich einen solchen Widerwillen gegen die Sexualität mit ihm entwickelte, fing ich an, mir Mut anzutrinken, bevor er nach Hause kam. Um weniger fühlen zu müssen. Es funktionierte. Es machte mich gleichgültiger.

Irgendwann kam die Zeit, wo mir die gemeinsame Flasche Wein zum Essen und die paar Gläser vor seinem Eintreffen nicht mehr reichten. Ich stellte mir eine zusätzliche Flasche in die Küche, aus der ich hin und wieder einen Schluck nahm.

Inzwischen war ich um die Dreißig und todunglücklich. Meine Eltern waren enttäuscht, da ich einen Mann geheiratet hatte, den sie nicht mochten. Ich hatte eine Ausbildung angefangen, die ich inzwischen wieder abgebrochen hatte, und saß arbeitslos zu Hause herum. In dieser Zeit fing ich an, auch morgens zu trinken. Keine Wahnsinnsmengen, über den Tag verteilt vielleicht fünf Gläser, aber durchaus genug, um nicht nachdenken zu müssen. Schlafen, ein Gläschen, schlafen, ein Gläschen, so sah mein Tagesrhythmus aus. Schon seit Jahren trug ich mich mit vagen Selbstmordgedanken, die sich durch das Trinken verstärkten. Ich entwickelte Ängste, vernachlässigte mich, ging nur noch aus dem Haus, um Wein zu holen. Mein Mann registrierte zwar, daß es mir schlechtging, aber er beließ es dabei.

Als ich vierunddreißig war, habe ich alle Aspirintabletten, die im Haus waren, hintereinander geschluckt. Es war ein Hilferuf: ‹Nun kümmere dich doch in Gottes Namen um mich!› Mein Mann hat mich zu einem Bereitschaftsarzt geschleppt, und danach schien es für kurze Zeit besserzugehen. Ich begriff, daß ich nicht den Tod suchte, sondern anders leben wollte.

Aber was ich auch versuchte, ich bekam mein Leben nicht in den Griff. Wie oft habe ich mir nicht abends im Bett fest vorgenommen, mit dem Trinken aufzuhören. Obwohl ich nicht gläubig bin, betete ich zu Gott, mir die Kraft zum Durchhalten zu geben, aber am nächsten Morgen schmolzen alle meine guten Vorsätze wie Schnee vor der Sonne. Bevor ich mich versah, hatte ich mir schon wieder das erste Glas Wein eingeschenkt.

Noch immer sprach ich mit niemandem über meine Probleme. Blöd natürlich, denn die anderen können nicht in dich hineinsehen.

Ein halbes Jahr später habe ich einen zweiten Selbstmordversuch unternommen. Diesmal trank ich Spiritus. Mein Mann brachte mich, als er mich bewußtlos in der Wohnung fand, ins Krankenhaus. Hier kam ich zunächst auf die Intensivstation. Nachdem man mich dort wieder aufgepäppelt hatte, wurde ich nach etwa fünf Wochen in die psychiatrische Abteilung verlegt. Nicht besonders sinnvoll, denn ich erzählte nichts, ich spielte Theater. Mit mir war alles in Ordnung. Und die Außenstehenden glaubten es.

Wieder zu Hause, bekam ich einen Rückfall. Meine Platzangst war verschwunden, aber ansonsten verlief alles nach dem altbekannten Strickmuster. Erneut verbrachte ich meine Tage mit Schlafen und Trinken. Wenn mein Mann morgens zur Arbeit aufbrach, sah ich ihm aus dem Fenster so lange nach, bis sein Auto außer Sicht war – dann schenkte ich mir das erste Glas Wein ein. Abends hatte ich dann ungefähr drei Flaschen intus. Wenn ich beim Einkaufen das Bedürfnis verspürte, etwas zu trinken, kaufte ich einige Fläschchen Underberg, die ich mir auf einer Kaufhaustoilette hinter die Binde kippte, danach war ich wieder obenauf. Ich besuchte meine Eltern nie ohne eine Flasche in meiner Handtasche. Am schwierigsten waren die Wochenenden zu überbrücken. Wenn der Freitag gekommen war, saß ich da und zählte und rechnete, wieviel ich nötig hatte, um bis zum Montagmorgen über die Runden zu kommen. Dann steuerte ich den Getränkeladen an, kaufte, was ich brauchte, und versteckte die Flaschen in meinem Kleiderschrank, unter der Spüle, in Limonadenflaschen oder hinter dem Gasherd. Mein Mann hat nie etwas dazu gesagt, obwohl es ihm doch nicht entgangen sein kann, trotz aller Kaugummis, Mundwasser und Pfefferminzbonbons. Vielleicht fehlte ihm der Mut, vielleicht hatte er Angst vor der Konfrontation. Außerdem genehmigte er sich selbst am Samstag um die Mittagszeit schon sein erstes Bier.

In dieser Zeit begann mein Mann unter Verfolgungswahn zu leiden. Ich hatte ihm erzählt, daß ich ein Verhältnis mit einem anderen gehabt hatte, und von diesem Moment an bildete er sich ein, daß die ganze Welt gegen ihn sei. Meine Eltern, meine Schwester, ich. Es war zum Verrücktwerden. Eines Abends hat er alles, was an Alkohol und Tabletten im Haus war, eingenommen. Ich bin die ganze Nacht unten geblieben. Es ließ mich völlig kalt, was mit ihm passierte. Ich dachte: ‹Hilf dir doch selbst, schließlich hast du mein Leben kaputtgemacht.› Im Laufe des nächsten Tages rappelte er sich wieder auf, und alles fing von vorn an. Irgendwann habe ich ihn gebeten, eine Weile bei meinen Eltern zu wohnen. Der Mann machte mich verrückt mit seinen Wahnvorstellungen. In dieser Zeit, in der er aus dem Haus war, trank ich keinen

Tropfen. Meine Platzangst hatte sich sehr intensiv zurückgemeldet und die Oberhand über mein Bedürfnis nach Alkohol gewonnen. Ich lief den ganzen Tag im Morgenmantel herum, aß kaum etwas, duschte nicht mehr, sogar die Post ließ ich auf der Matte liegen. Ich lag auf der Couch und wollte nur noch schlafen. Irgendwann hatte ich dann doch wieder den Mut, zum Getränkeladen zu gehen. Ich nahm ein paar Flaschen mit, und zwei Tage später kam meine Mutter vorbei, während ich angetrunken auf der Couch saß. Ich habe sie angefleht, sich um meine Aufnahme zu kümmern. Als ich wieder in der psychiatrischen Abteilung des Krankenhauses lag, fühlte ich mich unsäglich erleichtert. Ich hatte das Gefühl, daß mir nichts mehr passieren könne, aber länger als zwei Wochen behielten sie mich nicht. Zu Hause fiel ich wieder in meine alten Verhaltensmuster zurück. Zwei Monate später habe ich erneut Spiritus getrunken.

Während der Aufnahme, die dann folgte, fing ich damit an, meine Lebensgeschichte aufzuschreiben. Ich zog mich in eine Ecke zurück und schrieb tagelang Seite um Seite voll. Alles mußte heraus. Als ich fertig war, dachte ich, daß damit auch alles gelöst sei. Zum ersten Mal gestand ich mir ein, daß meine Ehe alles andere als phantastisch war und daß ich mit dem Gedanken an eine Scheidung spielte. Der Psychologe schlug eine Trennung auf Probe vor, aber mein Mann, der inzwischen in einer Tagesklinik seiner Wahnvorstellungen wegen behandelt wurde, sagte: ‹Damit fange ich erst gar nicht an. Dann kann ich nach drei Monaten wiederkommen.› Er betrachtete das Ganze nur als eine Formalität. Da war die Sache für mich definitiv erledigt. Im Krankenhaus redete ich noch immer nicht über mein Trinkverhalten. Die Entzugserscheinungen, die ich hatte, schob ich auf die Antidepressiva, die ich nicht mehr bekam. Aber eines Tages sagte eine

Krankenschwester zu mir: ‹Sie sind hier nicht am richtigen Ort, Sie gehören in eine Klinik für Alkoholkranke.› Ich ließ diesen Gedanken nicht zu. Ich war keine Alkoholikerin, ich war einfach nur etwas labil.

In der psychiatrischen Abteilung lernte ich meinen jetzigen Freund Ben kennen. Er war im Begriff, sich von seiner Frau zu trennen, wir fingen eine Beziehung an, aber er hatte große Probleme, sich aus seiner Ehe zu lösen. Nach meiner Entlassung aus der Klinik ging er zu seiner Frau zurück. Ich hatte mir selbst hoch und heilig versprochen, nicht mehr zu trinken, aber als das passierte, geriet alles wieder ins Wanken. Inzwischen war ich von Wein auf Bier umgestiegen. Überall in der Wohnung, sogar im Schlafzimmer, standen Bierdosen herum. Wenn ich mitten in der Nacht aufwachte, trank ich ein Bier, rauchte eine Zigarette und schlief weiter. Nach dem Aufstehen machte ich mir wild entschlossen einen Kaffee, aber dann wurde mir von dem Geruch so übel, daß ich mir doch lieber ein Bier genehmigte. Irgendwann kam der Zeitpunkt, an dem ich kein Bier mehr vertrug. Also bin ich auf stärkere Sachen umgestiegen. Die Gespräche bei der Beratungsstelle für Drogen- und Alkoholabhängige brachten mir wenig. Wie offensichtlich alle um mich herum ließen sich auch die Leute dort von meinen schönen Geschichten einlullen. Es hat mich immer gewundert, daß in der ganzen Zeit niemand etwas bemerkt hat. Man hätte es mir doch ansehen müssen.

Als Alkoholikerin bezeichnete ich mich selbst immer noch nicht, aber daß ich zuviel trank, war mir inzwischen klargeworden. Und auch, daß etwas geschehen mußte. Aus einem Impuls heraus rief ich eines Nachmittags die Schwester von Ben an, um ihr zu sagen, daß ich dringend Hilfe brauche. Leute von der Beratungsstelle kamen, meine Eltern kamen, und ich bin an jenem Abend mit ihnen nach Hause gegangen, mit der letzten Schnapsflasche im Gepäck. Am nächsten Tag wurde ich ins Krisenzentrum gebracht und von dort aus in eine Klinik für Alkoholkranke eingeliefert, wo die eigentliche Behandlung begann. Hier fand ich endlich den Mut, mir selbst ins Gesicht zu sehen und zu erkennen, daß ich ein Alkoholproblem hatte. Es war sehr wichtig für mich, daß die Therapeuten das Trinken nicht isoliert betrachteten, sondern die Person und ihren Lebenshintergrund miteinbezogen. Ich begann einzusehen, daß ich niemals gelernt hatte, meine eigenen Bedürfnisse durchzusetzen, daß ich immer den Erwartungen entsprechen wollte, die andere an mich stellten. Die ganze Welt sollte mich mögen. Die Behandlung war ein erster Schritt auf dem Weg zu einer anderen Art des Denkens und Lebens.

Nach meiner Entlassung aus der Klinik kam ich in eine Gruppe von Frauen, die ebenfalls Alkoholprobleme hatten. Es wurde weniger über die Sucht selbst gesprochen als über ihre Ursachen und Wurzeln. Wie bestimmst du dein eigenes Leben? Wie forderst du genug Raum für dich selbst? Wie lernt man, nein zu sagen? Typische Frauenprobleme also. Für mich ist es immens wichtig, dies alles zu erkennen. Darüber hinaus ist diese Gruppe für mich ein Freiraum, in dem ich lerne, Gefühle zu äußern. In jeder Situation war meine erste Reaktion immer: runterschlucken. Meinen Atem, meine Tränen, meine Wut, meine Enttäuschung. Schritt für Schritt lerne ich jetzt, anders damit umzugehen. Ich habe schon eine lange Wegstrecke hinter mir, aber die Scham habe ich noch nicht ablegen können. Es ist eine tiefe Scham. Ich kann mein eigenes Verhalten nicht akzeptieren, dieses Trinken, Abzählen, Rechnen, Verstecken. Es ist, als würde ich mit Ekel und Widerwillen auf einen anderen Menschen schauen, auf eine Fremde. Ich hoffe inständig, daß ich es schaffe, mir selbst zu verzeihen. Ich finde, ich habe ein Recht darauf. Ich schlage mich nun schon so lange mit meinen Problemen herum. Gott sei Dank habe ich auch viel hinzugewonnen. Die Beziehung zu Ben hat sich letztendlich doch als stark genug erwiesen und ist sehr eng, ich habe eine Arbeit, die mir Spaß macht, und ich bin jetzt seit fast fünf Jahren trocken. In der ersten Zeit reagierte jeder etwas ängstlich, wenn in meiner Anwesenheit Alkohol auf den Tisch kam. Sollte sie vielleicht …? Aber ich habe kein Bedürfnis mehr danach. Man soll nie nie sagen, aber ich glaube nicht, daß ich noch einmal rückfällig werde. Gegen Alkohol ist man immer der Verlierer.»

Lies

«Ein typisches Mittelkind» nennt sie sich selbst. «Meine Schwestern haben es immer geschafft, mehr Zuwendung zu bekommen. Und meine Eltern können immer noch sagen: ‹Mit Lies ist alles in Ordnung. Um die brauchen wir uns keine Sorgen zu machen.›»

Sie ist das zweite von drei Mädchen aus einer katholischen Arbeiterfamilie. Ein Familienleben nach dem klassischen Muster. Eine Mutter, die zu Hause mit dem Tee wartete, und ein Vater, der mehr durch Abwesenheit glänzte. Die Erwartungen richteten sich in erster Linie auf einen höheren Schulabschluß. Ansonsten lautete die Devise: «Wenn du nur glücklich bist.»

Lies (32): «Ich war ein unauffälliger Teenager. Das normale Herumexperimentieren. Große Klappe, rauchen, ab und zu ein Bierchen, das zwar eklig schmeckte, aber trotzdem betrunken machte. Ansonsten steckte wenig dahinter.

Ich konzentrierte mich ganz auf die Schularbeiten.» Nach dem Gymnasium macht sie eine Ausbildung in einer Einrichtung für geistig Behinderte. Den Gedanken an ein Universitätsstudium läßt sie fallen. Es gehen ihr die Worte ihrer Schwester durch den Kopf: «Wenn du zur Uni gehst, kann Vati sich kein Auto kaufen.» Warnungen der Leute um sie herum verstärken die Zweifel am eigenen Können: «Pokere nicht zu hoch!» Also wird es eine Ausbildung an einer Fachhochschule, teils Studium, teils praktische Arbeit.

Alkohol spielt für sie in dieser Zeit keine nennenswerte Rolle. Ab und zu ein Bier in Gesellschaft. Im Monat an einer Hand abzuzählen. «Ich bin nicht mit Alkohol aufgewachsen. Getrunken wurde nur, wenn meine Eltern Geburtstag hatten, und dann vor allem von den Gästen. So war es bei ihnen, und so war es auch bei mir.»

Ab ihrem zweiundzwanzigsten Lebensjahr ändert sich das. Sie verliebt sich in eine Frau und bricht die Beziehung zu ihrem Freund ab. «In Lesbenkreisen wird mehr getrunken, und ich kam in Kontakt mit Leuten aus einer anderen, höheren Gesellschaftsschicht, für die Alkohol zum Lebensstil gehörte. Zunächst fand ich Gefallen daran. Ein Drink machte mich ausgelassen, fröhlich. Der Alkohol ließ mich auf angenehme Weise meine Grenzen überschreiten. Mir fiel es oft schwer, meine Meinung zu äußern, ich wußte nicht, ob es mir zustand, zu sagen, was ich dachte, ich hatte Angst, daß die anderen böse auf mich werden würden. Ein oder auch mehrere Bierchen gaben mir mehr Selbstsicherheit. In der Beziehung zu meiner Freundin spielte Alkohol vor allem dann eine Rolle, wenn wir in Gesellschaft waren. Wir tranken nicht jeden Tag, aber wenn, dann kamen wir schon auf vier, fünf, sechs Schnäpse. Später wurden es mehr. Auch wenn wir uns hin und wieder gegenseitig vorwarfen, zuviel zu trinken, nahm das Ganze niemals extreme Formen an, sondern hielt sich in durchaus akzeptablen Grenzen. Es gab keinen Morgen, an dem ich voller Scham auf den vergangenen Abend zurückblicken mußte.»

Langsam nehmen Häufigkeit und Menge zu. «Zunächst, weil ich die Gewohnheiten der anderen übernahm, und letztendlich, weil Alkohol mehr und mehr die Funktion bekam, meine Gedanken und Gefühle zu dämpfen. Mein Denken artete schnell in ein uferloses Grübeln aus. Wenn ich mich ordentlich vollaufen ließ, hörte dieses selbstquälerische Brüten von selbst auf. Ich meinte dann auch, aufhören zu dürfen, weil ich wußte, daß ich nicht mehr vernünftig denken konnte. Es hatte den Anschein, als würden meine Unsicherheit und Trübsinnigkeit unter dem Einfluß von Alkohol verschwinden, und damit auch die Angst, zu versagen, es allein nicht zu schaffen.

Ich trank noch immer nicht jeden Tag, wohl aber größere Mengen. Manchmal fünf, manchmal zehn Schnäpse. Als die Beziehung zu meiner Freundin zu Ende ging, nachdem wir vier Jahre zusammengelebt hatten, kamen die Gefühle der Unsicherheit in all ihrer Intensität zurück. Ich hatte versagt, weil die Beziehung gescheitert war. Ich war nach dem Motto erzogen worden: ‹Wenn man sich für jemanden entschieden hat, dann bleibt man auch dabei.› Ich hatte mich nicht daran gehalten. Der Schnaps betäubte mein Schuldgefühl.

An einem warmen Sommerabend entdeckte ich das Bier. Jeder empfahl mir ein Pils als Mittel gegen den Durst. Mich stimulierte es, noch mehr zu trinken. Es kam die wenig glorreiche Zeit der Biere und Schnäpse.

Ich trank nie allein. Leute, die allein tranken, waren in meinen Augen Alkoholiker – und das war ein für mich abschreckendes Bild. Also ging ich in die Kneipe. Ich wußte immer ganz genau, wer wann wo saß. Und wenn niemand da war, den ich kannte, dann trank ich zumindest in Gesellschaft. In anonymer Gesellschaft zwar, aber das war okay. Dies bedeutete, daß ich ständig und endlos unterwegs war. Auf der Suche nach einer Gelegenheit, die mir erlaubte zu trinken. Nachdem meine Beziehung beendet war, ging ich jeden Tag allein auf Tour.

In dieser Zeit wurden meine Mutter und meine Schwester ernstlich krank. Die eine entwickelte Leukämie, die andere Brustkrebs. Mit beiden konnte es über kurz oder lang zu Ende gehen, aber ich nahm mir nicht die Zeit, darüber nachzudenken. Ich teilte ihren Kummer, ich versuchte, für sie zu sorgen, etwas Schönes mit ihnen zu unternehmen. Wenn ich etwas für mich tat, fühlte ich mich schuldig. Ging ich ins Kino, dann mit dem Gedanken: ‹Ich hätte meine Schwester mitnehmen müssen.› Machte ich einen Einkaufsbummel, dann meldete sich eine innere Stimme: ‹Und was ist mit deiner Mutter?› Meine eigene Trauer wurde unter der Bürde der Verantwortung erstickt. In dieser Zeit kam ich auf zehn bis zwölf Gläser am Tag. Schnaps, Bier, Wein, Cognac. Da ich immer in Gesellschaft trank, wurde ich allmählich auffällig. Ich schämte mich nicht, wenn ich betrunken nach Hause ging, wohl aber, wenn ich einen Schnaps bestellte und zu hören bekam, daß die Flasche leer sei. Es war natürlich Selbstbetrug, aber in meinen Augen sagte Betrunkenwerden nichts über die Menge aus, die man in sich hineingeschüttet hatte. Eine leere Flasche hingegen schon. Die ist eine unbestechliche Zeugin. Auch meine hohen Rechnungen blieben auf Dauer nicht unbemerkt. Ich wurde gefragt, ob ich nicht Angst hätte, Alkoholikerin zu werden. Diese Angst hatte ich nicht, allerdings beschlich mich ab und zu der Gedanke, daß ich vielleicht zuviel trinke. Aber dabei blieb es auch. Ich hatte nicht das Bedürfnis, etwas zu verändern. Auch wenn ich mich morgens immer zerschlagener fühlte und es mir zunehmend schwerer fiel, meine steifen Glieder aus dem Bett zu hieven, so stand dem nach wie vor gegenüber, daß ich vieles noch immer nicht fühlen mußte.

Es kam der Zeitpunkt, an dem mir auffiel, daß ich mich auf meine Arbeit schlechter konzentrieren konnte. Wenn ich mit jemandem ein Gespräch geführt hatte, mußte ich mich furchtbar anstrengen, um anschließend einen zusammenfassenden Bericht zu schreiben. Glücklicherweise hatte ich eine Kollegin, die sich schützend vor mich stellte. Sie wußte, daß ich viel trank, nahm mir manche Aufgabe ab und tat alles, um in Kontakten mit Dritten bestimmte Dinge zu kaschieren.

Meine Liebesbeziehungen waren ebenso wechselhaft wie flüchtig. Viele Frauen, sehr selten einmal ein Mann. Ich war unfähig, mich zu verlieben und eine feste Bindung einzugehen. Eine angenehme Nacht, mehr war nicht drin. Ich war nicht offen. Ich brachte es nicht über mich zu sagen: «Ich mag dich.»

Irgendwann realisierte ich, daß mich meine Mutter und Schwester eventuell überleben würden, wenn ich so weitermachte. Die totale Fixierung auf meine Familie forderte ihren Tribut. Ich beschloß, mehr schöne Dinge für mich selbst zu tun. Ich nahm Gesangsunterricht und fing eine neue Ausbildung an. Erst da wagte ich es, mir einzugestehen, daß ich sehr viel trank und daß es höchste Zeit war, daran etwas zu ändern.

Ich habe daraufhin zunächst einige Monate lang überhaupt nichts mehr getrunken. In der Kneipe Tee, alkoholfreies Bier, Cola bestellt. Das hieß auch, daß ich mehr Abende allein zu Hause verbrachte. Eine an sich schon ungewöhnliche Situation, die noch schwieriger wurde, da all meine Gedanken unzensiert einen Ausweg suchten und fanden. Ich bin damals stundenlang in meinem Zimmer auf und ab getigert, habe vor mich hin gejammert, nach der Kneipe geschielt. Joggen und Singen erwiesen sich als phantastische Auswege, diese Unruhe und Wut zu kanalisieren.

Da meine Gefühle nicht mehr gedämpft wurden, konnte ich mich wieder verlieben und tat das auch. Damit gab es wieder jemanden, der an meiner Seite kämpfte. Ich fühlte mich unterstützt, bekam ein größeres Selbstwertgefühl und wurde klarer und aufrichtiger im Kontakt mit anderen.

Ich habe eine Reihe von Dingen, die mir zuwiderliefen, besprechbar gemacht. So war es zum Beispiel der Wunsch meiner Mutter, daß ich mich nach ihrem Tod um meine Schwester kümmern sollte, um ihr die Einweisung in ein Pflegeheim zu ersparen. Mir war bewußt, daß ich eine solche Aufgabe nicht übernehmen konnte und wollte. Darüber habe ich mit ihr geredet. Sie wurde sehr wütend, aber ich mußte damals die Karten offen auf den Tisch legen, um zu verhindern, später mit Schuldgefühlen befrachtet zu sein. Ich hatte beschlossen, nicht mehr unbegrenzt für jeden verfügbar zu sein. Stärker für meine eigenen Gefühle und Bedürfnisse einzustehen.

Dieser Prozeß ist nicht mehr aufzuhalten, er hat mir Selbstvertrauen gegeben. Ich weiß jetzt, was ich will und worauf ich stolz sein kann. Ich bin gut in meinem Beruf, ein verläßlicher Kumpel für die anderen. Ich schaffe es, die aufkommenden destruktiven Gedanken über meine eigene Wertlosigkeit aufzuhalten, und wenn sie doch einmal die Oberhand gewinnen, versuche ich sie zu vertreiben, indem ich, statt in die Kneipe zu laufen, zum Beispiel darüber rede oder singe.

Nach den alkoholfreien Monaten habe ich wieder angefangen zu trinken – aber auf eine «sozialere» Weise. Es muß nicht sein, aber es kann. Die Woche über trinke ich kaum, an den

Wochenenden bleibt es normalerweise bei insgesamt vier, fünf Gläsern, aber es kommt auch durchaus vor, daß ich am Montagmorgen erstaunt feststelle, daß ich gar nichts getrunken habe. Ab und zu, in meinen dunklen Stunden, schlage ich etwas über die Stränge und versumpfe, aber darüber mache ich mir keine Gedanken. Wenn es passiert, weiß ich genau, warum ich mich von dem alten Schema verabschiedet habe.

Sollte ich trotz allem wieder über einen längeren Zeitraum rückfällig werden, werde ich nicht zu einer Beratungsstelle gehen, sondern erneut versuchen, mich an den eigenen Haaren aus dem Sumpf zu ziehen. Es hat mir ein Gefühl von Stolz gegeben: ‹Das habe ich selbst geschafft.› Ich spüre, daß mir das immer noch sehr viel bedeutet. Vielleicht habe ich auch leicht reden. Mein Trinken hat zu keiner Zeit extreme körperliche, soziale oder psychische Konsequenzen gehabt. Ich habe höchstens meine eigene Entwicklung für ein paar Jahre auf Eis gelegt. Das ist das Fatale am Alkohol – daß man in ihm ertrinkt.»

4. Welche Frauen trinken und warum

Sylvia Lammers (Lammers, Schippers und van der Staak) hat untersucht, welche Funktion Alkohol für Frauen in einer problematischen heterosexuellen Beziehung hat. Von den 45 alkoholabhängigen Frauen sagten 23, daß Schwierigkeiten in der Beziehung der Anlaß für ihren übermäßigen Alkoholkonsum waren. Dabei kristallisierten sich einige Strukturen heraus.

Die meisten Frauen tranken, um eine unbefriedigende Beziehung weiterleben zu können. Die Frauen, die sich durch einen gleichgültigen Ehemann vernachlässigt fühlten, griffen zur Flasche, um ihre Einsamkeit zu vertreiben. «Ich fühlte mich dann nicht mehr so allein oder konnte das Alleinsein besser akzeptieren. Ich konnte zwar zu ihm sagen, wie unwohl mir war, wie sehr ich mich im Stich gelassen fühlte, aber genausogut hätte ich zu unserer Wohnzimmercouch sprechen können, denn er hörte mir sowieso nicht zu. Und ein Sherry macht das Ganze dann etwas leichter.»

Manche Frauen tranken, um ihren Widerwillen gegen die Sexualität zu überwinden, wie die Frau, die fand, daß sie sich nicht länger als eine Woche verweigern könnte. Schließlich sorgte er finanziell für sie – das gab ihm gewisse Rechte. «Und um des lieben Friedens willen denkt man dann, nun ja, eben einmal in der Woche unterwürfig sein. An einem solchen Abend habe ich getrunken, um den aufkommenden Ekel nicht fühlen zu müssen, denn im Grunde spielt man ja eine Komödie.» Außerdem hebt der Alkohol die wechselseitigen Spannungen auf.

Während Alkohol für die meisten Frauen die Funktion hatte, sich anpassen zu können, gab es auch einige, die das Trinken als eine mehr oder weniger kaschierte Form des Widerstands sahen. Um den Mann herauszufordern, um zu sehen, wie lange er es hinnimmt, um seine Aufmerksamkeit zu wecken, um ihm klarzumachen, daß etwas nicht stimmt.

Fast die Hälfte der Frauen trank sich auch hin und wieder Mut an, um sich wehren zu können, um von einem als dominant erlebten Mann nicht völlig an die Wand gedrückt zu werden. Und schließlich gab es noch ein paar Frauen, die ihr Trinken als eine Form von passivem Widerstand verstanden. In betrunkenem Zustand waren sie einfach nicht mehr in der Lage, zu kochen, mit ihm zu schlafen oder Freunde zu besuchen. «Einfach kurz vergessen, einfach nicht präsent sein. Kein Mann, keine Kinder mehr. Ich bin dann eben nicht mehr ansprechbar, also kann sich auch niemand mehr mit mir anlegen.»

Männer trinken häufiger, um ihr Gefühl von Macht zu verstärken. Machtmißbrauch, Gewalt, erzwungener Sex kommen signifikant öfter vor, wenn Männer alkoholisiert sind. Bei Frauen hat Alkohol häufiger die Funktion, das Gefühl der eigenen Ohnmacht erträglicher zu machen. Trinken ist dann eine Überlebensstrategie, um Konflikten aus dem Weg zu gehen, man trinkt aus Angst um die Beziehung oder weil man die Hoffnung verloren hat, daß sich noch etwas zum Besseren wenden könnte.

Viele Frauen halten es auf diese Weise lange aus, aber oft werden die Probleme auf Dauer doch unausweichlich. Auf Phasen der Passivität und Unterordnung können Wutausbrüche und heftige Auseinandersetzungen folgen, manchmal auch eine endgültige Trennung. In wenigen Fällen hat die Strategie, zu trinken, um Aufmerksamkeit zu erregen, tatsächlich den beabsichtigten Effekt. Es gibt Frauen, denen es gelungen ist, durch ihr auffälliges Trinkverhalten ihre Männer so weit zu bringen, daß sie einer Partnertherapie zustimmten, einige andere haben es mit der Zeit gelernt, auch ohne Alkohol für die eigenen Bedürfnisse einzustehen, nachdem sie sich dazu zunächst Mut antrinken mußten. In allen positiven Fällen handelten die Frauen absolut bewußt bzw. waren die Alkoholprobleme noch nicht so schwerwiegend.

Auch die deutsche Wissenschaftlerin Irmgard Vogt hat sich mit der Problematik alkoholabhängiger Frauen beschäftigt. Sie hat sich dabei auf Frauen konzentriert, die sich mit der Diagnose Alkoholismus für eine Behandlung in einer Suchtklinik angemeldet hatten.

Vogt stellt ihrer Studie die These voran, daß sich im Trinkverhalten von Frauen häufig starke Schwankungen erkennen lassen. Phasen, in denen nicht oder kaum getrunken wird, folgen Phasen exzessiven Alkoholkonsums, während das Trinkverhalten von Männern in der Regel gleichmäßiger verläuft. Vogt teilt die Frauen, um die es in ihrer Studie geht, in zwei Gruppen ein. In der Gruppe, die schon früh mit dem Trinken angefangen hat, wurde die Alkoholsucht nicht durch Beziehungsprobleme ausgelöst, zu ihr gehören in der Regel Frauen, die trinken, weil sie sich in einem Umfeld wohl fühlten, in dem Alkohol zur Tagesordnung gehörte. Sie machten schon in jungen Jahren gern mit, das Trinken gab ihnen das Gefühl, zu einer Clique zu gehören, in der Alkohol oder andere Rauschmittel Teil eines bestimmten Lebensstils waren. Wer viel verträgt, besitzt die Fähigkeit, das Leben, die Freiheit zu genießen. Diese Frauen trinken vor allem gern in Gesellschaft, in der Öffentlichkeit, und sie verbinden mit diesem Verhalten – zumindest in der ersten Zeit – keinerlei Schuldgefühl.

Sehen wir uns den psychologischen Hintergrund an, dann wird deutlich, daß Frauen, die in einem solchen Umfeld Alkoholprobleme bekommen, im Elternhaus oft ein geringes Selbstwertgefühl vermittelt wurde. Vogt geht davon aus, daß viele dieser Frauen als Kind sexuell mißbraucht und mißhandelt wurden. Diese Frauen gehen in ihrem Bemühen, von dem trinkenden Freundeskreis oder von speziellen Freunden akzeptiert und geliebt zu werden, sehr weit. Manche knüpfen unter Alkoholeinfluß neue sexuelle Kontakte und werden immer wieder enttäuscht und verlassen. Da die Angst vor Einsamkeit und Isolation sehr ausgeprägt ist, ist auch die Versuchung dementsprechend groß, sich möglichst schnell auf die Suche nach einem neuen Partner zu begeben, häufig in denselben Kreisen, in denen gern und reichlich getrunken wird. Die Beziehungen sind nicht sehr stabil. Wenn Kinder im Spiel sind, leiden auch sie unter einem chaotischen Lebensstil. Viele dieser Frauen werden im Laufe ihres Lebens mehrfach sexuell mißbraucht oder mißhandelt, sie wechseln häufig die Arbeitsstelle – all das trägt dazu bei, das ohnehin schon angeschlagene Selbstwertgefühl noch weiter zu untergraben. Auf Dauer führt diese Abwärtsspirale in eine Krise mit dem Partner und den Kindern, oder der Gesundheitszustand verschlechtert sich so dramatisch, daß der Verzicht auf Alkohol zu einer absoluten Notwendigkeit wird.

Zu der anderen Gruppe zählt Vogt die Frauen, die erst später mit dem übermäßigen Trinken begonnen haben. Hier sind es oft Beziehungsprobleme, die den Ausschlag geben. Viele dieser Frauen leben lange Zeit in einer wenig befriedigenden Beziehung, halten jedoch durch, bis sich etwas verändert, wodurch Belastbarkeit und Belastung aus der Balance geraten. Manchmal geht es um den sprichwörtlichen Tropfen, der das Faß zum Überlaufen bringt, manchmal ist es eine Schwangerschaft, die der Partner nicht will, manchmal der

Verlust eines unterstützenden Netzwerks. Eine Reihe von Partnern reagiert mit Abscheu und Ablehnung auf das veränderte Trinkverhalten der Frau. Es kommt zu heftigen Auseinandersetzungen, wobei die betroffenen Frauen manchmal zum ersten Mal in ihrem Leben all ihre unterdrückte Wut und Unzufriedenheit nach außen tragen. Einige Ehemänner reagieren darauf mit dem Verlust an Selbstbeherrschung, mit Gewalt. Andere flüchten aus dem Haus und tauchen erst Stunden oder Tage später wieder auf. Auch hier ist oft eine Abwärtsspirale zu beobachten. Für die Frauen, die letztendlich wirklich in eine problematische Abhängigkeit geraten, ist Alkohol noch der einzige Rettungsanker, an den sie sich in einer Situation klammern, aus der sie keinen Ausweg sehen. Alkohol gibt ihnen die Möglichkeit, in den Schlaf, in die Bewußtlosigkeit abzutauchen. Vogt bemerkt dazu, daß es in diesen Fällen keineswegs nur um Hausfrauen geht, die in ihren eigenen vier Wänden isoliert sind, sondern auch um Frauen, die einen recht guten Beruf haben. Bezeichnend für sie ist, so Vogt, daß sie versucht haben, sich den Anforderungen ihres Umfelds anzupassen, und daß sie ihre Lebensaufgabe darin sahen, eine gute Ehefrau und Mutter zu sein. Das bedeutet, daß sie in dem Machtkampf mit einem Ehemann oder Partner über lange Zeit bemüht waren, Konflikte zu vermeiden und ihre eigenen Bedürfnisse hinter die der Familie zurückgestellt haben. Wie sich zeigte, hatten viele dieser Frauen schon unter psychosomatischen Beschwerden gelitten, bevor es zu einem gesteigerten Alkoholkonsum und dem Ausbruch der Krise kam: Magenbeschwerden, Depressionen oder «Nervenzusammenbrüche», auf die Ärzte in der Regel nur mit dem Verschreiben von Medikamenten reagierten. Im Gegensatz zu der ersten Gruppe leiden diese Frauen oft unter Schuldkomplexen und dem Gefühl, versagt zu haben. Erst wenn die Situation gänzlich unhaltbar wird, schreiten sie sozusagen zur Tat, die ihren Ausdruck in einem exzessiven Alkoholkonsum findet, der keine Lösung bietet, sondern die Situation nur noch verschlimmert.

Die Studie bezog sich auf eine relativ kleine Gruppe von Frauen, bei denen sich die Probleme so dramatisch zugespitzt hatten, daß eine stationäre Aufnahme unumgänglich wurde. Wir sollten uns davor hüten, die von Vogt verwendete Zweiteilung als Stereotyp aufzufassen, so, als würde es nur zwei Typen von Frauen geben, für die Alkohol problematisch werden kann. Die Differenzierungen, die sie vornimmt, lassen jedoch erkennen, daß übermäßiger Alkoholkonsum sehr viele unterschiedliche Ursachen und Hintergründe haben kann. Bei manchen Frauen entspringen die erfahrenen Probleme eher einem übermäßigen Alkoholkonsum, obwohl es vermutlich auch in ihrer Lebensgeschichte Faktoren gibt, die dieses Verhalten fördern: ein nicht besonders gut entwickeltes Selbstwertgefühl, ein übergroßes Bedürfnis, sich anzupassen, der Wunsch, koste es, was es wolle, dazuzugehören. Bei anderen Frauen ist der übersteigerte Alkoholkonsum eine Folge von Beziehungsproblemen, wobei auch diese Frauen eine spezifische Vorgeschichte haben. Sie sind mit dem stark internalisierten Gefühl aufgewachsen, daß ihre Aufgabe als Frau darin zu liegen habe, die Menschen um sich herum glücklich und zufrieden zu machen, auch wenn diese Anstrengung nicht auf Gegenseitigkeit beruht und auf ihre Kosten geht. Erst wenn die Kosten-Nutzen-Rechnung sehr aus dem Gleichgewicht gerät, beginnen diese Frauen sich – häufig nicht sehr wirksam – zu wehren.

Wir können natürlich so tun, als hätten wir es hier mit Extremfällen zu tun. Schließlich landen die meisten Frauen, die in problematischen Beziehungen leben, nicht in Alkohol- und Drogenkliniken. Dennoch ist deutlich, daß es hier um Muster und Strukturen geht, die für sehr viele Frauen in abgeschwächter Form ebenfalls gültig sind. Zum Beispiel eine Sozialisation, die sie lehrt, daß ihnen das Wohlbefinden ihrer Umgebung wichtiger sein muß als die eigene Zufriedenheit. Oder auch das Machtgefälle in Ehen und anderen heterosexuellen Beziehungen, das wir unter den gegenwärtigen Verhältnissen mit einer Selbstverständlichkeit akzeptieren, die uns blind macht für die Probleme, die sie für eine Frau mit sich bringen können.

5. Geschlechtsspezifische Unterschiede und das Ungleichgewicht der Macht

Während vor einer Generation noch der Mann ganz selbstverständlich als das Oberhaupt der Familie galt, der als Hauptverdiener das alleinige Recht hatte, die wichtigen Entscheidungen im Namen aller zu treffen, der als Hausvater am Eßtisch den Ehrenplatz und das größte Stück Fleisch bekam, haben sich die Auffassungen über das Verhältnis zwischen den Geschlechtern in den letzten Jahrzehnten erheblich gewandelt. Es ist üblich geworden, Paare als prinzipiell gleichwertige Partner anzusehen. War es früher ganz normal, wenn eine Frau sagte, daß sie alle Entscheidungen, einschließlich ihrer Stimmabgabe bei einer Wahl, ihrem Mann überlasse, findet man eine solche Frau heutzutage ein wenig unemanzipiert. Die meisten Ehepaare werden auf die Frage, wer bei ihnen die Entscheidungen trifft, erwidern, daß sie sich die Verantwortung teilen. Ob das auch wirklich so ist, ist allerdings zweifelhaft. Zwischen einem krampfhaft aufrechterhaltenen Selbstbild und der Wirklichkeit, wie sie sich bei genauerem Hinsehen darstellt, tut sich eine ziemlich tiefe Kluft auf.

Aafke Komter hat in den Niederlanden das Ungleichgewicht der Macht innerhalb der Ehe untersucht. Macht hat unterschiedliche Gesichter – sie kann sich in der deutlichen Vereinbarung manifestieren, wer der Herr im Hause ist, aber auch in einer latenten, wesentlich subtileren Form existent sein. Denkbar ist beispielsweise, daß einer der Ehepartner – und das ist in den meisten Fällen der Mann – mehr Mittel besitzt, die es ihm möglich machen, seine Absichten und Bedürfnisse durchzusetzen, als seine Partnerin. Diese wird, im Bewußtsein ihrer Unterlegenheit, Konflikten aus dem Weg gehen, da sie davon überzeugt ist, letztendlich doch als Verlierer zu enden. Ein weiterer Punkt ist die Macht des «Selbstverständlichen», die mit den verinnerlichten Vorstellungen von Weiblichkeit und Männlichkeit zusammenhängt. Dazu ein Beispiel: Von einem verheirateten Mann wird erwartet, daß er außer Haus arbeitet, um seine Familie zu ernähren, während eine verheiratete Frau in erster Linie den Haushalt, die Kinder und den Mann zu versorgen hat. Dieses Bild hat mit der Zeit Risse bekommen. Die Akzeptanz von Frauen, die neben einer Beziehung auch außerhalb des Hauses einer Arbeit nachgehen, ist größer geworden; andererseits wächst der Druck auf die Männer, sich mehr an der Hausarbeit und Kindererziehung zu beteiligen. Aber dennoch. Auf der Gefühlsebene halten sich überkommene Vorstellungen zäh am Leben. Wenn er morgens aus dem Haus und zur Arbeit geht, dann tut er das für seine Familie. Und wenn er in seinem Beruf sehr angespannt ist, ist das eine gültige Entschuldigung dafür, sich weniger um die Familie zu kümmern. Verläßt sie jedoch das Haus, um außerhalb ihr Geld zu verdienen, geht das automatisch auf Kosten der Familie. Sie kann sich nicht damit entschuldigen, daß ihre bezahlte Arbeit sie an der Versorgung der Kinder hindert, obwohl sie genau dasselbe tut wie ihr Mann – nämlich Geld verdienen. Noch immer sind es ausschließlich die Frauen, die sich dafür verantworten müssen, ob sie Arbeit und Kinder miteinander verbinden können. Männern wird diese Frage nie gestellt, obwohl im Prinzip doch für beide die Möglichkeiten dieselben sind, außerhalb des Hauses zu arbeiten und gemeinsam für den Haushalt, für die Kinder und für einander zu sorgen. Oft tragen unbewußte Vorstellungen, wie ein Mann zu sein hat und wie eine Frau sich verhalten muß, dazu bei, daß die althergebrachte Ungleichheit erhalten bleibt, auch wenn sie sich nicht mehr mit dem progressiven Bild einer gleichberechtigten Partnerschaft decken. Es sind diese Selbstverständlichkeiten, die dazu führen, daß in den meisten Familien ein Machtgefälle herrscht. Dieses Machtgefälle wird vor allem deutlich, wenn man einmal danach fragt, inwieweit beide Partner ihre jeweiligen Zukunftspläne verwirklichen konnten und in welchem Maße eventuelle Wünsche nach Veränderung im ehelichen Zusammenleben erfüllt wurden. Wie sich zeigte, sahen drei Viertel der befragten Männer ihre beruflichen Zukunftspläne realisiert, während es bei den Frauen weniger als 40 Prozent waren. Und dies, obwohl Frauen im Durchschnitt ja bereits geringere Erwartungen und Ansprüche an eine Karriere haben. Viele Frauen hatten nach der Heirat weiterarbeiten wollen, haben sich aber letztendlich mit einer schlechter bezahlten Stelle begnügt, da sie keine Möglichkeit sahen, ihren früheren Beruf mit den Aufgaben und Pflichten innerhalb der Familie in Einklang zu bringen. Das bedeutet auch eine Schwächung ihrer Verhandlungsposition in Konfliktsituationen, denn zu wissen, daß man sich finanziell erheblich verschlechtern wird, wenn die Beziehung zerbricht, macht einem nicht unbedingt Mut, Forderungen zu stellen oder Wünsche zu äußern, so legitim sie auch sein mögen.

Deutlich wird auch, daß die weiblichen Ehepartner im allgemeinen mehr Veränderungen wollten und weniger Möglichkeiten sahen, ihre Wünsche durchzusetzen. 91 Prozent der befragten Frauen erledigten den Haushalt praktisch allein, 68 Prozent hatten vergeblich versucht, dies zu ändern; 93 Prozent war die tägliche Sorge für die Kinder überlassen, und während 54 Prozent dies gern anders geregelt hätten, konnten sich ganze 28 Prozent der Männer auch eine andere Rollenverteilung vorstellen.

Der einzige Bereich, in dem Männern wie Frauen der Sinn

fast gleichermaßen nach Veränderungen steht, ist die Sexualität. Allerdings haben sie nicht unbedingt dieselben Wünsche. 65 Prozent der männlichen Befragten hätten es gern, wenn ihre Frauen etwas entgegenkommender wären, mehr Lust und Bereitschaft zu Variationen zeigen und nicht so ein Drama darin sehen würden, wenn er sein Heil ab und zu in einem anderen Bett sucht. 64 Prozent der Frauen wünschten sich mehr Aufmerksamkeit für ihre Gefühle, sie wollten mehr geliebt und stärker wahrgenommen werden. Auch hört man von vielen Frauen, daß sie nicht immer diejenige sein wollen, die in der Beziehung die Initiative ergreift, wenn über ein Problem geredet werden muß.

Wenn es um ihre *Veränderungswünsche* geht, greifen Männer häufiger zu Formen manifester Macht. Sie drohen mit Sanktionen, riskieren schneller einen Streit. Sie lassen, um ein Beispiel zu nennen, durchblicken, daß sie durchaus zu einer anderen Frau gehen könnten, wenn sie seinen sexuellen Wünschen nicht entgegenkommt. Ein so schweres Geschütz muß natürlich nicht jedesmal aufgefahren werden. Irgendwann ist die Botschaft bei ihr angekommen, und sie kalkuliert es von sich aus ein. Frauen können ihre Wünsche längst nicht so effektiv durchsetzen. Daß sie selten mit konkreten Sanktionen drohen, hat mehrere Gründe. Zum ersten besitzen sie ganz einfach weniger Druckmittel. Bei einer Scheidung sind ihre Möglichkeiten, für den eigenen Unterhalt sorgen zu können, geringer. Wenn sie die Kinder behält – und das ist nach wie vor das gängigste Modell –, sind ihre Chancen, einen neuen Partner zu finden, nicht die besten. Eine nicht zu unterschätzende Rolle spielt auch das Selbstbild. Wenn das Selbstwertgefühl einer Frau, wie das häufig der Fall ist, vom Gelingen einer Beziehung abhängt, wird sie alle Register ziehen, um ihre Ehe zu retten, auch wenn das auf Kosten der eigenen Wünsche und Bedürfnisse geht. Frauen lenken öfter ein, sie fressen ihre Unzufriedenheit in sich hinein und äußern sich nur verdeckt, zum Beispiel, indem sie ihrem Mann im Bett den Rücken zukehren, indem sie ihm die Aufmerksamkeit, die er gern hätte, vorenthalten – oder indem sie in eine Krankheit flüchten.

Die Macht des Selbstverständlichen läßt sich auch anders ausdrücken. Die französische Psychoanalytikerin Christiane Olivier nennt zwei Grundbedürfnisse des Menschen: das Recht auf Sublimation, sprich, das Recht auf Selbstentfaltung, und das Recht auf Regression, auf Versorgtwerden, sich klein fühlen zu dürfen. Trotz der Emanzipationsbewegung der letzten fünfundzwanzig Jahre sind diese Grundrechte auch heute noch nicht bei Männern und Frauen gleichermaßen verwirklicht. Von Männern wird erwartet, daß sie ihre Begabungen und Fertigkeiten in bezahlte Arbeit umsetzen. Das Recht auf Sublimation macht ihnen niemand streitig. Das geht im Alltag natürlich auch nicht immer problemlos vonstatten, und zweifellos kann der Leistungsdruck Männern übel mitspielen. Es gehört zum Männlichkeitskodex, durch Leistung zu glänzen und Geld zu verdienen. Manche Männer geraten unter Streß, weil sie dieses Bild so sehr verinnerlicht haben, daß sie sich selbst überfordern, andere, weil sie diesem Bild nicht gerecht werden können, nicht die Karriere machen, die sie sich vorgenommen hatten, oder weil sie ihre Arbeit verlieren. Auch das Recht auf Regression ist für die meisten Männer eine Selbstverständlichkeit. Obwohl es nicht dem männlichen Kodex entspricht, von der Zuwendung und Versorgung durch einen anderen abhängig zu sein, werden diese Bedürfnisse in einer durchschnittlichen Ehe erfüllt, ohne daß der Mann explizit darum bitten müßte. Vielen Männern ist so lange nicht bewußt, wie sehr sie noch immer bemuttert werden, bis dieses selbstverständliche Versorgtsein plötzlich nicht mehr selbstverständlich ist. Der heftige Widerstand, den Männer nach wie vor den Emanzipationsbestrebungen ihrer Frauen entgegensetzen, kann damit direkt zusammenhängen. Wenn die Ehefrau ihren Beruf ebenso ernst nehmen würde wie er, könnte der Zeitpunkt bedrohlich näherrücken, an dem sie ihn nicht mehr so selbstverständlich hegen und pflegen würde und er sich notgedrungen seiner Abhängigkeit bewußt werden müßte. Frauen haben sich ihr Recht auf Sublimation neu erstritten. Rein formal stehen uns jetzt jede Ausbildung, jeder Beruf offen. Aber um das dazugehörige Recht auf Regression, um das Recht, versorgt und aufgefangen zu werden, ist es für Frauen bedeutend schlechter bestellt. Frauen werden, sobald sie erwachsen sind, selten bemuttert. Die Wahl zwischen dem Recht auf Sublimation und dem auf Regression beschert den Frauen oft ein Dilemma. Entscheidet sie sich für den – relativen – Schutz einer traditionellen Ehe, kann sie zwar das Gefühl haben, «versorgt» zu sein, da er die finanziellen Dinge regelt, aber sie muß dafür großenteils auf die eigenen Wünsche verzichten. Entscheidet sie sich, ihre eigenen Wege zu gehen, wird sie wohl kaum auf dieselbe Unterstützung rechnen können, wie sie Männern geboten wird.

Noch kurz etwas zu den modernen Frauen, die sich ihr Recht auf Sublimation erstritten haben. Arlie Hochschild hat die Aufgabenverteilung und das Machtgefälle bei heterosexuellen Paaren untersucht. Sie hat nicht wie Komter eine große Gruppe von Ehepaaren befragt, sondern bei wenigen Paaren über einen längeren Zeitraum genau beobachtet, wie sich die innere Dynamik der Beziehung und die interne Aufgabenverteilung entwickelten. Dabei fand sie heraus, daß vielfach gerade bei erfolgreichen Frauen, das heißt bei Frauen mit einem anspruchsvollen und anstrengenden Beruf, die Rollenverteilung innerhalb des Hauses zumindest so traditionell war wie in früheren Zeiten. Das hängt mit dem zusammen, was Hochschild als «Dankbarkeitsökonomie» bezeichnet, ein Begriff, der mit der «Macht des Selbstverständlichen» von Komter eng verwandt ist. Wenn der Ehemann meint, sie müsse ihm dankbar sein, weil er ihr erlaubt zu arbeiten, und sie das Gefühl hat, auch unter den veränderten Bedingungen für sein Wohl und seine Zufriedenheit verantwortlich zu sein, kann das dazu führen, daß sie im Haushalt mindestens genausoviel, wenn nicht mehr tut als eine traditionelle Hausfrau. Damit er auch garantiert in keiner Hinsicht zu kurz kommt, rackert sie sich ab; sie zaubert raffinierte Menus und fragt ihn ausführlich, wie es ihm geht; sie läßt keine Gelegenheit aus, um im Bekanntenkreis zu erzählen, wieviel wichtiger seine Arbeit im Vergleich zu der ihren ist, und vor allem wird sie immer dann Lust haben, wenn ihm der Sinn danach steht. Die Chance, daß sich ihr Bedürfnis nach Umsorgtsein erfüllt, wird also eher kleiner als größer, wenn sie ihren Ambitionen folgt. Es gibt zwar Paare, bei denen beide Partner berufstätig sind und sich den Haushalt teilen, aber das sind, wie aus der Studie von Hochschild hervorgeht, nur 20 Prozent. Und auch wenn nicht er, sondern sie arbeitet, gibt es keinerlei Garantie, daß sie die Versorgung und Zuwendung bekommt, die ein Mann in ihrer Situation ganz selbstverständlich fordern würde. Viele Männer fühlen sich in ihrem Selbstwertgefühl verletzt, wenn sie arbeitslos oder erwerbsunfähig geworden sind. Auch wenn sie in einer solchen Situation finanziell von der Ehepartnerin abhängig sind, sind die wenigsten bereit, ihr die Dienstleistungen anzubieten, die sie von ihnen bekommen haben, als sie noch das Geld nach Hause brachten. Und viele Frauen, die dafür Verständnis haben oder keine Krise provozieren wollen, finden sich damit ab.

6. Geschlechtszugehörigkeit, Streß und Alkohol

Streß ist in der Alltagssprache zu einem Sammelbegriff für alle unangenehmen Folgen von zu starker Anspannung, Leistungsdruck und Überforderung geworden. Ein bißchen Streß tut niemandem weh – manche Leute setzen sich dem sogar bewußt aus –, aber langfristige streßerzeugende Faktoren machen Menschen krank.

Viele sehen die Lösung darin, sich auf die Suche nach einem streßreduzierenden Mittel zu begeben, durch das die unangenehme Situation einigermaßen erträglich wird. Alkohol ist eines davon. Daß es so viele Menschen gibt, die Streß mit Alkohol bekämpfen, liegt daran, daß diese Strategie tatsächlich funktioniert. Die Sache hat allerdings einen Haken. Je größer der Streß, desto mehr Alkohol braucht man, um wieder einigermaßen in Stimmung zu kommen. Irgendwann kann daraus ein Teufelskreis entstehen. Die Mutter fühlt sich vernachlässigt, weil ihr Mann am Morgen grußlos aus dem Haus gegangen ist und die Kinder wieder einmal ein Chaos hinterlassen haben. Statt der üblichen zwei Gläser leert sie die ganze Flasche und schickt ihre heimgekehrte Familie zur Pommesfrites-Bude, weil ihr die Lust zum Kochen vergangen ist. Wenn die Wirkung des Alkohols verflogen ist, wird ihr bewußt, daß die häusliche Stimmung nun wirklich auf dem Nullpunkt ist. Sie entwickelt Schuldgefühle, die sie erneut unter Streß setzen, der am einfachsten mit noch mehr Alkohol niedergehalten werden kann. Und wer einmal an Alkohol als Antistreßmittel gewöhnt ist, verlernt zunehmend, auch andere Mechanismen zur Streßverarbeitung anzuwenden (Formberg).

Streß entsteht bei allen Menschen als Folge bedrohlicher oder unsicherer Umstände; auch Zukunftsängste oder der Verlust geliebter Menschen durch Tod oder Trennung sind häufige und wesentliche Motive. Daneben gibt es jedoch auch nachweislich geschlechtsspezifische Ursachen. Auffallend ist, daß viele Männer Streß und Probleme am Arbeitsplatz als Auslöser für ihren überhöhten Alkoholkonsum angeben, während von Frauen häufiger Beziehungsprobleme genannt werden. Der Grund liegt nicht nur darin, daß sich Männer relativ mehr in Arbeitsverhältnissen befinden und – in den Niederlanden – ein nach wie vor hoher Prozentsatz der weiblichen Bevölkerung in erster Linie Hausfrau und Mutter ist. Die unterschiedliche Motivierung hat auch mit einem verinnerlichten Selbstbild von Männlichkeit und Weiblichkeit zu tun, an dem wir unsere eigene Persönlichkeit messen und das uns das Gefühl gibt, das Leben mehr oder weniger «erfolgreich» zu bewältigen. Um es mit der Psychiaterin Nelleke Nicolai in einem Satz zusammenzufassen: «Männer fürchten häufiger den Verlust an ‹Männlichkeit›, Frauen haben eher Angst, ihre sozialen Kontakte zu verlieren» (Nicolai, 1992).

Nicht zuletzt unter dem Einfluß frauenspezifischer Therapieformen und -studien gibt es mittlerweile viel mehr Untersuchungen über streßverursachende Faktoren bei Frauen als bei Männern. Nur eine einzige, sehr aufschlußreiche Studie des (männlichen) Forscherteams Richard Eisler und Jay Skidmore befragt Männer nach streßverursachenden Faktoren in ihrem Leben. Auffallend ist, daß fast alle dort genannten Aspekte darauf zurückgehen, daß die Befragten meinten, die männlichen Normen nicht erfüllt zu haben, als da wären: man muß eine gutbezahlte Arbeit haben, eine Familie unterhalten können, sportlich sein, unabhängig von der Hilfe anderer leben. Fast alle Faktoren, einschließlich der Sexualität, werden mit Leistungsdenken verknüpft. Die vergebliche Suche nach einem Sexualpartner, die Erfahrung, daß man die Partnerin nicht befriedigt hat, Impotenz oder Müdigkeit, wenn die Partnerin die Initiative ergreift – all das sind Faktoren, die für viele Männer auf der Streß-Skala höher stehen als beispielsweise die Tatsache, am Arbeitsplatz bei einer Beförderung übergangen zu werden. Aber Männer sind nicht das Thema dieses Buches – obwohl es bei den gleichen Grundvoraussetzungen sehr gut möglich (und wie uns scheint auch durchaus nützlich) wäre, das Trinkverhalten von Männern ebenfalls aus einer geschlechtsspezifischen Sicht zu analysieren. Daß wir nun doch kurz auf die Männer zu sprechen kommen, hat seinen guten Grund: Überall, wo Frauen mit Männern zusammenarbeiten oder zusammenleben, haben die spezifisch männlichen Streßverhaltensmuster einen direkten Einfluß auf das Alltagsleben von Frauen. So gesehen machen Männer mit ihren Problemen auch den Frauen das Leben schwer. Um ein paar Beispiele zu nennen, brauchen wir uns nur einmal die Liste anzusehen, auf der die Streßfaktoren für Männer aufgeführt sind. Wir wollen einige herausgreifen (die Zahlen geben die Streß-Intensität an: 0,7 ist der höchste Wert, 0,3 noch signifikant).

— Am Arbeitsplatz von einer Frau überflügelt werden   0,69
— Unter einem weiblichen Chef arbeiten müssen   0,67
— Mit einer Frau umgehen, die erfolgreicher ist   0,64
— Bei einem Spiel gegen eine Frau verlieren   0,57
— Der Partnerin sagen, daß man sie liebt   0,54
— Zugeben müssen, daß man verletzt ist   0,53
— Gegenüber Freunden eingestehen, daß man im Haushalt mitarbeitet   0,46
— Mit einer Frau umgehen, die größer ist   0,33
— Zu Hause bleiben müssen, weil das Kind krank ist   0,33

Betrachten wir diese kleine Aufzählung nicht nur von der männlichen Warte aus, sondern auch aus der Sicht der Frau, so wird deutlich, welche Aufgaben Frauen in Arbeitssituationen und zu Hause zugemutet werden, um den Laden in Schwung zu halten. Und da viele Frauen so sozialisiert sind, daß sie glauben, erst dann erfolgreich zu sein, wenn alle um sie herum strahlende Gesichter haben, ist dies nicht nur eine Aufgabe, die von außen an sie herangetragen wird, sondern ein Auftrag, den sie von innen heraus fühlen. Konkret bedeutet dies, daß viele Frauen das Gefühl haben, in einer Double-bind-Situation zu leben: Sie müssen im Beruf ihre Leistung bringen, aber sie dürfen nicht so gut sein, daß Männer sich bedroht fühlen könnten; sie müssen, soll die Beziehung laufen, für ihre eigenen Bedürfnisse aufkommen, aber darauf achten, daß der Partner sich nicht unterdrückt fühlt, denn sonst kommt sein Streß wie eine Art Bumerang zu ihr zurück.

Gender and Streß (Barnett, Biener und Baruch) ist eine umfassende Studie, in der alle Untersuchungsergebnisse berücksichtigt wurden, die sich auf die Ursachen von Streß und die unterschiedliche Streßerfahrung von Männern und Frauen beziehen. Die Autoren stellen sich die Frage, ob Streß bei der heutigen Frauengeneration tatsächlich direkt mit der Doppelrolle zu tun hat, die Frauen sowohl in der Familie als auch am Arbeitsplatz spielen müssen, und ob es im Vergleich zu den Männern, die schließlich auch eine Arbeit und eine Familie haben, Unterschiede gibt.

Zunächst bestätigen viele der Autoren, die in diesem Buch zu Wort kommen, daß Männer öfter angeben, ihr Streß würde vor allem durch Schwierigkeiten am Arbeitsplatz verursacht. (Dabei müssen wir uns vor Augen halten, daß es Männern manchmal leichter fällt, ein Arbeitsproblem einzugestehen, als über Beziehungsprobleme zu reden, siehe auch die Streß-Skala.) Ausschlaggebende Faktoren sind vor allem: ein zu hoher Leistungsdruck, wenig Kontrolle über den Inhalt und das Tempo der Arbeit, zuwenig Bestätigung, eine zu schlechte Bezahlung. An sich trifft dies jedoch auch auf Frauen in einer vergleichbaren Arbeitssituation zu: Frauen sind häufiger gezwungen, ihren Arbeitsplatz zu wechseln, sie sind öfter in untergeordneten Positionen, wo ihnen wenig Mitspracherecht über den Inhalt und das Tempo ihrer Arbeit eingeräumt wird, sie bekommen im allgemeinen nicht mehr Bestätigung und mit Sicherheit nicht mehr Geld. Dennoch erfahren Frauen häufiger Streß im Rahmen der Familie und weniger im Zusammenhang mit ihrer (bezahlten) Arbeit.

Beschäftigen wir uns etwas eingehender mit der Frage, welcher Zusammenhang zwischen Streß und den unterschiedlichen Rollen von Männern und Frauen in der Gesellschaft besteht und wie die jeweiligen Klischeevorstellungen über Männlichkeit und Weiblichkeit damit korrespondieren. Wir nähern uns hier sehr stark den Ausführungen von Aaafke Komter zur Macht des Selbstverständlichen. Ein Mann empfindet seine Rolle als Arbeitnehmer und seine Rolle als Familienvater im Prinzip nicht als Widerspruch – wenn er in beiden Rollen gut funktioniert. Erst wenn ihn seine Arbeit so in Beschlag nimmt, daß seine Familie anfängt, sich zu beschweren, kommt es zu einer Diskrepanz zwischen Wollen und Müssen. Männer fühlen sich vor allem dann gestreßt – und das belegen auch diese Untersuchungen –, wenn der Leistungsdruck zu stark wird oder wenn sie arbeitslos oder erwerbsunfähig sind und somit den eigenen und den Erwartungen der Umwelt nicht mehr genügen. Einen Vorteil haben sie allerdings dabei: Männer dürfen klagen, und Männer haben das Recht, die Unterstützung der Familie einzufordern, die sie auffangen und entlasten muß.

Durch die Doppelbelastung von Berufstätigkeit und Haushalt geraten Frauen viel häufiger in Konfliktsituationen.

Dennoch ist dies für sie nicht der größte Streßfaktor. Wesentlich entscheidender ist die Qualität der beiden Rollen. Wenn die anderen Familienmitglieder die Berufstätigkeit der Ehefrau und Mutter akzeptieren und ihr ein wenig zur Hand gehen, ist es absolut vorstellbar, daß gerade die Kombination von Arbeit und Familie sie im Gleichgewicht hält. Wenn wir uns ansehen, welche Gruppen von Frauen am ehesten streßgefährdet sind, dann sind das in erster Linie die Frauen, die keine bezahlte Arbeit haben. Während Männer in der Regel wesentlich besser funktionieren, wenn sie verheiratet sind, trifft das auf Frauen nicht zu. Unverheiratete, berufstätige Frauen sind im allgemeinen glücklicher und gesünder als verheiratete Frauen, die nicht im Berufsleben stehen. Auch wenn es nicht leicht ist, zwei Aufgaben miteinander zu verbinden, so ist eine Arbeit außer Haus für eine Frau sozusagen der Garant für ein stabileres Selbstwertgefühl; die damit verbundene Bezahlung und Bestätigung wiegt in den meisten Fällen die Überstunden und den Druck auf und stärken die Verhandlungsposition innerhalb der Beziehung. Nur berufstätige Frauen mit kleinen Kindern und ohne Mann haben es wieder relativ schwerer.

Es hat schon eine gewisse Ironie, daß Frauen ihre Beziehung als die Hauptquelle von Frustrationen und Spannungen bezeichnen, während ihre Arbeit außer Haus gerade die Kompensation darstellt, um die Beziehung aufrechtzuerhalten. Bei Männern verhält es sich umgekehrt; sie fühlen sich vor allem durch den Beruf gestreßt und sind dem Druck nur gewachsen, weil sie in ihrer Familie die nötige Rückendeckung bekommen. Kurzum: Die Ehe ist vor allem eine Art Schutzzone für Männer. Alle Untersuchungen bestätigen, daß geschiedene Männer oder Witwer viel eher zu Depressionen neigen, anfälliger für psychische und somatische Beschwerden sind und im Durchschnitt früher sterben, unter anderem aufgrund einer höheren Selbstmordrate. Die Qualität der Ehe scheint für Männer bei weitem nicht so wichtig zu sein wie für Frauen. Die Wissenschaftler gehen davon aus, daß die durchschnittlichen Dienstleistungen von Frauen, auch wenn die Beziehung nicht gerade super ist, immer noch ausreicht, um ihn voll funktionsfähig zu halten. Frauen hingegen reagieren sehr sensibel auf die Qualität der Beziehung, sie müssen weitaus mehr kämpfen, um ihre Portion an Unterstützung zu bekommen.

Damit hätten wir auch eine Erklärung für einen auffallenden Unterschied zwischen den Männern und Frauen, die sich laut neuester Statistiken mit Alkoholproblemen an die entsprechenden Beratungsstellen wenden. Während die männliche Klientel überwiegend unverheiratet ist (38 Prozent gegenüber 30 Prozent verheirateter Männer), ist das Bild bei den Frauen genau umgekehrt. Hier sind es mehrheitlich verheiratete Frauen (38 Prozent gegenüber 26 Prozent lediger Frauen) (Ladis, 1993).

Daß Frauen darauf spezialisiert sind, helfend einzugreifen, und Männer ihnen diese Aufgabe in der Regel überlassen, hat Konsequenzen für alle Mann-Frau-Beziehungen, ob es sich nun um eine Freundschaft, eine romantische Liebesbeziehung oder eine Ehe handelt. Frauen erfahren in heterosexuellen Beziehungen so etwas wie ein «Unterstützungsmanko», wenn sie von ihrem Partner weniger zurückbekommen, als sie selbst geben. Wenn dieser Austausch sehr einseitig verläuft und sie zudem für die Kinder, für Freunde in Not und für diverse Familienangehörige ansprechbar sein muß, selbst jedoch nur sehr wenig Rückhalt hat, ist die Gefahr groß, daß eine Frau sich demoralisiert fühlt und eine Depression entwickelt (Belle, 1987).

Während Männern durchaus das Recht eingeräumt wird, über ihre Arbeit zu stöhnen, sind Frauen oft selbst davon überzeugt, daß sie ihren Frust über die Belastungen durch Mann und Kinder nicht nach außen tragen sollten. Das Eingeständnis, daß es zu Hause und in der Beziehung nicht gerade zum Besten steht, wird fast mit einem persönlichen Versagen gleichgesetzt.

Mehr als Männer suchen Frauen Unterstützung in einem Netzwerk enger Freundinnen und Familienmitglieder. Ein solches Netzwerk kann ihnen jedoch auch viel abverlangen. Streß ist ansteckend – zumindest gilt das für viele Frauen. Darf man, ohne sich wie eine herzlose Egoistin zu fühlen, nein sagen, wenn das Kind seine Mutter braucht, eine unglückliche Freundin Zuspruch benötigt oder wenn sich jemand um die Oma kümmern muß? Frauen geraten manchmal in eine Zwickmühle, in der sie sozusagen nur die Wahl zwischen Pest und Cholera haben: frustriert werden, weil man den Wünschen anderer nachgibt und einmal mehr nicht zu sich selbst kommt, oder klipp und klar nein sagen und das Gefühl verarbeiten müssen, versagt zu haben, unfreundlich gewesen zu sein und von den anderen auch so gesehen zu werden.

Obwohl Männer häufiger sagen, ihr Streß werde durch die Arbeitssituation verursacht, kann es auch Situationen geben, in denen die Beziehung zum Streßfaktor wird, auch wenn vielen Männern ein solches Eingeständnis offensichtlich nur sehr schwer über die Lippen kommt. Unter dem suggestiven Titel *Do Liberated Women Drive Their Husbands to Drink?* veröffentlichte Andrew Harrell die Ergebnisse einer Studie zum Alkoholkonsum bei Ehemännern emanzipierter Frauen. Sehr überraschend sind diese Erkenntnisse nicht: Männer mit traditionellen Vorstellungen – nach dem Motto: Frauen gehören ins Haus und die Männer verdienen den Lebensunterhalt – haben die massivsten Schwierigkeiten mit berufstätigen Frauen, vor allem, wenn sie zu allem Überfluß mehr verdienen als sie. Unter diesen Umständen ist ein solcher Mann eher gefährdet, zum Problemtrinker zu werden, als Männer mit progressiveren Ideen, die gerade dann weniger trinken, wenn sie mit einer emanzipierten Frau zusammenleben. Auch für Männer gilt also bis zu einem bestimmten Grad, daß die Beziehung Einfluß nimmt, und auch hier ist die Qualität der Beziehung nicht von den Auffassungen über Geschlechterrollen zu trennen (Harrell, 1985). Die Geschlechtszugehörigkeit spielt also eine signifikante Rolle bei der Entstehung von Streß und der Reaktion auf ihn. Eine Möglichkeit, Streß abzubauen, ist die Einnahme stimmungsverändernder Mittel, die potentiell suchterzeugend sind. Wie bereits gesagt, suchen doppelt so viele Männer ihr Heil im Alkohol, während zweimal so viele Frauen einen Ausweg in Beruhigungsmitteln sehen.

Frauen, die außer Haus arbeiten, trinken im Durchschnitt mehr als Frauen ohne Beruf. Dies scheint darauf hinzudeuten, daß berufstätige Frauen, vor allem, wenn sie zudem noch eine Familie zu versorgen haben, unter größerem Streß stehen und von daher häufiger zur Flasche greifen. So betrachtet könnte der Alkoholkonsum bei Frauen als eine Folge ihrer fortschreitenden Emanzipation gesehen werden. Aber ganz so einfach liegen die Dinge nicht. Berufstätige Frauen trinken mehr, weil sie mehr Gelegenheit dazu haben, mehr Geld ausgeben können und häufiger in gemischter Gesellschaft sind, wo es zu einem bestimmten Lebensstil gehört, mit einem Glas in der Hand dazustehen. Es scheint also eher eine Frage der Gelegenheit als des Stresses zu sein. Die Tatsache, daß diese Frauen mehr trinken, bräuchte an sich noch nicht problematisch zu sein. Nur – die Gefahr, daß eine Krise oder Streß eine Verschiebung in Richtung Problemtrinken auslöst, ist nicht von der Hand zu weisen. Bei Frauen, die nicht außer Haus arbeiten, entsteht häufiger das Bedürfnis nach stimmungsverändernden Mitteln im Kontext eines Überlebensmechanismus. Ihr Trinken bleibt länger im Verborgenen, da es sich oft innerhalb der eigenen vier Wände abspielt. Hinzu kommt, daß gerade nicht berufstätigen Frauen häufiger und schneller Tabletten verschrieben werden. Stereotype Vorstellungen über weibliche Verhaltensweisen, die auch von Frauen selbst verinnerlicht werden, spielen bei der Wahl des Mittels eine wichtige Rolle. Die Vorliebe vieler Frauen für Medikamente wird von Biener wie folgt erklärt:

«Im Vergleich zu Männern gestattet man Frauen eher, ihre Emotionen zu äußern, ihren Gefühlen freien Lauf zu lassen und sich damit ihrer emotionalen Probleme bewußt zu sein. Dieses Erkennen macht es für Frauen leichter, die persönlichen Schwierigkeiten von der medizinischen Seite her zu sehen und sich damit an einen Arzt zu wenden. Der Arzt als Vertreter einer Gesellschaft, die emotionale Äußerungen von Frauen eher positiv *bekräftigt*, erwartet von seinen Patientinnen, daß sie sich konform verhalten, und geht davon aus, daß sie mehr stimmungsverändernde Mittel nötig haben als seine weniger expressiven männlichen Patienten» (Biener, 1987).

Und um zu illustrieren, daß Frauen auch von sich aus sedierende Medikamente bevorzugen, noch ein Zitat:

«Ich gehe davon aus, daß ich meine Familie vor meinen schlechten Launen schützen muß – denn Kinder sind nun einmal Kinder. Ich finde es ungerecht, sie anzuschreien, wenn sie mich ärgern, nur weil sie das tun, was Kinder nun einmal tun müssen. Mein Mann meint, daß ich übertreibe. Ich bin nun mal viel emotionaler als er. Mein Mann ist Techniker und ein sehr ruhiger und rationaler Typ, zumindest hält er sich dafür. Daß ich aufbrausend bin, ist kein Grund, meine Familie unter dem Wechselbad meiner Gefühle leiden zu lassen. Also nehme ich Valium, um nicht ständig auszurasten. Mein Mann will vor allem Ruhe und Frieden im Haus, denn, ehrlich gesagt, ihn nerven die Kinder auch. Aber er kann gar nichts vertragen, ihm platzt sofort der Kragen. Wenn mir das passiert, bekomme ich auf der Stelle zu hören, daß ich mich gefälligst zusammenreißen soll. Wenn er so reagiert, wird das als ganz normal empfunden. Das ärgert mich schon seit Jahren, aber ich habe gelernt, damit zu leben. Ich übe mich in Geduld. Der Tag wird kommen, an dem ich den ganzen Kram hinwerfe und ihn verlasse. Vielleicht habe ich dann auch kein Valium mehr nötig» (Biener, 1987).

7. Alkohol und sexueller Mißbrauch in der Kindheit

Nicht jede Frau, die als Kind sexuell mißbraucht wurde, wird zu einer Trinkerin, und nicht alle Frauen mit einem Alkoholproblem waren in ihrer Vergangenheit Opfer sexuellen Mißbrauchs. Allerdings geht aus allen Untersuchungen zu diesem Thema hervor, daß die Möglichkeit eines solchen Zusammenhangs außerordentlich groß ist. Manche Studien, die sich mit der Vorgeschichte von Alkoholikerinnen beschäftigen, die in eine Suchtklinik aufgenommen wurden, sprechen davon, daß 75 Prozent dieser Frauen in ihrer Kindheit mißbraucht wurden (Barrett und Trepper, 1991). Miller (1987) nennt 67 Prozent gegenüber 28 Prozent bei anderen Frauen. Zum Vergleich: Von den Frauen, die aufgrund unterschiedlichster Störungen in psychiatrische Kliniken aufgenommen wurden, ist über die Hälfte als Kind sexuell mißbraucht oder körperlich mißhandelt worden (Draijer, 1994, und Ensink, 1994). Dieser Prozentsatz liegt erheblich über dem Durchschnitt der weiblichen Bevölkerung insgesamt.

Wir definieren sexuellen Mißbrauch gegenwärtig als Trauma und die entsprechenden Folgen als posttraumatische Streßstörung (Nicolai, 1991). Damit verknüpft ist eine breite Palette möglicher Symptome, die noch lange Zeit nachwirken können und deren Intensität von unangenehm bis sehr schwerwiegend reicht. Auch die Rate der Selbstmorde oder Selbstmordversuche liegt bei Frauen, die als Kind traumatisiert wurden, wesentlich höher. Ensink gibt an, daß 45 Prozent der Frauen mit einer Mißbrauchs-Vergangenheit einmal oder mehrmals einen Selbstmordversuch unternommen haben (gegenüber 5 Prozent der weiblichen Bevölkerung insgesamt). Darunter waren auch Frauen, die schon als Kind zum erstenmal versucht hatten, sich das Leben zu nehmen.

Wie sehr einer erwachsenen Frau ihre Vergangenheit noch zu schaffen machen kann, hängt vom Ernst und von der Schwere des Mißbrauchs ab. Die Schädigung ist um so verheerender, je früher der Mißbrauch begonnen hat, je länger er gedauert hat – und je näher der Täter dem Opfer gestanden hat; besonders kritisch sind die Fälle, in denen der Vater der Täter war. Zudem ist deutlich geworden, daß sexueller Mißbrauch selten ein isolierter Gewaltakt ist, sondern häufig mit anderen gewalttätigen Übergriffen oder körperlichen Mißhandlungen einhergeht. Manche der Mädchen erlebten lebensbedrohliche Situationen, die massiven Drohungen des Vaters oder eines anderen Täters, mit denen sie mundtot gemacht werden sollten, versetzten sie in Panik und Todesangst. Verallgemeinernd läßt sich sagen, daß Mißbrauch fast immer mit anderen Formen emotionaler Vernachlässigung verknüpft ist. Wenn der Vater der Täter war, hat er gegenüber seiner Tochter nicht mehr als Elternteil funktioniert. Darüber hinaus wurde auch die Mutter nicht mehr als Vertrauensperson erfahren.

Kinder, die zu Opfern sexuellen Mißbrauchs wurden, haben schon früh Überlebensmechanismen entwickelt, die sich vor allem dann im Erwachsenenverhalten festsetzen, wenn sie über lange Jahre angewandt werden mußten.

Zu den klassischen Symptomen gehören unter anderem Schuld- und Schamgefühle, ein geringes Selbstwertgefühl und ein schwach entwickeltes Selbstvertrauen. Es fällt schwer, zu anderen noch Vertrauen zu haben, wenn man sich als Kind nicht auf den Schutz der Menschen, von denen man am meisten abhängig war, verlassen konnte. Und wer bereits so früh einen Angriff auf seine körperliche Integrität erlebt hat, wobei das Nein weder gehört noch respektiert wurde, wird später Schwierigkeiten haben, seine Grenzen abzustecken (Aarnink, 1994). Scham und Schuldgefühle können vor allem in Situationen entstanden sein, in denen der Mißbrauch nicht mit Gewalt verbunden war, sondern das Kind auf eine Art überredet wurde, gegen die es sich nicht zur Wehr setzen konnte. Noch als Erwachsene kann sich eine Frau mit der Frage herumschlagen, ob sie sich wirklich damals ausreichend gewehrt hat und ob es nicht vielleicht doch ein wenig an ihr gelegen habe, weil sie vom Täter Zuwendung und Zärtlichkeit wollte. Manche dieser Frauen ertappen sich auch bei dem Gedanken: «Was er auch getan haben mag, zumindest war ich ein bißchen etwas Besonderes für ihn, zumindest mochte er mich lieber als die anderen.» Daß ihr Körper manchmal in einer Art Reflex erregt reagiert hat, nehmen sie sich selbst übel. Sie vertrauen diesem verräterischen Körper nicht mehr, der unwillkürlich solche Gefühle zeigte. Diese Schuldgefühle können dazu führen, daß eine Frau ihre Wut, die aus der traumatischen Kindheitserfahrung erwachsen ist, gegen sich selbst richtet. Dies kann sich in manchen Fällen bis zu selbstzerstörerischen und autoaggressiven Verhaltensweisen steigern. Der Körper wird mit Schnitten, brennenden Zigaretten oder Nägelkauen bis aufs Blut für seinen Verrat bestraft. Manchmal wird ein heftiger körperlicher Schmerz gesucht, weil man spüren will, daß man einen Körper hat, daß man dieser Körper ist, um die Dissoziation, die Spaltung von Körper und Emotionen, wieder aufzuheben. Aber selbstzerstörerisches Verhalten kann sich auch weniger spektakulär äußern, zum Beispiel, indem die Frauen hungern – den Körper verschwinden lassen – oder sich vollstopfen, um sich hinter einem Panzer zu verstecken oder ihre innere Leere zu kaschieren. Ein extremer Drogen- und Alkoholkonsum kann auch als eine Art Selbstmord auf Raten gesehen werden. Frauen, die als Kind mißbraucht wurden, laufen eher Gefahr, als Erwachsene eine Beziehung zu einem Mann anzuknüpfen, der sie erneut mißhandelt. Frauen mit einer Mißbrauchs-Vergangenheit kommen oft aus Familien, in denen viel getrunken wurde, für sie ist das Risiko, an einen Mann zu geraten, der ebenfalls zuviel trinkt, verhältnismäßig hoch.

JoAnn Loulan beschreibt diesen Mechanismus, der wie ein Wiederholungszwang aussehen kann:

«Für ein Kind, das sexuell mißbraucht wurde, ist nicht ausreichend gesorgt worden. Es hat nicht gelernt, die Erwachsenen um sich herum um Schutz zu bitten. Da es niemals Sicherheit erfahren hat, hat es auch nie gelernt, Grenzen zu setzen. Ein solches Kind hat das Wort nein einfach nicht gekannt. Es wußte nicht, daß es ein Recht darauf hatte, sich selbst zu beschützen. Diejenigen unter uns, die in einer dysfunktionalen Familie aufgewachsen sind, glauben nicht, daß auch sie fundamentale Rechte haben. Eine Frau, die den Inzest überlebt hat, wächst mit einem stark internalisierten Haß auf, der ihr verbietet zu glauben, daß sie es wert ist, beschützt zu werden – dies kann in extremen Fällen sogar so weit gehen, daß sie davon überzeugt ist, es nicht anders zu verdienen, als mißbraucht zu werden. (...) Manche dieser Frauen ‹steigen› in bedrohlichen oder gefährlichen Situationen aus ihrem Körper ‹aus›. Sie stellen sich tot, fühlen nichts mehr, ihr Verstand setzt aus. Sie haben deutlich nicht gelernt, sich gegen eine Bedrohung zu schützen» (Loulan, 1987).

Loulan deutet damit auch an, wie unendlich erfinderisch und kreativ das Gehirn ist, wenn es darum geht, Traumata zu überleben. Zu den Folgen und Symptomen sexuellen Mißbrauchs in der Kindheit gehören auch dissoziative Störungen.

In dem Versuch, mit heiler Haut davonzukommen, entwickelten manche Mädchen zum Zeitpunkt des Geschehens eine Bewußtseinsspaltung, einige erzählten, daß sie sozusagen bis an die Zimmerdecke schwebten, um sich von dort aus anzuschauen, was mit ihnen geschah (Boon und van der Hart, 1988). Später können sie nur sehr distanziert und emotionslos über das sprechen, was ihnen widerfahren ist, sie vermitteln oft den Eindruck, als gehe es dabei gar nicht um sie selbst, sondern um eine andere Person. Die Gefühle von Angst, Wut und Trauer sind ebenso wegdissoziiert wie die körperlichen Empfindungen. Eine persönliche Schilderung aus dem Buch von Boon und van der Hart:

«Agnes erzählte, daß sie sich vorstellte, in ein paradiesisches Land zu flüchten. In ihrer Phantasie tat sich ein Loch in der Wand des Zimmers auf, in dem der Mißbrauch immer stattfand, und durch diese Öffnung verschwand sie. Das, was in dem Zimmer passierte, war ihr zwar bewußt, aber in ihrem Phantasieland spürte sie von alldem nichts. Auch wenn ihre Mutter sie schlug, dachte sie: «Laß sie doch machen, ich spüre ja sowieso nichts.» Dissoziation kennen wir alle, beispielsweise, wenn wir ganz versunken in ein Buch sind, wenn wir in Tagträumen aufgehen oder mit dem Auto eine bekannte Strecke gefahren sind und plötzlich zu Hause ankommen, ohne daß wir uns an die letzte halbe Stunde erinnern könnten. Bei Frauen, die sexuell mißbraucht wurden, kann dieses Abdriften extreme Formen annehmen. So kann ihr Körper in Situationen, die der des Mißbrauchs ähneln, vollkommen gefühllos werden. Dieses Phänomen kann später in sexuellen Beziehungen sehr hinderlich werden oder gerade die einzige Möglichkeit bedeuten, Sexualität zuzulassen. Es kann sich in einem völligen Vergessen des Geschehens äußern oder eine permanente Abspaltung von Teilpersönlichkeiten hervorrufen, die als MPS, multiple Persönlichkeitsstörung, bezeichnet wird. Ein großes Problem bei dissoziativen Störungen liegt darin, daß sie selten umfassend sind und zudem nicht permanent auftreten. Frauen können unter Alpträumen leiden, diffuse Panikanfälle haben und Ängste entwickeln, die sich nicht einordnen lassen; die verdrängten Bilder können sich ganz plötzlich und unkontrollierbar in den Vordergrund schieben.

«Bei einer der Übungen, die uns der Therapeut machen ließ, drängten sich mir bestimmte Bilder auf. Plötzlich wußtc ich genau, was passiert war. Als die Bilder kamen, verlor ich die Beherrschung, ich wäre am liebsten im Erdboden versunken» (Ensink, 1994). Eine andere Frau erzählte, daß sie nicht ihren Mann, sondern ihren Vater ins Badezimmer kommen sah. Obwohl sie genau wußte, daß es ihr Mann war, sah sie ihren Vater. «Ich sehe wirklich meinen Vater, und das macht mich ganz krank.» Bei all diesen möglichen Folgen ist es kein Wunder, daß mißbrauchte Frauen häufiger Probleme mit ihrem Partner und in der Sexualität haben, unter Depressionen leiden, ein gestörtes oder schlechtes Verhältnis zu ihrem Körper und zahlreiche psychosomatische Beschwerden haben.

Es gibt Frauen, die sexuelle Gefühle kategorisch ablehnen, weil sie die Scham und die Erniedrigung als zu stark empfinden. Andere Frauen haben hingegen gelernt, daß ihr Körper das einzige ist, mit dem sie die Aufmerksamkeit bekommen, nach der sie verlangen, und sind deshalb sexuell besonders aktiv. Wieder andere Frauen erotisieren jede Beziehung zu einem Mann. Da sie nicht die Chance hatten, Formen respektvoller Zuneigung vertrauen zu dürfen, geraten sie häufig in Situationen, die gefährlich werden können. Sind sie in Behandlung eines männlichen Therapeuten, der vielleicht nicht gelernt hat, mit seinen eigenen Gefühlen umzugehen, kann als ein weiterer Risikofaktor hinzukommen, daß sie ein erstes und noch ungewohntes Vertrauen nur in ein sexuelles

Gefühl übersetzen können, das von dem Therapeuten möglicherweise als erotisches Signal gedeutet wird. Leider wissen wir, daß sexueller Mißbrauch, denn darum geht es selbst dann, wenn die Frau «es herausgefordert hat», in therapeutischen Beziehungen nicht selten ist.

Alkohol kann in diesem breiten Spektrum möglicher Folgen viele Funktionen haben und auf unterschiedliche Weise zu einem Bestandteil der Überlebensstrategie werden. Er kann das Dissoziieren und das Hinübergleiten ins Traumland erleichtern, er kann eine Form der Selbstbestrafung und Gleichgültigkeit gegenüber dem eigenen Körper sein, und er kann helfen, die Sexualität erträglich zu machen, indem er die unangenehmen Bilder nicht aufkommen läßt. Und was zu Anfang als die Lösung eines Problems schien, wird mit der Zeit zum Problem selbst.

Barrett und Trepper nennen ein Muster, dem sie bei sexuell mißbrauchten Frauen oft begegnet sind. Die Frau bekommt irgendwann Probleme in der Beziehung mit ihrem Partner oder mit ihrer Familie. Diese Probleme reaktivieren die primitiven Gefühle – Machtlosigkeit und Wut –, die sie in der Zeit des Mißbrauchs hatte, das Bedürfnis zu dissoziieren oder in eine Traumwelt zu flüchten. Sie konsumiert Drogen oder Alkohol, um diese Gefühle zu verdrängen oder leichter in das Land ihrer Phantasien flüchten zu können. Anschließend können Drogen und Alkohol auf die Beziehung zurückschlagen und die bereits vorhandenen Probleme verstärken. So entsteht wiederum ein Teufelskreis, in dem Ursache und Wirkung kaum voneinander zu trennen sind.

Es ist in Therapien lange Zeit üblich gewesen und kommt auch heutzutage noch häufig vor, die Abstinenz als Bedingung und Voraussetzung für eine Behandlung zu sehen. Aber gerade durch die Arbeit mit traumatisierten Frauen wurde die Diskussion um die allgemeine Gültigkeit eines solchen

Ansatzes erneut entfacht. Wer eine bestimmte Überlebensstrategie absolut braucht, wird nicht ohne weiteres darauf verzichten. Manche Frauen, die von einem Tag zum anderen mit dem Trinken aufhören, verlieren völlig den Boden unter den Füßen. Sie werden so stark von den Bildern und Emotionen bedrängt, die sie die ganze Zeit erfolgreich unterdrücken konnten, daß sie augenblicklich in ihr altes Überlebensmuster zurückfallen, mit dem sie zumindest einigermaßen funktionieren konnten. Bei weitem nicht alle Therapeuten sind in der Lage, auf eine Patientin einzugehen, die heftig dissoziiert oder in multiple – teils aggressive oder selbstzerstörerische – Persönlichkeiten auseinanderfällt, wenn der Überlebensmechanismus außer Kraft gesetzt ist.

Die Erfahrung zeigt, daß die Gefahr eines Rückfalls sehr groß ist, wenn man sich nicht ausreichend Zeit für die Traumaverarbeitung nimmt und gleichzeitig das Alkoholproblem anspricht. Dazu mehr in Teil III.

8. Weitere Hintergrundprobleme und Risikofaktoren

In den vorangegangenen Kapiteln haben wir eine Reihe von Risikofaktoren genannt, die bei Frauen zu einer Steigerung des Konsums bzw. zu einer erhöhten Abhängigkeit von Alkohol führen können. Faktoren wie Streß und Depressionen, die mit einem unausgewogenen Machtverhältnis innerhalb der Beziehung verknüpft sind, können ebenso wie sexueller Mißbrauch und Vernachlässigung in der Kindheit das Risiko erhöhen, daß Alkohol zu einem Teil des Überlebensmechanismus wird. Aber damit ist noch lange nicht alles gesagt.

In der Literatur wird sehr viel über die Frage spekuliert, ob lesbische Frauen mehr trinken und häufiger Alkoholprobleme haben als heterosexuelle. Allem Anschein nach ist das der Fall. Eine Untersuchung, die inzwischen schon wieder fast zwanzig Jahre zurückliegt, zeigt, daß in der lesbischen Kontrollgruppe 35 Prozent exzessive Trinkerinnen waren, bei den heterosexuellen Frauen hingegen nur 5 Prozent. (Saghir und Robbins, 1973). Diese Studie ist kritisiert worden, natürlich unter anderem auch deshalb, weil man meinte, daß dieses Ergebnis neuen Vorurteilen Vorschub leisten könnte. Trinkende Frauen werden stigmatisiert, lesbische Frauen werden stigmatisiert, und die Kombination von beidem läßt jeden Versuch zwecklos erscheinen, das Bild der saufenden Lesbe aus den Köpfen zu vertreiben. Die Kritik an Saghir und Robbins machte sich hauptsächlich daran fest, daß alle interviewten Frauen der Lesbengruppe *The Daughters of Bilitis* angehörten – und daß sich das Vereinsleben nicht selten auch in Kneipen abspielt, ist eine Tatsache –, obwohl auch in der

lesbischen Subkultur der Trend zu einem gesundheitsbewußteren Leben zugenommen hat. Im Fernsehen war zu verfolgen, wie eines der berühmtesten lesbischen Lokale in New
York, *Chez Maud*, seine Pforten schließen mußte, weil sich
die Klientel immer häufiger den ganzen Abend lang an zwei
Gläsern Mineralwasser festhielt. Aber dennoch, auch in
späteren und mit Sicherheit nicht lesbenfeindlichen Untersuchungen wird von einem hohen Prozentsatz lesbischer
Frauen gesprochen, die zumindest phasenweise von Drogen
oder Alkohol abhängig waren. JoAnn Loulan nennt in ihrer
eigenen Studie 30 Prozent.

Nach konventionellen heterosexuellen Vorstellungen ist
das Verhalten mancher lesbischen Frauen in erster Linie eine
Imitation des männlichen Vorbilds. Damit sollte auch der höhere Prozentsatz an Trinkerinnen unter lesbischen Frauen erklärt werden. Zum Teil ist das ein Vorurteil. Wir finden bei
lesbischen Frauen die ganze Palette «männlicher» und
«weiblicher» Verhaltensweisen – nur daß die erste Kategorie
etwas auffälliger ist. Der kesse Vater wird für authentischer
gehalten als die Frau mit hohen Absätzen und langen Haaren.
Das Vorurteil enthält jedoch auch einen wahren Kern.
Frauen, die wissen, daß sie lesbisch sind, oder beschließen, es
zu sein, fallen per se aus dem Rahmen der Normalität und
müssen ihre Persönlichkeit neu entwerfen. Darin liegt auch
die Freiheit, sich nicht den herrschenden geschlechtsspezifischen Normen zu unterwerfen – eine Freiheit, die heterosexuelle Frauen wesentlich eingeschränkter erfahren. Auch
von ihnen wird erwartet, «Weiblichkeit» zu imitieren, nur
daß ein solches Verhalten als «natürlich» und selbstverständlich gilt. So gesehen ist es keineswegs erstaunlich, daß lesbische Frauen eher Hosen trugen, rauchten und in der
Öffentlichkeit tranken als ihre sich emanzipierenden heterosexuellen Schwestern. Das sagt jedoch nicht alles. Trinken

95

muß nicht zum Problemtrinken werden, es sei denn, es spielen einige Risikofaktoren mit.

In der Literatur und in den Erfahrungsberichten begegnen wir diversen Risikofaktoren (Loulan, 1987; Vulink 1992; O'Halleran Glaus, 1989).

Zunächst einmal wäre da in der Tat die lesbische Szene, die sich in bestimmten Lokalen und Discos trifft. Viele lesbische Frauen haben das Bedürfnis, unter ihresgleichen zu sein, sie wollen einen Bereich, in dem sie vor neugierigen Blicken geschützt sind und sich so geben können, wie sie sind, einen Ort, an dem sie vielleicht eine Partnerin finden oder wo sie sich einfach mit der Freundin amüsieren können, ohne daran denken zu müssen, daß man besser daran tut, sich nicht vor aller Augen zu küssen. Wenn man sich die Woche über Tag für Tag «anständig» benommen und angepaßt hat, ist das Bedürfnis, sich auch einmal unzensiert gehen lassen zu können, besonders groß. Und wie wir wissen, können ein paar Gläschen dabei durchaus hilfreich sein. Andererseits stellt auch die Isolation lesbischer Frauen, die eben nicht in dieser Szene zu Hause sind, ein Risiko dar. Wir sprechen hier vor allem von den lesbischen Frauen, die nicht in einer Großstadt leben, die meinen, ihr Lesbischsein im Beruf immer noch verbergen zu müssen, von verheirateten Lesbierinnen und von älteren lesbischen Frauen, für die das Verschweigen fast zu einer zweiten Natur geworden ist. Wer das Gefühl hat, ein Doppelleben führen zu müssen, kann auch ein stärkeres Bedürfnis als andere nach einem Mittel zur Entspannung entwickeln. Sicherlich hat sich eine Menge getan. Wenn der Bürgermeister von Amsterdam bei der Einweihung des *Homo-Monuments* eine offizielle Rede hält und die Straßenbahnen wegen der Gay-Pride-Parade umgeleitet werden, kann man sagen, daß die dunklen Zeiten der Homophobie hinter uns liegen. Damit ist jedoch nicht gesagt, daß auch die

Vorurteile der Vergangenheit angehören. Viele Heterosexuelle, die nicht verstehen, warum lesbische Frauen sich so absondern oder im Gegenteil dazu neigen, sich permanent zu outen, machen sich nicht bewußt, wie sehr unsere Kultur noch immer von der Heterosexualität geprägt ist. Die Rituale der Eheschließung und Scheidung, die Selbstverständlichkeit, mit der die jeweiligen Partner – vorausgesetzt, sie sind vom anderen Geschlecht – eingeladen werden. Und auch heute noch ist es für Lesben und Schwule nicht überall selbstverständlich, Hand in Hand oder umarmt über die Straße zu gehen. Lesbische Frauen haben die Alternative, sich anzupassen oder querzustellen, in jedem Fall jedoch sind sie gezwungen, immer wieder eine bestimmte Haltung für sich neu zu definieren. Das kann Streß erzeugen oder zu der Einstellung «Ich gebe mich nicht zu erkennen» führen, die manchmal nur schwer wieder abgelegt wird.

Da die meisten lesbischen Frauen in einem heterosexuellen Umfeld aufgewachsen sind, haben auch sie alle Vorurteile über lesbische Frauen lange verinnerlicht, bevor sich herausstellte, daß sie selbst dazugehören. Der Prozeß, diese Erkenntnis zu verarbeiten, ein neues Selbstbild zu entwerfen, das Leben anders zu gestalten, die Überlegung, wem es wie zu erzählen, der mögliche Verlust alter Freunde oder Verwandter kann Spannungen, Zweifel, Verunsicherung, Ängste auslösen. Da eine lesbische Identität noch nicht völlig akzeptiert ist, hat das einen direkten Einfluß auf das Risiko übermäßigen Alkoholkonsums. Ein Thema, auf das wir in lesbischen Lebensläufen häufig treffen, ist das der unverarbeiteten Trauer (Hansen und Meulenbelt, 1992). Viele Frauen haben schon früh die Erfahrung gemacht, verlassen und abgewiesen zu werden – Liebeskummer, der nicht so genannt werden durfte. Sind solche frühen Erfahrungen nicht verarbeitet worden, verstärkt jede weitere Trennung, jede abgebrochene Beziehung oder hoffnungslose Verliebtheit sich zu einem Gefühl, das in der Frage: «Habe ich eigentlich das Recht zu leben, bin ich es wert, geliebt zu werden?» kulminieren kann.

Auch innerhalb lesbischer Beziehungen kann Alkohol eine Rolle spielen. Der Druck, nach außen hin und vor sich selbst dem Idealbild eines glücklichen Paares zu entsprechen, ist immens. Und bis vor kurzem waren sympathisierende Therapeutinnen, die ein offenes Ohr für solche Beziehungsprobleme hatten, eher dünn gesät. Das Risiko bei heterosexuellen Therapeuten lag darin, daß entweder jedes Problem auf das Lesbischsein zurückgeführt wurde oder das Ganze unbesprochen blieb, nach dem Motto: «Das spielt doch heutzutage sowieso keine Rolle mehr, und mir kann es egal sein» (Hansen und Meulenbelt, 1992).

Die Therapeutin Coby Langenkamp arbeitet viel mit lesbischen Paaren. In *Vrouwenhulpverlening in de praktijk* (Frauentherapien in der Praxis) (Van der Post, 1994) werden die Beziehungsprobleme zweier lesbischer Frauen beschrieben, bei denen auch Alkohol eine Rolle spielt. Langenkamps Kommentar: «Hohe, gigantisch hohe Erwartungen an den Partner zu haben kommt in hetero- wie homosexuellen Beziehungen vor. Wenn diese Erwartungen in einer Mann-Frau-Beziehung nicht erfüllt werden, ist es einfach, die Ursache in den Unterschieden zu sehen – die gesellschaftlich oder geschlechtsspezifisch bedingt sind. Eine Frau kann sagen, er verhält sich so, weil er ein Mann ist, weil er einen höheren Status hat, Männer sind nun einmal so und nicht anders, sie wollen alle dasselbe usw. In einer Frauenbeziehung kann eine Frau sich nicht in diese Erklärungsmuster flüchten, sie kann nicht sagen, na ja, Frauen sind nun einmal so.

Ein anderer Aspekt ist, daß lesbische Frauen mit einer hohen Erwartungshaltung aufeinander zugehen. Die Mutter-Tochter-Thematik kommt in einer Frauenbeziehung unvermeidlich zur Sprache. Eine Frau erwartet von einer anderen Frau – wenn auch oft unbewußt – das Verständnis und die emotionale Unterstützung, die sie von ihrer Mutter nicht bekommen hat. Da diese Ansprüche natürlich nicht erfüllt werden können, geschieht bei lesbischen Frauen dann aber etwas anderes als bei Heteropaaren. Da das Idealbild – mit einer Frau muß man keine Kämpfe führen, Frauen begreifen einander gefühlsmäßig – offensichtlich nicht stimmt, entstehen starke Schuldgefühle. Eine Frau interpretiert ein solches Scheitern nicht als einen gesellschaftlich bedingten Unterschied, sondern als persönliches Versagen. Einerseits gibt sie sich selbst die Schuld, andererseits beschuldigt sie ihre Partnerin, keine gute Mutter zu sein. Die Emotionen türmen sich auf.»

Wenn Frauen erzählen, wie sie von einem normalen Trinken in Gesellschaft zum Problemtrinken gekommen sind, klingt häufig an, daß sie von sich selbst das Gefühl hatten, aus der Reihe zu tanzen, aus der Art geschlagen zu sein. Wie dies auch in Karstens Schema der Überlebensmechanismen zum Ausdruck kommt, kann Alkohol dazu benutzt werden, eine Fassade aufzubauen, im sozialen Kontext eine bestimmte Haltung aufzubauen. Lesbische Frauen haben oft schon früh, noch bevor sie das Wort «lesbisch» überhaupt kannten und zu einer lesbischen Identität fanden, in dem Gefühl gelebt, «anders» zu sein. Aber das ist es nicht allein. Nicht selten wird übersehen, daß lesbische Frauen irgendwann begreifen, daß sie, wie auch immer, finanziell unabhängig werden müssen, daß sie nicht davon ausgehen können, am Einkommen eines Mannes teilzuhaben. Für lesbische Frauen, die in einem sozialen Umfeld aufgewachsen sind, in dem es selbstverständlich ist, daß Frauen eine Ausbildung und eine berufliche Karriere offensteht, muß dies kein Punkt sein. Für viele Frauen aus den unteren sozialen Schichten ist es jedoch noch immer keine selbstverständliche Zukunftsperspektive. Viele weniger gut ausgebildete Frauen arbeiten nach wie vor zu Niedriglöhnen; ihre Arbeit wird noch immer als Nebenverdienst, als Überbrückung bis zur Heirat gesehen und nicht als Mittel zur Finanzierung einer gleich- und vollwertigen Existenz. Lesbische Frauen müssen sich notgedrungen emanzipieren, sie sind gezwungen, für ihr Weiterkommen zu sorgen. Dies führt manchmal zu einem zweifachen Prozeß der Distanzierung und Entfremdung; Lesbische Frauen fühlen sich nicht nur in dem Milieu, aus dem sie kommen, als Außenseiterinnen, auch die Distanz zwischen dem alten und dem neuen Milieu vergrößert sich, da sie besser ausgebildet sind, mit Menschen aus anderen sozialen Schichten verkehren (Hansen und Meulenbelt, 1992). In der heutigen Gesellschaft sind soziale oder Klassenunterschiede kaum noch ein Thema. Dennoch können diese Prozesse, diese Übergänge von einer Klasse zur anderen, fast als eine Form der Migration beschrieben werden, als ein Überwechseln von einer Kultur in eine andere. Es wird im allgemeinen unterschätzt, was beispielsweise ein Kind aus der Arbeiterklasse außer guten schulischen Leistungen noch alles bringen muß, um mitmachen zu können. Wer den sozialen Aufstieg anpeilt, muß nicht allein die Sprache seiner Kindheit verändern (auch viele andere Kinder sind praktisch zweisprachig), er oder sie muß auch die Umgangsformen und den Geschmack der höheren Klasse übernehmen. Dies kann manchmal vorübergehend das Gefühl einer doppelten Entfremdung auslösen und dazu führen, daß man sich weder dem Milieu, aus dem man stammt, noch dem, in das man hineinzuwachsen versucht, zugehörig fühlt (Meulenbelt, 1986). Auch äußerst kompetente Frauen kann in Augenblicken der Verunsicherung der Gedanke überfallen, was will ich eigentlich unter diesen Leuten, gehöre ich hier wirklich hin.

«Ich merke, daß ich in neuen Situationen noch immer unsicher bin. Auch wenn ich gelernt habe, ohne Akzent zu reden, werde ich das Gefühl nicht los, daß man mich durchschaut; ich bilde mir ein, die anderen sehen, daß dies alles nicht echt ist, und ich habe Angst, im nächsten Moment etwas falsch zu machen. Dann sehen sie, wer ich wirklich bin: Nelie, die Tochter der Putzfrau. Vor kurzem mußte ich eine Konferenz leiten. Ich kann das durchaus. Ich schneide allen das Wort ab, wenn sie so fürchterliches Zeug labern. Ich kann sehr gut darauf achten, daß alles noch ein bißchen praktisch bleibt. Aber plötzlich hatte ich das Gefühl, daß ich mir selbst von der anderen Seite des Raumes aus zusah. Ich dachte: Da sitzt Nelie, die Tochter der Putzfrau. Was macht die zwischen all diesen Leuten, die gehört doch gar nicht hierher» (Meulenbelt, 1986).

Die Literatur über Frauen und Alkohol konzentriert sich vor allem auf die geschlechtsspezifischen Unterschiede, wobei die Problematik des sozialen Umfelds bzw. der Klassenzugehörigkeit kaum erwähnt wird. Dennoch läßt sich dieses spezifische, nach außen hin kaum sichtbare Außenseitergefühl zwischen den Zeilen vieler persönlicher Erfahrungsberichte entdecken. Lies geht in ihrem Interview, das sie für dieses Buch gab, auf diesen Aspekt ein: «In Lesbenkreisen wird mehr getrunken, und ich kam in Kontakt mit Leuten aus einer anderen, höheren Gesellschaftsschicht, für die Alkohol zum Lebensstil gehörte. Zunächst fand ich Gefallen daran. Ein Drink machte mich ausgelassen, fröhlich. Der Alkohol ließ mich auf angenehme Weise meine Grenzen überschreiten. Mir fiel es oft schwer, meine Meinung zu äußern, ich wußte nicht, ob es mir zustand, zu sagen, was ich dachte, ich hatte Angst, daß die anderen böse auf mich werden würden.»

Auch in der Studie von van der Burgh begegnen wir bei trinkenden Frauen häufig dem Gefühl, im Abseits zu stehen:

«Eileen: Ich habe mich als Kind nie als Teil einer Mädchengruppe gefühlt. Ich habe mich immer als Außenseiterin empfunden. Ich war mir nie sicher, ob die anderen wirklich mit mir spielen wollten.»

Anne: Als Person stand ich immer etwas außerhalb der Gruppe. Ich hatte das Gefühl, anders zu sein. Es fiel mir schwer, Anschluß zu bekommen.

Margriet: Ich war gehemmt. Sehr abnorm. Ich konnte überhaupt keine Kontakte herstellen.

Loes: Ich gehöre nicht zu den Leuten, die leicht auf andere zugehen können. Ja, bei der Arbeit schon, aber sonst nicht.»

Auch wenn es zum Teil Persönlichkeitsfaktoren sind, die eine Kontaktaufnahme zu anderen erschweren, verbergen sich dahinter oft die sozialen Unterschiede, die spürbar werden, wenn jemand eine höhere Ausbildung macht, jemanden aus einem anderen Milieu heiratet oder an einem neuen Arbeitsplatz beginnt. So erfahren wir in dem Interview von Wil, daß sie zu trinken anfing, nachdem sie ihr Dorf verlassen hatte, um in der Stadt eine Ausbildung zur Krankenschwester zu machen. Sie fühlte sich in der neuen, flotten Welt oft minderwertig. Und da sie niemanden enttäuschen wollte, da sie sich in ihrer Haut wohler fühlen wollte, begann sie mitzutrinken – und sie entdeckte, daß es half.

Sue, die aus einer Arbeiterfamilie stammt, schämte sich ihrer Herkunft. Durch ihre Heirat mit dem Sohn ihres Chefs kam sie in eine Umgebung, die ihr das Gefühl vermittelte, auf Zehenspitzen laufen zu müssen. Alkohol half ihr zu Anfang, eine Maske tragen zu können.

Neben einer unterschiedlichen Klassenzugehörigkeit, neben unterschiedlichen sexuellen Orientierungen und Lebensstilen gibt es noch eine Reihe weiterer Faktoren, die das Gefühl des Außenseitertums, des Andersseins verstärken können. So ist der Zusammenhang zwischen Alkohol und Ethnizität bisher kaum erforscht. Zwar gibt es entsprechende Studien in den USA, aber das dortige Verhältnis zwischen Schwarz und Weiß ist eingebettet in eine spezifische historische Situation, die nicht ohne weiteres auf ein europäisches Land übertragbar ist. Wir können ein paar Thesen aufstellen, die noch verifiziert werden müssen. Zunächst einmal kann Alkohol in der Ursprungskultur sehr unterschiedlich bewertet werden. Mohammedaner trinken generell keinen Alkohol, in der hindustanischen Bevölkerung trinken Frauen aus den höheren Kasten im Unterschied zu den Angehörigen der unteren Kasten traditionell nicht (Van Rooijen, 1993). In afrikanisch-kreolischen Kreisen ist es üblicher, daß auch Frauen trinken. Und im jüdischen Kulturkreis wird traditionell wenig getrunken. Ein rituelles Glas Wein bei der Sabbathfeier und drei Gläser Wein pro Person am Sederabend, dem jüdischen Osterfest. Daß dies noch vor dem Essen geschehen muß, erklärt auch die rituelle Vorschrift, daß man den ganzen Abend lang mit dem linken Ellenbogen den Tisch berühren muß, denn wer es nicht gewöhnt ist zu trinken, wird nach drei Gläsern, noch dazu auf leerem Magen, ziemlich angeschlagen sein. Die Gewohnheit, nicht oder nicht viel zu trinken, zum Essen, gerade nicht zum Essen oder nur bei festlichen Anlässen, kann sich über Generationen erhalten, auch wenn Menschen schon längst in eine neue Gesellschaft integriert sind und sich vielleicht gar nicht mehr erinnern, daß dieser Brauch ursprünglich Bestandteil einer anderen Kultur war. Manchmal kann jedoch auch die gewollte Distanzierung, der Wunsch, alle Spuren zu verwischen, bei der zweiten oder dritten Generation eine Gegenreaktion hervorrufen. Und darüber hinaus wissen wir, daß fast überall auf der Welt Bevölkerungsgruppen, die unter Diskriminierung, Armut,

Marginalisation, Arbeitslosigkeit und fehlenden Zukunftsperspektiven leiden, für jedes Mittel empfänglich sind, das sie, als Teil einer Überlebensstrategie, in einen Rausch versetzt, der sie die Sorgen und Probleme für eine kurze Zeit vergessen läßt. Das war im letzten Jahrhundert auch in den Niederlanden so, wobei vor allem die am stärksten ausgebeuteten Menschen dazu neigten, sich möglichst schnell zu betäuben, so daß Alkoholismus lange Zeit als typisches Problem der Arbeiterklasse gesehen wurde. Zu Unrecht. Allerdings ist zu erkennen, daß Männer, die nicht dem männlichen Idealbild entsprechen, eher Gefahr laufen, zu Problemtrinkern zu werden. Die männliche Identität in den westlichen Ländern definiert sich wesentlich darüber, einen Beruf zu haben, genug Geld zu verdienen und einen gesellschaftlichen Status innerhalb der eigenen Kreise zu besitzen. Von daher ist es nur logisch, daß unter den Männern, die wegen ihrer Alkoholsucht stationär behandelt werden, auffallend viele sind, die keine Arbeit und auch keine Perspektive auf eine feste Arbeit haben.

Kurzum: Neben allen wie auch immer gearteten und gelagerten geschlechtsspezifischen Komponenten gibt es zahlreiche weitere Faktoren, klassenbedingte und ethnische Unterschiede und unterschiedliche sexuelle Orientierungen, die allesamt zu einem entwickelten Suchtmuster gehören und möglicherweise darüber entscheiden, ob diese Sucht eine problematische Wendung nimmt oder nicht.

9. Co-Abhängigkeit

Wenn jemand zuviel trinkt, ist das nicht nur ein individuelles Problem, sondern eine Sache, die auch die direkte Umgebung, den Partner, die Kinder beeinflußt.

Auf jeden Alkoholiker, so die Familientherapeuten Krestan und Bepko (1989), die sich intensiv mit Alkoholproblemen in Beziehungen und Familien befassen, kommen vier bis fünf weitere Menschen, die durch den übermäßigen Alkoholkonsum des Trinkers direkt betroffen sind.

So ist beispielsweise deutlich geworden, daß Kinder alkoholkranker Eltern oder eines Elternteils als Erwachsene ebenfalls stark gefährdet sind. Lange Zeit wurde dies als Beweis für die These gesehen, daß Alkoholismus eine Krankheit ist, die in erster Linie körperlich bestimmt und erblich ist. Allerdings konnte ein Alkohol-Gen niemals nachgewiesen werden. Möglicherweise spielen erbliche Faktoren bei der Empfänglichkeit für Alkohol tatsächlich eine Rolle – es ist bekannt, daß es bei der chemischen Reaktion auf Alkohol große individuelle Unterschiede gibt. Eine Studie macht deutlich, daß 41 Prozent der Frauen, die als «Alkoholikerinnen» erfaßt waren, einen alkoholabhängigen Vater und 8 Prozent eine alkoholkranke Mutter hatten (Forth-Finegan, 1991). Über die Bedeutung dieses Geschlechtsunterschieds läßt sich nur spekulieren. In erster Linie zeigen diese Zahlen, daß rein genetische Faktoren niemals als Erklärung ausreichen, wenn man sich fragt, wie eine Alkoholabhängigkeit von der einen an die andere Generation weitergegeben wird. Da ein Kind die Erbfaktoren beider Eltern bekommt, dürfte der Einfluß alkoholischer Mütter an sich nicht geringer sein als der der Väter. Aber selbst wenn wir von den absoluten Zahlen ausgehen – es gibt mehr trinkende Männer als Frauen –, ist der Unterschied noch zu groß. Somit müssen wir davon ausgehen, daß mehr dahintersteckt. Eine These, die zu überprüfen wäre, könnte lauten, daß Mütter trotz ihrer Alkoholsucht noch lange innerhalb der Familie weiterfunktionieren, während Väter, die problematisch viel trinken, das ganze Familienleben aus den Angeln heben können. Da die Frau meist alle Hände voll zu tun hat, den Gatten vor dem endgültigen Absturz zu bewahren, kommen die Kinder oft zu kurz. Aus vielen Berichten inzwischen erwachsener Kinder eines alkoholabhängigen Vaters wissen wir, daß sie vor allem unter emotionaler Verwahrlosung gelitten haben, daß sie zu früh erwachsen werden und Verantwortung übernehmen mußten. Sie hatten oft das Gefühl, daß ihnen ihre Kindheit gestohlen wurde, daß sie als Kind nicht wahrgenommen wurden, daß sie für ihre Eltern sorgen mußten statt umgekehrt. Hier kann die Basis für spätere Probleme gelegt werden, denn es ist naheliegend, daß eine signifikante Anzahl der Erwachsenen, die kaum eine Kindheit hatten, dem vorgegebenen Beispiel folgen und im Alkohol Trost suchen.

Es ist in vielerlei Hinsicht wichtig, sich eingehend mit den Bezugspersonen eines Trinkers bzw. einer Trinkerin zu beschäftigen. Relevant ist dies zunächst im Rahmen der Entstehungsgeschichte. In den vorigen Kapiteln haben wir bereits gezeigt, daß die Rollenverteilung innerhalb einer Beziehung durchaus der Auslöser für ein Problemtrinken sein kann. Zum zweiten ist es wichtig zu klären, welche Rolle der Partner im alltäglichen Umgang mit Alkohol spielt. Und drittens hat der Partner eine wichtige Funktion, wenn jemand versucht, vom Alkohol wegzukommen oder seinen Konsum auf ein verträgliches und erträgliches Maß zu reduzieren. Wenn die Beziehung bei der Entstehung eines Suchtproblems eine Rolle spielt, ist die Möglichkeit eines Rückfalls logischerweise groß, wenn diese Beziehung nicht mehr intakt ist, selbst dann, wenn jemand völlig trocken aus einer Therapie nach Hause kommt.

Die Literatur über Alkohol und Beziehungen geht fast ausschließlich von trinkenden Männern und ihren weiblichen Partnern aus. Über Trinkerinnen und ihre männlichen Bezugspersonen ist so gut wie nichts zu erfahren. Das ist mit Sicherheit kein Zufall. In erster Linie hat es damit zu tun, daß Alkoholismus, wie bereits gesagt, lange als ein typisches Männerübel gesehen wurde. Zum zweiten sind es vor allem die Frauen, die sich über den Alkoholkonsum ihres Mannes Sorgen machen und sich hilfesuchend an Beratungsstellen und Ärzte wenden. Frauen sind im allgemeinen stärker motiviert, ihrem Anteil am Suchtverhalten des Partners auf die Spur zu kommen, als Männer. Partnergruppen in Suchtkliniken bestehen praktisch nur aus Frauen. Auch aus den Erfahrungen von Familientherapeuten wissen wir, daß es eher die Frauen sind, die Schwierigkeiten in der Beziehung ansprechen. Es ist ein ziemlich mühsames Unterfangen, einen widerstrebenden Ehemann davon zu überzeugen, daß er an den Problemen nicht unbeteiligt ist, und wie wichtig es ist, daß er der Therapie nicht fernbleibt. Wir wissen auch, daß Frauen im allgemeinen viel länger an der Seite ihres trinkenden Mannes aushalten, während sehr viele Männer ihre trinkenden Frauen schon in einem frühen Stadium der Sucht verlassen (Noorlander, 1992; Krestan und Bepko, 1989). Ehemänner von Alkoholikerinnen brauchen länger, um ein Problem wahrzunehmen, und sie haben erheblich weniger Geduld mit ihrer Frau, wenn das Problem nicht mehr weggeschoben werden kann. Außerdem spielt auch die finanzielle Situation eine Rolle. Ökonomisch gesehen ist es für einen Mann leichter, eine Ehe zu beenden, als für eine Frau. Viele Frauen mit Alkoholproblemen haben also ganz einfach keinen Mann mehr, der sie in die Therapie begleiten könnte.

Und wenn ein solcher Mann oder Freund existiert, ist es noch die Frage, ob er seine Verantwortlichkeit akzeptiert und bereit ist, ihr auf dem Weg aus der Sucht zu helfen. Aus den vorliegenden Studien wird deutlich, daß eine Frau, wenn sie mitgetrunken hat, ihren Mann bei seinem Entzug unterstützt, indem auch sie das Trinken einstellt. Die umgekehrten Fälle sind wesentlich seltener.

Seit den dreißiger Jahren hat sich mit der Entstehung der AA-Bewegung (Anonyme Alkoholiker) die Tendenz durchgesetzt, die Alkoholabhängigkeit nicht so sehr als eine Willensschwäche, sondern in erster Linie als Krankheit zu definieren. Für die damalige Zeit war das ein wichtiger Schritt in die richtige Richtung. An die Stelle einer moralisierenden Haltung gegenüber Menschen, die zuviel trinken, trat jetzt die Auffassung, daß Alkoholabhängige vor allem Unterstützung brauchen, um sich definitiv von ihrer Sucht befreien zu können. Als man sich mehr für die Familienstrukturen des Süchtigen zu interessieren begann und der Partner in die Behandlung einbezogen wurde, entstand eine neue Definition des Problems. Der Trinker war nicht allein verantwortlich für sein Verhalten, auch seine Partnerin hatte einen entsprechenden Anteil daran. Auch sie galt aus dieser Sicht als krank, und ihre Krankheit hieß «Co-Abhängigkeit»; sie war gleichfalls süchtig, auch wenn sie selbst nicht trank. Neben den AA-Gruppen wurden jetzt auch Gruppen für Co-Abhängige gegründet, die selbstverständlich überwiegend von Frauen besucht wurden.

In den ersten Veröffentlichungen zum Phänomen der Co-Abhängigkeit wurde die Frau eines Alkoholikers vor allem als eine neurotische Persönlichkeit dargestellt, die ein unbewußtes Interesse daran hatte, daß ihr Mann trank, und die aufgrund ihrer eigenen Persönlichkeitsstörungen die Neigung hatte, sich einen trinkenden Mann als Partner auszusuchen. Whalen (1953) unterschied dabei vier Typen von Frauen:

Suffering Susan, deren entscheidendes Persönlichkeitsmerkmal das Bedürfnis ist, sich selbst zu bestrafen (Masochismus). Dies führt unter anderem dazu, daß sie einen Alkoholiker heiratet, der ihr prompt all das Elend beschert, das sie sich gewünscht hat.

Controlling Catherine, die unbewußt ihr Mißtrauen gegen Männer dadurch camoufliert, daß sie einen schwachen Alkoholiker heiratet, den sie in der Ehe beherrschen kann, und die dadurch das Risiko verkleinert, selbst von ihm verletzt zu werden.

Wavering Winifred, die sich durch die Heirat mit einem nicht adäquat funktionierenden Mann unbewußt gegen ihr sehr geringes Selbstwertgefühl zu schützen versucht. Trotz ihrer Ambivalenz gegenüber dem Preis, den sie dafür zu zahlen hat, kann sie sich auf diese Weise stark und wichtig fühlen.

Punitive Polly. Hinter diesem Typus verbirgt sich gewöhnlich eine Frau, die einen Beruf ausübt, in dem sie das Bedürfnis hat, mit Männern zu wetteifern bzw. sie zu besiegen. Dieses neurotische Bedürfnis erklärt ihre Entscheidung für einen Alkoholiker als Ehemann (Ter Heine, 1993).

Um es auf den Punkt zu bringen: Die Frau eines Alkoholikers hat immer alles falsch gemacht. Entweder ist sie eine Masochistin, die das Elend wie die Luft zum Atmen braucht, oder sie ist eine Männerhasserin, oder sie hat ein niedriges Selbstwertgefühl, oder sie ist eine Frau, die mit Männern konkurriert.

In ihrem Buch *Herr Abhängig und Frau Co* beschreibt

Marlo Werner aus ihrer Erfahrung als diagnostizierte «Co-Abhängige», wie den Frauen von Alkoholikern immer der Schwarze Peter zugeschoben wird:

«Denn wie eine Frau sich auch verhält, ihr Verhalten kann immer als Begründung herangezogen werden, daß der Partner trinkt. Hält sie die Familie zusammen und sorgt dafür, daß alles funktioniert, wird sie als dominant charakterisiert und als eine Person, die ‹alles im Griff› haben will. Verhält sie sich passiv abwartend, kommt sie in die Schublade der Dulderinnen. Grenzt sie sich vom trinkenden Partner ab, gilt sie als verständnislos gegenüber seinen Problemen und als zu egoistisch. Trinkt sie mit, hat sie sich zu sehr angepaßt. Ist sie trotz allem noch halbwegs guter Laune und zu einem Minimum an Lebensfreude fähig, werden ihr Leichtlebigkeit und Naivität unterstellt. Wehrt sich die Partnerin durch Schimpfen, wird ihr nachgesagt, sie habe sich die Rolle der Nörglerin ausgesucht. Noch diffamierender finde ich die folgende Theorie, die Frauen von Alkoholikern übergestülpt wird: ‹Sie suchen sich einen abhängigen Partner, um ihre heimliche Sucht, gebraucht zu werden, ausleben zu können.› Ich habe meinen späteren Mann mit siebzehn Jahren im Urlaub kennengelernt und damals wohl alles andere im Kopf gehabt, als mir einen abhängigen Partner zu suchen.»

Die Erwartungen, die an die Frau eines alkoholabhängigen Mannes gestellt werden, können überdimensional hoch sein. Werner (1993) schildert, wie von ihr, als Co-Abhängiger, erwartet wurde, daß sie während der «nassen» Phase ihres Mannes zwar präsent bleiben, sich aber emotional von ihm distanzieren, sich im Grunde nicht mehr den Kopf zerbrechen sollte, um dann jedoch, als er wieder «trocken» war, die Beziehung so weiterzuführen, als wäre nichts geschehen. Welche Gefühle sich inzwischen bei ihr entwickelt hatten, kam so gut wie nie zur Sprache; ob sie nach allem, was sie mitgemacht hatte, überhaupt noch in der Lage war, ihn zu lieben: kein Thema. Angesichts der Einsamkeit, in die Frauen alkoholabhängiger Männer geraten können, grenzt es fast an ein Wunder, daß acht bis neun von zehn Frauen bei ihrem Mann bleiben, während nur sehr wenige Männer dazu bereit oder in der Lage sind, das für ihre trinkende Frau zu tun. Offensichtlich können es viele Frauen nicht mit ihrem Selbstgefühl vereinbaren, einen hilfsbedürftigen Menschen im Stich zu lassen. Hierin liegt für Frauen die große Gefahr, sich ausbeuten zu lassen – ein Aspekt, den Therapeuten stärker beachten sollten.

Mieke de Wit, die selbst jahrelang mit einem drogen- und alkoholabhängigen Mann zusammen war, stieß bei ihrer Suche nach erläuternder Literatur ebenfalls auf überwiegend negativ gefärbte, wenn nicht gar deutlich sexistische Darstellungen, wenn es darum ging, die Rolle der Frauen in diesem Kontext zu beschreiben. Dennoch meinte sie, daß nicht nur mit den Männern irgend etwas nicht stimmen konnte. Aus eigener Erfahrung beschreibt sie die Phasen, wie sie oft bei Frauen ablaufen, die mit einem alkohol- oder drogenabhängigen Partner zusammenleben. Auf die erste Phase des Verdrängens und Negierens folgte die Zeit, in der sie sorgfältig versuchte, vor der Außenwelt geheimzuhalten, daß etwas nicht in Ordnung war. Seine ständigen Stimmungsschwankungen ließen auch sie nicht unberührt: «Wenn es ihm gutging, war auch bei mir alles okay – und umgekehrt.» Sie versuchte, ihm zu helfen, aber ihre Bemühungen erwiesen sich als immer ineffektiver. Zu Beginn war er hin und wieder noch eine Woche lang clean oder trocken, später immer seltener. «Ich konnte alle Register ziehen, ich konnte ihm eine Szene machen oder mich von ihm abwenden, weder tödliches Schweigen noch ernsthafte Gespräche, weder Tränen, Selbstmitleid, Verständnis für seine schwierige Kindheit noch die Drohung, Schluß zu machen, halfen.» Nachdem er mehrere Selbstmordversuche unternommen hatte, wandte sie sich hilfesuchend an einen Therapeuten. In der Therapie war sie es, die am meisten redete, an seinem Alkohol- und Drogenproblem änderte sich letztendlich nichts. Nach einer gewissen Zeit war sie nur noch ein Schatten ihrer selbst. Und dann kam er eines Tages mit der Mitteilung, daß er zu einer anderen ziehen würde. Es folgten Jahre, in denen sie unter starken Depressionen litt. «Ich hatte versagt, als Retterin, als Liebhaberin, als Mensch und als Frau. Ich hatte versagt, ich war eingetauscht worden, also mußte ich besser werden.»

In der Schilderung der typischen Merkmale einer Co-Abhängigkeit erkennt sie viele Parallelen zu sich selbst.

«Sie macht ihr Selbstwertgefühl von der Fähigkeit abhängig, die Gefühle und Verhaltensweisen anderer zu beeinflussen, und in Situationen, in denen das nicht geht, zu kontrollieren. Sie übernimmt die Verantwortung für die Bedürfnisse anderer, wobei sie die eigenen Wünsche links liegen läßt. Es fällt ihr schwer, sich in intimen Situationen vom anderen abzugrenzen. Sie hat ständig Beziehungen zu Süchtigen oder anderweitig problematischen Typen. Sie leidet an drei oder mehr der folgenden Symptome: Kappen von Emotionen mit oder ohne dramatische Gefühlsausbrüche, Depressionen, Überwachsamkeit, zwanghafte Verhaltensweisen, starke Widerstände, Alkohol- oder Drogenabhängigkeit, wiederholter körperlicher oder sexueller Mißbrauch, Krankheiten, die mit Streß verbunden sind, und / oder eine mindestens zweijährige Beziehung zu einem Süchtigen, wobei sie in dieser Zeit keine Hilfe Dritter in Anspruch genommen hat» (De Wit, 1994).

Bei einer näheren Betrachtung dieser Negativliste wird deutlich, daß nicht nur die Partnerin eines alkoholabhängigen Mannes sich hierin in mehrfacher Hinsicht wiedererkennen kann, sondern im Prinzip jede Frau, die mit einem Mann zusammenlebt. Es ist also die Frage, ob Co-Abhängigkeit als ein eigenes Krankheitsbild definiert werden kann oder ob wir hier nicht vielleicht eher der Verstärkung eines Rollenmusters begegnen, das uns außerhalb des Kontextes von Alkoholabusus eigentlich ganz normal erscheint. Viele Frauen haben «permeable Egogrenzen» (Chodorow, 1978) entwikkelt, sie sind sensibel für die Stimmungen der Menschen um sich herum, werden unglücklich, wenn sie den anderen nicht glücklich machen können, und haben Schwierigkeiten, ein ausgewogenes Verhältnis zwischen den eigenen Bedürfnissen und denen anderer herzustellen. Von einer Frau wird nach wie vor erwartet, daß sie den Löwenanteil der Sorge für den Partner und die Kinder übernimmt, ganz gleich, ob sie vielleicht genauso wie der Mann beruflich unter einem starken Leistungsdruck steht. Die meisten Frauen haben diese Erwartungen verinnerlicht. Beziehungsprobleme greifen in erster Linie ihr Selbstwertgefühl an und erwecken in ihnen den Eindruck, versagt zu haben. Von daher reagieren Frauen auch sehr empfindlich auf den Vorwurf von Expertenseite, sie hätten in der Beziehung mit einem Trinker Fehler gemacht und seien in gleicher Weise schuldig wie der Betroffene. Es ist auffallend, wieviel häufiger in der Literatur die Frau für das Verhalten ihres Mannes in die Pflicht genommen wird, während in den seltenen Fällen, in denen man sich mit trinkenden Frauen und ihren Partnern beschäftigt, der Mann als unschuldiges Opfer ihres Alkoholismus dargestellt und von jeder Mitschuld freigesprochen wird (Forth-Finegan, 1991).

Dennoch bleibt es weiterhin sinnvoll zu untersuchen, welche Funktion das Trinken eines oder beider Partner in einer Beziehung hat, und es nützt auch den Frauen, mehr darüber in Erfahrung zu bringen, ob sie mit ihrem Helfer- und Retterverhalten nicht vielleicht nur zur Verlängerung eines unguten Status quo beigetragen haben. Man sollte aber in diesem Zusammenhang auf keinen Fall vergessen, daß die typische Co-Abhängigkeit nichts anderes ist als eine verstärkte Form dessen, was wir innerhalb der Asymmetrie, der ungleichen Rollenverteilung, bei einem durchschnittlichen Heteropaar ganz normal finden. Auch Co-Abhängigkeit kann als ein Überlebensverhalten bezeichnet werden, als ein Versuch, die Beziehung zu retten und den anderen zu beschützen und zu unterstützen. Krestan und Bepko (1991) beschreiben dieses Phänomen mit mehr Sympathie, stärker aus der Sicht der betroffenen Frauen, als dies in den meisten anderen Studien zu dieser Problematik geschieht, deren Hauptinteresse dem männlichen Alkoholiker gilt. Der Knackpunkt in einer Beziehung, in der einer der beiden Partner alkoholabhängig ist, liegt darin, daß der Trinker – meistens der Mann – stärker als sonst «unter-verantwortlich» ist, während derjenige, der ihm zu helfen versucht – also meistens die Frau –, «über-verantwortlich» reagiert. Dies kann einen Teufelskreis herbeiführen, wobei sie dem Partner, indem sie ihn soweit wie möglich vor den Konsequenzen seines Verhaltens beschützt, faktisch noch mehr Möglichkeiten eröffnet, sich unverantwortlich zu benehmen. Sie versteckt die Flaschen, sie stopft ihn ins Bett, sie meldet ihn bei der Arbeit krank, sie hat Verständnis für seine schwere Kindheit und verschafft ihm damit immer mehr Gründe, nicht über sein Verhalten nachzudenken und sich klarzumachen, welchen Schaden sein Suchtverhalten bei ihm selbst und seiner Familie anrichtet. Wenn wir das Ganze etwas freundlicher beschreiben, indem wir die Erfahrungen der betroffenen Frauen stärker miteinbeziehen, dann gibt es tatsächlich so etwas wie eine Co-Abhängigkeit, wie sie JoAnn Loulan aus der Sicht lesbischer Beziehungen beschreibt: «Die Co-Abhängige ist eine Frau, die ihr Leben lang bemüht war, es allen recht zu machen. Sie glaubt, bewußt oder unbewußt, daß sie ohne Beziehung keine Existenzberechtigung hat. Um sich wohl zu fühlen, muß sie dafür sorgen können, daß jemand anders sich wohl fühlt. Der Erfolg des Buches von Robin Norwood, *Wenn Frauen zu sehr lieben*, zeigt eindrucksvoll, in welchem Maße Frauen in ihren Beziehungen in einer Co-Abhängigkeit leben. Wir sind mit der Vorstellung aufgewachsen, daß die Bedürfnisse der anderen immer wichtiger sind als unsere eigenen. Ich bin selbst nun schon acht Jahre damit beschäftigt, meine Co-Abhängigkeit, oder, anders ausgedrückt, meine Abhängigkeit von Menschen, aufzuarbeiten. Die Co-Abhängige fühlt in der Zeit der Rekonvaleszenz oft eine große innere Leere. Womit soll sie ihre Zeit verbringen, wenn sie anderen nicht helfen kann? Ich habe Frauen gekannt, die das Gefühl hatten, daß ihr einziger Lebenszweck darin bestand, für andere da zu sein. Im Grunde läßt sich die Co-Abhängige in ihrem Selbstwertgefühl meistens von anderen bestimmen.»

Co-Abhängigkeit ist zwar ein Problem, aber kein eigenständiges Krankheitsbild. Und es ist absolut falsch, bei Frauen, die in eine Beziehung zu einem trinkenden Mann geraten, per se von einer neurotischen Persönlichkeit auszugehen. Es gibt Frauen, die stärker gefährdet sind, sich hoffnungslos in eine Beziehung mit einem gewalttätigen und / oder trinkenden Mann zu verstricken. Zu dieser «Risikogruppe» gehören zum Beispiel Frauen, die als Kind sexuell mißbraucht oder vernachlässigt wurden, die einen ganz geringen Widerstand gegen Gewalt aufgebaut haben und die ihre eigenen Wünsche und Bedürfnisse nicht ernst nehmen. Bei den meisten jedoch – so zeigt eine neuere Studie – brechen die Streßsymptome, die Depressionen erst als Reaktion auf eine Beziehung mit einem unter-verantwortlichen Mann aus (Schaap, Schellekens und Schippers, 1991).

10. Alkohol und Stigmatisierung

Bürgermeister entschuldigt sich für seinen angetrunkenen Zustand», so die Schlagzeile in einer Zeitung. Der Bürgermeister von Terneuzen, einer kleineren Stadt im Süden der Niederlande, hatte sich dafür entschuldigt, daß er betrunken eine Ratssitzung geleitet hatte. Damit war der Fall dann auch zu den Akten gelegt. Politische Konsequenzen hatte sein Auftritt nicht. Wir können nur spekulieren, wie das Ganze ausgesehen hätte, wäre der Bürgermeister von Terneuzen eine Bürgermeisterin gewesen.

In fast allen Kulturen gibt es geschriebene oder ungeschriebene Gesetze zum Umgang mit Alkohol, und praktisch überall sind diese Bestimmungen für Männer und Frauen unterschiedlich (Gefou-Madiauou, 1992). Im traditionellen Griechenland trinken die Männer in ihren Kaffeehäusern Ouzo, und auch in andalusischen und irischen Kneipen wird man nur selten eine Frau antreffen. Bei den ungarischen Roma ist Alkohol für Frauen erlaubt, allerdings unter der Bedingung, daß sie niemals betrunken werden. Während Trunkenheit bei Männern als ein Beweis echter Männlichkeit gilt, ist dasselbe Verhalten bei Frauen stark negativ besetzt. In Irland wird nur der Mann, der allein vor seinem Bier sitzt, als bedauernswerter Trunkenbold gesehen, sobald die gleichen Mengen in einer fröhlichen Männerrunde konsumiert werden, ist die Welt in Ordnung. Dort, wo Frauen in Maßen trinken dürfen, gelten bestimmte Getränke als akzeptabler als andere, obwohl das mit dem Alkoholgehalt nicht unbedingt etwas zu tun haben muß. In Südafrika ist Bier das Männergetränk par excellence, während Frauen vorzugsweise an «pretty drinks» (Padayashee, 1993), einem Alkohol-Cola-Gemisch, nippen. In einigen Dörfern Griechenlands sorgen die Männer für die Retsinaherstellung, während die Frauen die süßen Weine keltern. Sowohl in traditionellen als auch in modernen Gesellschaften wird es als ein Beweis von Männlichkeit angesehen, wenn jemand viel verträgt. Tom Dardis hat beschrieben, welche Rolle Alkohol bei zahlreichen männlichen Schriftstellern spielte. Unter den acht amerikanischen Schriftstellern, die den Literaturnobelpreis erhielten, waren fünf Alkoholiker – an erster Stelle Hemingway, der sich lauthals damit brüstete, in der Lage zu sein, «to outfish, outhunt, outdrink and outfuck every other man». Dardis erklärt sich den hohen Prozentsatz an schweren Trinkern unter den Literaten mit der Tatsache, daß Romanschreiben in den USA als «soft», als ziemlich weibliche Beschäftigung galt. Wer also beweisen wollte, daß er trotzdem ein echter Mann war, mußte entweder ein Großverdiener sein oder zeigen, daß er viel vertrug. Hemingway, der durch seinen Alkoholismus irgendwann nichts mehr zu Papier brachte und an schweren Depressionen litt, beging Selbstmord. Winston Churchill stellte es geschickter an – er tat so, als würde er unglaubliche Mengen in sich hineinschütten, während er in Wirklichkeit eher ein mäßiger Trinker war (Lammers, Schippers und van der Burgh, 1988).

Überall dort, wo Männer trinken, um ihre männliche Identität unter Beweis zu stellen, wird dasselbe Verhalten bei Frauen angeprangert. In den Gesellschaften westlicher Prägung ist das Verhältnis zwischen Männern und Frauen egalitärer geworden. Cafés als Reservate für Männer, als abgegrenzte Territorien, sind relativ selten geworden; Männer und Frauen trinken weitaus öfter miteinander. Das heißt jedoch nicht, daß es keine ungeschriebenen Gesetze für ein akzeptables männliches und weibliches Trinkverhalten gäbe. Männer können am nächsten Morgen noch immer herumposaunen, daß sie mal wieder einen über den Durst getrunken haben, und ausgiebig über ihren Kater jammern, ohne daß man sie deshalb schief ansehen würde. Bewunderung schlägt erst dann in Ablehnung um, wenn ein Mann offensichtlich süchtig wird, die Kontrolle verliert, nicht mehr in der Lage ist, seiner Arbeit nachzugehen, Krokodilstränen in sein Bierglas weint und Schwäche zeigt. Anders gesagt: Exzessivem Alkoholkonsum bei Männern wird mit großer Toleranz begegnet, ein Suchtverhalten wird scharf sanktioniert. Bei Frauen findet dieser Umschlag von Bewunderung in Ablehnung in einem früheren Stadium statt. Trunkenheit bei Männern wird mit Kameradschaft assoziiert, ein richtiger Mann macht mit seinen Kumpels ordentlich einen drauf und kann für seine Aggressionen nicht verantwortlich gemacht werden. Bei Frauen wird Trunkenheit vor allem mit sexuell ausschweifendem Verhalten assoziiert (van der Burgh). Zur Illustration ein paar Auszüge aus einem – witzig und provozierend gemeinten – Artikel, der 1994 in einem renommierten niederländischen Wochenblatt erschien:

«Mit etwas Alkohol im Blut werden wir entspannter, offener und redseliger. Aber ist Ihnen jemals eine Frau begegnet, die dabei wirklich unterhaltsamer wurde? Durch zuviel Alkohol verliert eine Frau meistens ihre Würde, ihren Stolz und ihren Slip – und das normalerweise in dieser Reihenfolge.»

«Alkohol spült bei einer Frau alle unangenehmen Züge an die Oberfläche. Wenn sie etwas von einer Nutte hat, wird sie in betrunkenem Zustand sofort dem Erstbesten anbieten, ihm einen zu blasen. Ist sie ein gefühlsbetonter Typ, dann wird sie Tische umstoßen, mit Tellern werfen und ihrem Nachbarn mit einer Heckenschere zu Leibe rücken. Ist sie eher melancholisch veranlagt, entwickelt sie im betrunkenen

Zustand Selbstmordneigungen. Alkohol ist Gift für das weibliche Gemüt. Was für eine Persönlichkeit sie auch hat, Alkohol macht alles nur noch schlimmer.»

«Eine betrunkene Frau hat etwas Nuttiges. Eine betrunkene Frau neigt dazu, sich wie ein billiges Flittchen zu benehmen.»

«Warum können sie es nicht bei ein paar Gläschen Wein mit Mineralwasser und einem Beutel Erdnüsse belassen? Weil sie von den keifenden, feministischen Xanthippen gelernt haben, daß Männer und Frauen gleich sind (…) Es wird höchste Zeit, daß wir Männer endlich einmal zugeben, daß wir betrunkene Frauen abstoßend finden. Im Grunde seines Herzens will sich kein einziger Mann mit einer Frau amüsieren, die ständig über ihre eigenen Füße fällt, die nicht mehr die richtigen Worte finden kann, zuviel lacht, zuviel redet, mit allem flirtet, was zwei Beine hat, der auf dem Nachhauseweg im Taxi schlecht wird und die anschließend in eine tiefe Depression versinkt. Wir schämen uns stellvertretend für sie und finden sie widerwärtig.»

Die Sache ist klar. Einerseits wird das Trinken von Frauen durch eine gewachsene Toleranz gefördert, andererseits ist die Kritik am Verhalten sichtbar betrunkener Frauen wesentlich schärfer als bei Männern.

«Cafés, Bars, Clubs – das sind die Jagdgründe der männlichen Hälfte der Menschheit», schreibt Tony Parsons, von dem auch das folgende Zitat stammt. «Es ist in Ordnung, daß auch Frauen dabei sind, aber wenn sie zu laut reden, sich selbst zum Narren machen und blöde Witze reißen – wenn sie also betrunken sind –, verdirbt uns das die Laune. Wer will schon, daß sich eine Frau genauso benimmt wie wir?»

Wozu Suzanne Moore in einer Replik feststellt: «Solche Männer können ihre brüchige Männlichkeit nur dadurch vor dem endgültigen Verfall retten, indem sie mit einer geradezu neurotischen Hingabe die Grenzen des Weiblichen festlegen.» Frauen dürfen sich nicht wie Männer verhalten. Und wenn man sie schon bei den Jungs mitmachen läßt, dann müssen sie Maß halten können. Frauen werden abqualifiziert, wenn sie alkoholisiert sexuelle Avancen machen oder sich nicht an ihre Rolle als Hüterin der Männer und Kinder halten. Ein schönes Beispiel dafür bietet ein Poster, das 1986 im Rahmen einer staatlichen Antialkoholkampagne überall in den Niederlanden zu sehen war. Es zeigte das Foto eines kleinen Mädchens und trug die Unterschrift: «Mama, wie lange mußt du noch mit Tante Els Sherry trinken? Ich habe so einen Hunger» (van der Burgh). Eine Untersuchung von Marianne van der Burgh über die Erfahrungen ehemals süchtiger Frauen macht deutlich, daß diese Frauen ein sehr feines Gespür für doppelte Moral haben. Ein Beispiel:

«Ich besuchte meine Eltern fast nie. Und wenn ich es tat, achtete ich darauf, daß ich nicht zuviel trank. Einmal, auf einer Familienfeier, ist es jedoch gründlich schiefgegangen. Da habe ich angefangen, Sherry zu trinken, habe wild getanzt und bin dann eingeschlafen. Ja – und da begannen sich alle plötzlich um mich zu kümmern. Das war etwas völlig Neues. Aber ich hatte ihnen die Feier gründlich vermiest – eine Frau, die zuviel getrunken hatte. Mein Bruder trinkt sich auf Familienfesten immer die Hucke voll. Mein Vater auch. Das ist nie ein Thema. Schön findet man das nicht, aber nun ja, das ist eben etwas ganz anderes. Ich fühle mich in diesem Punkt viel verletzlicher. Ich war nichts, eine Schlampe. Eine meiner Schwestern hat sich sogar hierher bemüht, nur um mir zu sagen, wie sehr sie mich zum Kotzen fand. Ansonsten hatten wir nie miteinander zu tun. Auch meine Mutter hat sich ähnlich angewidert geäußert, und später sagte sie so etwas wie: ‹Bah.› Das

hat mich tief getroffen. Von einer Frau wird viel stärker
erwartet, daß sie sich auf den Beinen hält, die Kontrolle
nicht verliert, als von einem Mann. Ich hatte niemandem
etwas getan. Ich war nur in einer Ecke eingeschlafen. Aber
das ist offensichtlich das Widerwärtigste, das es gibt. Das
habe ich sehr deutlich gespürt. Und damals dachte selbst
ich, daß es so war» (van der Burgh, 1987).

Die stärkere Stigmatisierung trinkender Frauen kann der
Grund sein, weshalb es noch immer weniger Alkoholikerin-
nen als Alkoholiker gibt. Für die betroffenen Frauen kann das
Trinken erhebliche Folgen haben, die van der Burgh wie folgt
beschreibt. Die meisten Frauen haben in Gesellschaft zu trin-
ken angefangen, zusammen mit ihrem Partner, um nicht ab-
seits zu stehen. In manchen Kreisen verschafft man sich als
Frau sogar Respekt, wenn man genausoviel verträgt «wie ein
Mann». Man fühlt sich dadurch ein bißchen mehr wie «eine
Frau von Welt».

«Die Frauen, mit denen ich verkehrte, tranken nur selten.
Aber mein Trinken wurde durchaus akzeptiert. Allerdings
kannte ich Frauen, die sagten: ‹Marion, wir begreifen
nicht, wo du das alles läßt.› Und ich meinte darin eine gewisse Bewunderung zu spüren. Die Männer schätzten es
sehr, daß ich mithalten konnte. Für sie stellten Frauen, die
nicht tranken, eine gewisse Bedrohung dar. Nach dem
Motto: So, jetzt sind wir nicht mehr unter uns, jetzt müssen wir uns anständig benehmen. Ich werde nie vergessen,
daß jemand, den ich sehr bewunderte, der etwas studierte,
von dem ich keinen blassen Schimmer hatte, der ein guter
Schach- und Bridgespieler und ein gestandener Trinker
war, zu mir sagte: ‹Marion, du kannst wenigstens trinken
wie ein Mann.› Das war ein unglaubliches Kompliment.»

Die soziale Ablehnung, die Frauen vorhersehen oder die sie am eigenen Leib erfahren, wenn sie über die Stränge schlagen, wird einige davon abhalten, mehr zu trinken, bei anderen wird eine solche Stigmatisierung jedoch vor allem dazu führen, daß sie ihr Trinken verheimlichen. In Kreisen, in denen akzeptiert wird, daß Frauen mithalten, wird dies nicht so schnell passieren, obwohl auch hier die kritische Grenze dann erreicht sein kann, wenn eine Frau zu häufig sichtbar alkoholisiert ist. In Kreisen, in denen es als selbstverständlich gilt, daß Frauen mäßiger zu trinken haben als Männer, wird das Trinken in einem noch früheren Stadium in die eigenen vier Wände verlegt. (Von daher vielleicht «das Geheimnis, das man mit Sandeman teilt», wie Sylvia Lammers es ausdrückte, 1990.) Daß Frauen eher zum heimlichen Trinken neigen, hat eine Reihe von Nebenwirkungen. Auf jeden Fall vergrößert es die Gefahr der Isolation, der Einsamkeit. In einem fortgeschrittenen Stadium kann auch das soziale Umfeld als mögliche Unterstützung wegfallen. Solange die Frau einen Partner hat, der genausoviel oder mehr trinkt als sie, kann sie sich gedeckt fühlen. So ermutigen manche Frauen ihre Männer sogar, einen Schnaps anzubieten oder bei jeder Gelegenheit die Flasche auf den Tisch zu stellen. Wenn es jedoch früher oder später zu Beziehungsproblemen kommt, verschlechtert sich die Situation zusehends. Die Isolation wird größer, die Scham- und Schuldgefühle nehmen zu, und damit wird auch das Bedürfnis, mehr zu trinken, immer stärker. Und da Frauen ihr Selbstwertgefühl in erster Linie aus zwischenmenschlichen Kontakten schöpfen, verstärkt eine problematische Beziehung das Bedürfnis nach Alkohol als Selbstmedikation. Eine Abwärtsspirale. Scham und die Angst vor einer Stigmatisierung verstärken diese Spiralwirkung und führen dazu, daß eine Frau immer weniger in der Lage ist, um Hilfe zu bitten, und aus Angst, abgelehnt zu werden, vor einer Therapie zurückschreckt. Die Frauen aus der Untersuchung von van der Burgh gaben erst sehr spät zu erkennen, daß sie nicht mehr weiter wußten – sie warteten solange, bis sich die Situation drastisch zugespitzt hatte, die Leber nicht mehr mitmachen wollte, der Mann sie zu verlassen drohte oder sie die begründete Angst haben mußten, die Kinder zu verlieren. Was ihnen, wie eine ganze Reihe von Frauen sagen, an diesem Wendepunkt vor allem geholfen hat, war die Erfahrung, akzeptiert und nicht verurteilt zu werden, sich in dem Schicksal anderer Frauen wiederzuerkennen, die gleichfalls damit beschäftigt waren, diese Abwärtsspirale wieder in eine andere Richtung umzubiegen. Bei weitem nicht alle Frauen, die trinken, geraten in einen solchen Strudel, der sie in die Tiefe reißt. Aber auch diejenigen, die ihren Alkoholkonsum einigermaßen kontrollieren können, werden mit den Konsequenzen eines negativen Bildes konfrontiert.

Auch für Frauen gehören – ebenso wie für Männer – ein paar Gläser Alkohol zum Sex dazu. Nicht wenige Frauen sagen, daß ihnen der Sex mehr Spaß mache, wenn sie einen leichten Schwips hätten – obwohl das eine rein subjektive Empfindung ist. Körperlich gesehen läßt Alkohol die Erregungskurve abflachen und macht den Orgasmus manchmal mühsamer. Obwohl dies bei Männern und Frauen kaum unterschiedlich abläuft, umgibt die Frauen, die gern einmal ein Gläschen trinken, immer ein gewisser Hauch von Libertinage und Promiskuität. Die Fakten zeigen, daß dies ein Klischee ist (Blume). Frauen sind unter Alkoholeinfluß nur selten eher bereit, sich sexuell auf einen Mann einzulassen, sie lassen sich nicht leichter verführen, sie sind keineswegs weniger wählerisch und drücken bei der Partnerwahl auch nicht schneller ein Auge zu. Aber die Vorstellung, daß eine Frau, die allein in die Kneipe geht oder im Verlauf eines gemeinsamen Abends einen Schwips bekommt, einfacher zu haben sei als die, die sich den ganzen Abend an einem Mineralwasser oder Saft festhält, bleibt nicht ohne Folgen. Offensichtlich ist die Schar der Männer nicht klein, die den angetrunkenen Zustand einer Frau als ausbeutbare Schwäche deuten (Blume). Frauen, die sich in der Öffentlichkeit mit einem Glas in der Hand präsentieren oder merklich angetrunken wirken, gehen ein erheblich größeres Risiko ein, daß Männer sie belästigen oder handgreiflich werden. Sie werden von dem Mann, mit dem sie ausgegangen sind, in der Regel häufiger vergewaltigt und bekommen zu allem Überfluß auch noch zu hören, daß sie es «doch nicht anders gewollt» hätten. Eine Untersuchung in den USA machte deutlich, daß sowohl weibliche wie männliche Studenten der Meinung waren, daß einem Vergewaltiger mildernde Umstände zugebilligt werden sollten, wenn er die Tat in betrunkenem Zustand begangen hat. In einer solchen Situation war nicht er der Schuldige, sondern der Alkohol. Ebenso wurde auch der betrunkene Zustand des weiblichen Opfers als mildernder Umstand für den Täter gesehen. Diese doppelte Moral – Männer sind weniger verantwortlich für die Folgen, wenn sie getrunken haben, Frauen hingegen mehr – wird auch in Untersuchungen über Gewalt in Beziehungen deutlich. Männliche Aggression wird oft als gleichsam natürliche und fast unvermeidliche Wirkung von Alkohol gesehen. Ein betrunkener Mann kann nichts dafür, wenn er eine Frau schlägt oder vergewaltigt – das liegt am Alkohol, so die Begründung. Alkohol enthemmt, das wissen wir. Aber Alkohol *verursacht* keine Aggressionen. Tests mit Placebos haben gezeigt, daß die Erwartungshaltung eine wichtige Rolle spielt. Auch diejenigen Männer, die nur dachten, daß sie getrunken hatten, reagierten aggressiver. Zum zweiten wurde deutlich, daß Männer, die im alkoholisierten Zustand aggressiv waren, auch dann hohe Werte erzielten, wenn ihr feindseliges oder psychopathologisches Verhalten im nüchternen Zustand gemessen wurde. Anders ausgedrückt: Die Aggression fällt nicht vom Himmel, sondern ist in der jeweiligen Person schon angelegt (Lammers, 1993). Der Mythos, daß Alkohol der Verursacher sei, hat jedoch für beide Beteiligte Konsequenzen. Dem Mann verschafft er eine Entschuldigung und spricht ihn von jeglicher Verantwortung frei; für das weibliche Opfer kann er eine Art Trost sein. Die Idee, daß er eigentlich ein guter Kerl ist, der nur durch den Alkohol ab und zu zum Tier wird, kann eine Frau in einer machtlosen Position, der es schwerfällt, ihre Beziehung zu beenden, jahrelang an eine gewalttätige Beziehung fesseln. In heterosexuellen Verbindungen, in denen er trinkt, ist die Gefahr einseitiger Gewaltanwendung groß. Aber auch wenn sie trinkt, ist diese Bedrohung konkreter. Sowohl sein wie ihr Trinkverhalten können ihm als Entschuldigung dienen zu schlagen. Im letzteren Fall hat sie noch einen Grund mehr, ihm zu verzeihen. Im Gefühl ihrer Schuld und Scham kann sie sich sogar einreden, ihm einen Anlaß gegeben zu haben, denn schließlich entspricht sie ganz und gar nicht dem verinnerlichten Selbstbild einer anständigen Frau und guten Gattin. Auf dem Hintergrund der skizzierten ungleichen Rollen- und Machtverteilung wird deutlich, daß sich aus der jeweiligen Funktion, die Alkohol im Leben einer Frau oder eines Mannes hat, eine durchaus unterschiedliche Geschichte ergeben kann. Was jemand trinkt, wieviel jemand trinkt, unter welchen Umständen er trinkt und wie dies von der Außenwelt beurteilt wird, kann nicht losgelöst von der herrschenden Rollenverteilung gesehen werden. Diese Verteilung kann je nach Kultur oder sozialer Schicht unterschiedlich sein. Das Ganze wird etwas anschaulicher, wenn man sich eine Untersuchung ansieht, die Maryon McDonald über die Bedeutung von Alkohol in der Kultur und dem Verhältnis der Geschlechter in der Bretagne angestellt hat. Allgemein wird hier von einem Mann erwartet, daß er für sein Verhalten selbst verantwortlich ist. Es gibt jedoch zahlreiche Gelegenheiten, zum Beispiel die Ernte- oder andere traditionelle Dorffeste, die ganz zwingend in einem kollektiven Männerbesäufnis enden. Sich dem als Mann zu entziehen ist fast unmöglich, will man von der Dorfgemeinschaft nicht als Außenseiter abgestempelt werden. Es wird laut gesungen, gegrölt, es wird gelacht, und man schlägt sich. Wenn jemand sturzbetrunken unter den Tisch fällt oder die Tür nicht mehr findet, wird das als Zeichen für ein gelungenes Fest gesehen. Die Frauen werden bei diesen Festivitäten in eine ganz spezifische Rolle gedrängt. Man erwartet von ihnen, daß sie ihre Männer im Auge behalten und dafür sorgen, daß sie unbeschadet nach Hause kommen. Die Frau muß darauf achten, daß die Stimmung nicht gänzlich überschwappt, sie hat die Aufgabe, ihn nach Hause zu schleppen, bevor er völlig zu ist, wobei von ihm erwartet wird, daß er sich ihrer Kontrolle soweit wie möglich entzieht. Eine Frau, der es nicht gelingt, ihren Mann einigermaßen im Zaum zu halten, setzt ihren guten Ruf als Ehefrau aufs Spiel. Auf der anderen Seite hat sie aber genau zu wissen, wann sie ein Auge zudrücken muß; sie hat zu akzeptieren, daß Männer nun einmal große Kinder sind, die sich ab und zu mal richtig austoben müssen. In diesem Rahmen gilt es als sehr schlimm, wenn die Frau selbst mehr als ein Gläschen süßen Likör trinkt. Eine betrunkene Frau ist in doppelter Hinsicht ein Skandal: erstens, weil sie trinkt, was sich für eine Frau nun einmal nicht gehört, und zweitens, weil sie damit ihre Kontrollfunktion nicht mehr ausüben kann. Auch Junggesellen oder Witwer haben schlechtere Karten. Da jeder davon ausgeht, daß ein echter Mann erst dann aufhört zu trinken, wenn ihn jemand davon zurückhält, und diese Männer keine Frau haben, die sie nach

Hause bringen oder die Flasche vor ihnen verstecken könnte, sind sie ganz konkret gefährdet. Diese traditionellen Strukturen, die an das Beziehungsmuster in den Arbeiterfamilien früherer Generationen erinnern, sind in Bewegung geraten. Moderne, jüngere Frauen sehen sich nicht mehr als Bewacherinnen ihrer Männer, sondern genehmigen sich selbst gern ein Gläschen. Sie suchen sich Männer aus, die Maß halten können. Während diese Frauen keine Lust haben, sich mit einem störrischen Trunkenbold abzuplagen, akzeptieren die modernen Männer das resolute Auftreten der Ehefrau nicht mehr. Mit der Verschiebung der Geschlechterrollen änderte sich auch das Trinkverhalten. Statt Cidre für die Männer gibt es für alle Wein zum Essen. Die Frauen lassen sich häufiger einen Whisky oder Cocktail servieren, statt sich mit einem einzigen Gläschen süßen Likörs zu bescheiden. Einerseits wird zwar mehr getrunken – Wein zum Essen war früher nicht üblich –, andererseits aber auch weniger, da man die traditionellen Trinkgelage, die regelmäßig in Schlägereien ausarteten, jetzt als proletenhaft empfindet. Damit verschieben sich auch die Risiken, denn jetzt ist die Kontrolle jeder Frau und jedem Mann selbst überlassen.

TEIL II

Die Wirkung von Alkohol

1. Trinken lernen

Es gibt fast niemanden, der Alkohol beim erstenmal wirklich als Genuß erlebt. Trinken muß gelernt werden. Aber Alkohol gilt in unserer Gesellschaft als so normal und gehört bei so vielen Gelegenheiten ganz selbstverständlich dazu, daß man sich dem kollektiven Zwang nur mit Mühe entziehen kann – wenn man das überhaupt will. «Sei doch kein Spielverderber», bekommen Leute zu hören, die einen geselligen Abend bei einem Glas Saft oder Mineralwasser verbringen wollen. Nicht wer trinkt, sondern wer ein Getränk abschlägt, schuldet den anderen dafür eine Erklärung: «Ich muß noch fahren», «Ich mache gerade eine Diät», «Mein Arzt hat mir Alkohol verboten». Hinzu kommt, daß Alkohol eine symbolische Funktion hat: er steht für Erwachsensein und Zusammengehörigkeit. Im Vergleich zu anderen Rauschmitteln ist Alkohol eine relativ schwache Droge, mit anderen Worten, man muß schon eine erhebliche Menge konsumieren, bevor sich ein ausgesprochener Negativeffekt einstellt. Die Gefahr der Sucht droht nach vielen Gläsern – nicht nach einem einzigen Schuß. Im Prinzip ist Alkohol also leicht zu dosieren. Eine nicht einkalkulierte Überdosis, wie sie bei Heroin durchaus vorkommen kann, ist bei Alkohol fast ausgeschlossen. Wer sich zu Tode trinken will, muß enorme Mengen in sich hineinschütten. Auch die Abhängigkeit stellt sich nicht von heute auf morgen ein. Selbst bei gestandenen Trinkern dauert es Jahre, bevor das Stadium einer echten Sucht erreicht ist. Bei süchtig gewordenen Frauen beträgt der Zeitraum, in dem sich ein übermäßiger Konsum zur Sucht entwickelt, im Durchschnitt sieben Jahre (Vulink, 1992), wobei die verschiedenen Stadien mehr oder weniger problematisch verlaufen können.

Über den «echten Alkoholiker» kursieren zahlreiche Klischeevorstellungen. Schmuddelige Typen, die in aller Herrgottsfrühe mit einer Bierflasche im Arm auf einer Parkbank ihren Rausch ausschlafen, Männer, die sich in der Kneipe so vollaufen lassen, daß sie nicht mehr nach Hause finden, Frauen, die am Vormittag nach der ersten Flasche lallend auf der Wohnzimmercouch liegen. Diese Extremvorstellungen, die über den «echten» Alkoholiker in den Köpfen herumspuken, tragen mit dazu bei, daß eine Sucht, die nicht so dramatisch sichtbar wird, oft lange Zeit verborgen bleibt. Solange jemand zu Hause oder im Beruf noch einigermaßen funktioniert, solange er noch anständig gekleidet und frisiert herumläuft, nicht von einer Schnapswolke eingehüllt ist, solange seine Hände nicht zittern und er noch aufrecht stehen kann, sind wir geneigt, das Ganze als relativ harmlos einzustufen. Viele Menschen können sich deshalb lange der Illusion hingeben, daß sie den Alkohol völlig im Griff haben und am nächsten Tag aufhören könnten, wenn ihnen danach wäre. Die Probe aufs Exempel bestünde natürlich darin, einen ernsthaften Versuch zu unternehmen und abzuwarten, was dann passiert. Wer täglich trinkt und aufgrund der Gewöhnung kaum noch merkt, wie sein Körper auf Alkohol reagiert, wird es danach wieder sehr genau wissen. Nach einer Phase der Abstinenz kann schon nach zwei bis drei Bieren die Zunge schwer werden, nach einer halben Flasche Wein wird sich möglicherweise alles im Kreis drehen, und nach einer ganzen Flasche ist ein ausgewachsener Kater am nächsten Morgen fast garantiert. Dann wird man wieder einmal überdeutlich merken, was dieses Zeug eigentlich anrichtet.

Alkoholkonsum verläuft also in Phasen. Die meisten Menschen, die gelegentlich oder auch regelmäßig trinken, werden nicht abhängig und müßten sich nur im Hinblick auf ihre Gesundheit vielleicht einmal die Frage stellen, ob sie möglicherweise nicht doch zuviel konsumieren. In den Niederlanden kann man ungefähr 10 Prozent der Männer als «Problemtrinker» einstufen, bei den Frauen sind es 2,3 Prozent (Spee, 1991). Dies ist eine sehr annähernde Schätzung – zum einen, weil strittig ist, wo die Grenze zwischen Trinken und Problemtrinken zu ziehen ist, und zum anderen, weil Alkoholabhängigkeit oft ein Problem ist, das sich im Verborgenen abspielt.

Der größte Teil der niederländischen Bevölkerung, und zwar 98 Prozent, kommt irgendwann in seinem Leben einmal mit Alkohol in Berührung (Vulink, 1992). Für einige bleibt es bei dem einen Mal, da sie dem Bier, Wein oder Schnaps nichts abgewinnen können. Bei Frauen bildet sich ein bestimmtes Trinkverhalten im allgemeinen später heraus als bei Männern, wobei sich dieser Unterschied bei der jüngeren Generation zunehmend verwischt.

Die verschiedenen Phasen lassen sich wie folgt benennen:
— Kennenlernen und Experimentieren
— Gelegentliches Trinken
— Gewohnheitstrinken, auch als Trinken «in Gesellschaft» oder integriertes Trinken bezeichnet
— Risikotrinken oder exzessiver Konsum, gelegentlich oder regelmäßig
— Die kritische Phase
— Sucht oder chronisches Trinken

Diese Kette besitzt keine Allgemeingültigkeit. Jemand, der ziemlich regelmäßig, vielleicht auch hin und wieder exzessiv trinkt, muß nicht zwangsläufig in eine körperliche Abhängigkeit geraten. Allerdings ist es wichtig, bei sich selbst zu verfolgen, welches Trinkverhalten man im Laufe der Zeit entwickelt hat. Während manche Leute ihren Konsum allmählich, aber kontinuierlich steigern, kann es bei anderen zu einem plötzlichen Umschlag kommen. Vor allem unter Frauen gibt es nicht wenige «Krisen-Trinkerinnen». Auch wenn der Konsum jahrelang auf einem bestimmten akzeptablen Niveau stagniert hat, kann Alkohol, ausgelöst durch eine schwierige Lebensphase, durch Beziehungsprobleme oder eine Trennung, durch Vereinsamung oder Störungen in den Wechseljahren eine andere Funktion bekommen. Aus dem Genußmittel kann eine Droge werden, die einen kontrollierten Umgang wesentlich schwieriger macht. Wir folgen dem Verlauf der einzelnen Phasen.

Das erste Kennenlernen findet meistens in einer vertrauten Umgebung statt. Mit dreizehn, vierzehn Jahren, in einigen Fällen auch früher, wird zu Hause oder bei Freunden das erste Glas Alkohol getrunken.

«Ich habe meine erste Erfahrung mit Alkohol gemacht, als ich mich ein paar Tage bei einer Freundin einquartiert hatte. Ihre Mutter, eine alleinstehende Frau, trank auch während der Woche Wein. Eines Abends holte sie uns aus dem Bett und schenkte uns Weißwein in Kaffeetassen ein. Ich fand es absolut eklig, habe aber nicht nein gesagt, da es für mich interessant und spannend war, daß man uns wie richtige Erwachsene behandelte. Es hat Jahre gedauert, bevor ich wieder etwas trinken wollte, aber diese Assoziation blieb in meinem Kopf: Wein trinken ist spannend, erwachsen und ein bißchen bohemehaft.»

«Auf den ersten Partys, zu denen ich als Teenager ging, gab es billigen Landwein zu trinken. Man galt als langweilig, wenn man nicht mitmachte. Der Wein an sich schmeckte mir nicht, aber die Wirkung gefiel mir. Damals kam es zu den ersten ungeschickten Knutschversuchen, und mit einem etwas benebelten Kopf ging das leichter, man fühlte sich weniger verantwortlich für das, was man tat, man konnte sich besser gehenlassen.»

«Mein erstes Glas haben mir meine Eltern eingeschenkt. Ich trug zum erstenmal Seidenstrümpfe und Stöckelschuhe, und meine Eltern hatten Freunde zu Besuch. Man fand, daß ich nun alt genug sei, um mit ihnen ein Gläschen Martini zu trinken. Er schmeckte mir, weil er so süß war. Ich fühlte mich sehr erwachsen, weil sie mich einbezogen.»

Das erste Kennenlernen kann positiv oder negativ verlaufen. Dabei spielen nicht nur der Geschmack und die Wirkung von Alkohol eine Rolle, sondern auch die Atmosphäre, in der getrunken wird, der Symbolwert. Man will erwachsen sein, zum erstenmal nicht mehr als Mädchen, sondern als Frau wahrgenommen werden, man will dazugehören. Während ungefähr 15 Prozent schon nach dem ersten Mal beschließen, daß Alkohol für sie nichts ist, versuchen die meisten herauszufinden, welche Geschmacksrichtung ihnen besonders zusagt – süß, bitter oder sauer, Wein, Bier oder Cola mit Schuß – und welche Wirkung man damit erreicht. Macht der Alkohol ein bißchen müde, oder wird man eher ausgelassen, hilft er, die sexuellen Hemmungen zu überwinden, hat man den Mut zu flirten, ist man in Gesellschaft weniger schüchtern? Und was passiert, wenn man wirklich betrunken wird, bis zu welchem Punkt ist die berauschende Wirkung noch angenehm, wo liegt die Grenze, daß einem übel wird und man sich nicht mehr auf den Beinen halten kann? – Die Experimentierphase.

Die meisten Menschen haben nach einer gewissen Zeit ihre Vorlieben entwickelt, sie wissen, was ihnen schmeckt und was sie bei welcher Gelegenheit trinken möchten. Alkohol ist zu einem integrierten Bestandteil ihres Lebens geworden. Für viele bleibt es dabei, obwohl es im Laufe der Jahre durchaus zu Verschiebungen kommen kann – ein neuer Arbeitsplatz, ein anderer Partner, der mehr oder auch weniger trinkt, ein neuer Freundeskreis, dem man sich anpaßt.

Trinken in Gesellschaft, «soziales Trinken», kann durchaus unproblematisch sein. Aber die Anlässe, zu denen wie selbstverständlich Alkohol ausgeschenkt wird, haben im gesellschaftlichen Leben unserer Zeit zugenommen. Das Bierchen nach dem Sport, der Drink, wenn man Freunde oder Bekannte besucht oder abends vor dem Fernseher sitzt, die aus dem Urlaub mitgebrachte Sitte, auch zu Hause zu jeder warmen Mahlzeit Wein zu trinken, Empfänge und Geburtstagsfeiern. Der Konsum kann fast unmerklich zunehmen. Für immer mehr Menschen geht kaum ein Tag vorbei, an dem es nicht einen Anlaß gibt, auf den man ganz selbstverständlich miteinander anstößt. Hier lauert eine erste Gefahr, der sogenannte Toleranz-Effekt. Wer regelmäßig trinkt, braucht allmählich eine immer höhere Dosis, um dieselbe Wirkung zu erzielen. Ein ungeübter Trinker spürt noch nach einem oder zwei Gläsern sehr genau, wie Alkohol wirkt, daß man zum Beispiel albern, ausgelassen oder sehr gesprächig wird, daß die Beine schwer werden oder die Koordination nicht mehr optimal funktioniert. Der geübte Trinker ist an diese Effekte gewöhnt. Es wird zur Gewohnheit, sich bei einem Bier zu entspannen oder sich noch einen kleinen Nachttrunk zu gönnen. Wer immer häufiger immer größere Mengen trinkt, hat an einem bestimmten Punkt die Grenze zum exzessiven Konsum überschritten. Bei manchen äußert sich das in einem gelegentlichen übermäßigen Alkoholgenuß, zum Beispiel am Wochenende oder bei dem wöchentlichen Skat- oder Kegelabend. Andere hingegen schlagen regelmäßig – und das heißt: täglich – über die Stränge. Hier beginnt das Vorstadium einer möglichen Sucht – wir begeben uns aufs Glatteis.

Eine Schwierigkeit liegt darin, daß es keine festen Normen gibt, die uns sagen, wann der Punkt erreicht ist, an dem wir nicht mehr nur viel, sondern zu viel trinken. Für manche liegt diese Grenze bei vier Gläsern am Tag, für andere ist das Maß damit noch lange nicht voll. Gerade durch die aufgebaute Toleranz kann man sich der Illusion hingeben, daß man sich in einem akzeptablen Rahmen bewegt. Frauen sind dabei im Nachteil. Aus diversen Gründen, die noch zur Sprache kommen werden, hat Alkohol bei Frauen eine stärkere körperliche Wirkung. Wenn im Lokal gemeinsame Runden bestellt oder beim Essen die Gläser gleichzeitig nachgefüllt werden, haben Frauen mehr zu verkraften als ihre männlichen Tischnachbarn.

«Ich dachte, daß sich mein Alkoholkonsum eigentlich durchaus im Rahmen halte, bis ich einmal überschlug, was ich am Tag so in mich hineinschüttete. Wir hatten es uns zur Gewohnheit gemacht, zu Hause nach der Arbeit noch vor dem Abendessen ein Glas zu trinken. Irgendwann hatte ich damit angefangen, mir den ersten Drink einzuschenken, auch wenn mein Freund noch nicht zu Hause war. Zusammen genehmigten wir uns etwa drei bis vier. Wenn ich mich dann zum Kochen in die Küche verzog, stand die Flasche neben mir auf der Anrichte. Irgendwann fanden wir, daß eine Flasche Wein zum Essen für zwei Leute doch ein bißchen wenig sei. Und die drei Tropfen stehenzulassen … Waren wir über diesen Punkt hinaus, dachte ich keine Sekunde darüber nach, ob es wohl richtig wäre, das Ganze mit einem kleinen Cognac abzurunden – und aus dem einen konnten durchaus zwei oder drei werden. Als ich wirklich einmal nachzählte, kam ich auf durchschnittlich zehn Gläser am Tag – mit einem Spitzenkonsum an den Wochenenden.»

«Mein Alkoholkonsum nahm drastisch zu, als ich eine neue Freundin hatte. Meine frühere Freundin, mit der ich zusammengewohnt hatte, trank ziemlich mäßig, aber mit der neuen, die ich nur hin und wieder am Wochenende sah, war es jedesmal sofort Bingo. Ich merkte, daß wir die Spannung des Wiedersehens, die anfängliche Verlegenheit, sofort mit Alkohol hinunterspülten, und zudem entschuldigten wir uns damit, daß unser Wiedersehen immer wieder ein Anlaß war, der gebührend gefeiert werden mußte. Irgendwann wurde mir klar, daß wir nie nüchtern waren, wenn wir miteinander schliefen. Und am nächsten Morgen – es war immer am Wochenende und wir brauchten nicht zur Arbeit – war die kleine Pilskur gegen den Kater fällig. In der ganzen Zeit, die diese Beziehung dauerte, ist es mir nie gelungen, weniger zu trinken.»

«Ich habe eine Zeitlang in einem Werbebüro gearbeitet, wo es zu den Gepflogenheiten gehörte, daß man gegen Ende des Tages die Flasche auf den Tisch stellte. Zu den Mittagessen mit Kunden war es ebenfalls üblich, Wein zu trinken. Und nach Arbeitsschluß gingen wir oft noch rasch in die Kneipe um die Ecke. Zu Hause kochen war dann oft nicht mehr drin, also ging man eine Kleinigkeit zusammen essen, und natürlich wurde dazu wieder etwas zu trinken bestellt. Irgendwann fiel mir auf, daß mir dieses tägliche

Trinken so zur Gewohnheit geworden war, daß ich gegen vier Uhr nachmittags schon auf die Uhr schaute und dachte: ‹Gleich ist es soweit!›»

Irgendwann kommt der Zeitpunkt, an dem eine psychische und körperliche Abhängigkeit von Alkohol nicht mehr verdrängt werden kann. Man wird ohne den Beruhigungseffekt von Alkohol nervös und ist davon überzeugt, daß man den Tag ohne den morgendlichen «Muntermacher» nicht übersteht und ohne «Schlummertrunk» nicht einschlafen kann. Wer mit dem Trinken aufhört, hat oft mit Entzugserscheinungen zu kämpfen, die sich in Nervosität, Depressivität, in Zittern und Schweißausbrüchen äußert. In diesem Stadium erzeugt Alkohol wiederholt Blackouts. Man grübelt darüber nach, wie man nach Hause gekommen ist, man kann sich nicht mehr an die Gespräche erinnern und weiß nicht mehr, wie man sich benommen hat. Es kommt zu einem Kontrollverlust, und der feste Vorsatz, nach vier Gläsern Schluß zu machen, wird jedesmal aufs neue hinfällig. Man merkt, daß man Sachen getan hat, für die man sich im nüchternen Zustand schämt; man hat einen Streit angefangen, hat voller Selbstmitleid weinend am Tresen gesessen oder ist mit jemandem ins Bett gegangen, den man sich bei klarem Kopf mit Sicherheit vom Leib gehalten hätte.

Für manche Frauen ist dies eine Phase, in der sie sich bewußtmachen, daß sie ein Alkoholproblem haben und darüber nachzudenken beginnen, wie sie, mit oder ohne fremde Hilfe, dagegen angehen können. Für andere wiederum sind die Scham und das Gefühl, versagt zu haben, der Grund für eine erneute Flucht in den Alkohol. Dann muß häufig erst ein Impuls oder Anlaß von außen kommen, der eine Frau dazu zwingt, etwas zu unternehmen: die Gefahr einer Trennung, das Risiko, die Kinder zu verlieren, oder massive körperliche kein Konsum

Kennenlernen

Gewohnheits-
trinken

Exzessives
Trinken

Kritische Phase

Chronische Phase
oder Sucht

Alkoholismus ist ein
verselbständigter Prozeß
geworden
verminderte Toleranz
Dauerschäden
Aufhören ohne medizinische
Hilfe ist schwierig

Kontrollverlust
Heimliches Trinken
Trinken wird rationalisiert
Beim Aufhören Entzugs-
erscheinungen, aber keine
bleibenden Schäden

Erhöhte Toleranz
Hastig trinken
Gedächtnisverlust,
Blackouts und andere
körperliche und psychische
Begleitsymptome
Reduzieren ohne Neben-
wirkungen ist möglich

Nur positive Effekte von
Alkohol
Die Dosis bleibt konstant

Experimentieren

Beschwerden wie eine kaputte Leber, die ein Weitertrinken lebensgefährlich macht. Ist es einmal so weit gekommen, ist es fast unmöglich, ohne professionelle Hilfe mit dem Trinken aufzuhören. Die Gefahr ist groß, daß eine völlige Abstinenz zur einzigen noch lebbaren Alternative wird, wobei gerade die Angst, niemals mehr auch nur einen einzigen Tropfen trinken zu dürfen, Frauen davon abhalten kann, sich helfen zu lassen. Es ist also immens wichtig, das eigene Trinkverhalten zu beobachten, bevor die kritische Phase erreicht ist.

2. Wann ist das Maß überschritten?

Viele Menschen, die sich hin und wieder Sorgen machen, ob sie selbst oder jemand aus ihrem näheren Bekanntenkreis nicht vielleicht zu viel trinkt, wären froh, wenn sie klare Richtlinien hätten, an denen sie sich orientieren könnten. Nach dem Motto: So viele Gläser sind noch erlaubt, so viele liegen über dem Limit. Wenn es nur um unsere Gesundheit geht, kann eine solche Faustregel durchaus aufgestellt werden, wenn jedoch nach dem Suchtrisiko gefragt wird, ist eine Indikation wesentlich schwieriger, dazu sind die individuellen Unterschiede einfach zu groß. Während die eine Frau meint, ihr Trinkverhalten verändern zu müssen, da sie das Gefühl hat, auf ihre vier Gläser am Tag nicht mehr verzichten zu können, hält die andere dies für einen durchaus mäßigen Konsum, der ihr keinerlei Suchtsymptome, Katergefühle oder andere Probleme beschert.

Problemtrinken oder Sucht kann unterschiedlich definiert werden. Chemisch gesehen sprechen wir von Sucht, wenn sich das Bedürfnis nach Alkohol verselbständigt hat, wenn der Körper unabhängig von der Stimmung oder jeweiligen Gelegenheit nach Alkohol verlangt und wenn ein Verzicht unangenehme Begleitsymptome, sprich Entzugserscheinungen, hervorruft, die allem Anschein nach nur mit Alkohol bekämpft werden können.

Es gibt jedoch auch eine Definition, die sich stärker an den psychischen Prozessen orientiert und die im übrigen auf fast alle Formen eines Zwangsverhaltens zutrifft, ob es nun um Alkohol, Drogen, Zigaretten oder Essen geht, um Sex, Arbeit oder Glücksspiel, um den Zwang, sich ständig neu einzukleiden oder permanent vor dem Computer zu sitzen. Van Bilsen nennt die Merkmale eines Suchtverhaltens:

1. Das Verhaltensrepertoire wird eingeschränkt.
   Der Konsum nimmt immer häufiger stereotype Formen an. Statt die Menge und Häufigkeit von der Stimmung, den äußeren Umständen und der Eigenverantwortlichkeit abhängig zu machen, entsteht eine Situation, in der jemand das Gefühl bekommt, daß sein Leben ohne die betreffende Droge fade und nicht mehr lebenswert ist.
2. Das Verhalten wird geplant.
   Alkoholabhängige wenden viel Zeit für die Planung ihres Suchtverhaltens auf. Sie sind immer darauf bedacht, genügend Alkohol in Reserve zu haben. Wenn sie irgendwo eingeladen sind, überlegen sie vorher, ob und wie sie sich dort etwas zu trinken beschaffen können.
3. Die Toleranz ist erhöht.
   Wir wissen, daß regelmäßiger Alkoholkonsum die Toleranz erhöht, aber auch bei anderen Formen der Sucht begegnet uns das Phänomen, daß immer größere Mengen nötig sind, um noch denselben Satisfaktionsgrad zu erreichen.
4. Es kommt zu manifesten Entzugserscheinungen.
   Ein plötzliches Absetzen der Droge wird eine Reihe von Symptomen hervorrufen. Dazu gehören eine innere Unruhe, Gereiztheit, Depressivität, das Gefühl der Langeweile etc. Es geht hier also nicht ausschließlich um ein körperliches Bedürfnis, sondern auch um das Gefühl, daß man ohne Alkohol mit seiner Zeit und mit sich selbst nichts anzufangen weiß.
5. Es entsteht das Bewußtsein, einem «Zwang» oder «dringenden» Bedürfnis ausgeliefert zu sein.

Ein wesentlicher Punkt der Suchtproblematik liegt darin, daß jemand Dinge tut, die er oder sie eigentlich nicht tun will. Man nimmt sich vor, an diesem Tag trocken zu bleiben, und genehmigt sich dann doch ein Gläschen – das ist nun aber wirklich das letzte, na gut, noch eins, aber dann ist wirklich Schluß. Die Kontrolle über das eigene Verhalten ist labil; zwischen der Erfahrung (ich will nicht) und dem Verhalten (es trotzdem zu tun) scheint eine Kluft zu bestehen.

6. Das fortgesetzte Suchtverhalten resultiert letztlich in einer Vermeidung der Entzugserscheinungen.

Suchtverhalten ist viel stärker darauf angelegt, zu vermeiden, daß es einem schlechter geht, als zu versuchen, sich besser zu fühlen. Man trinkt nicht, weil es einem schmeckt oder weil die Stimmung dazu animiert, sondern um die unangenehmen Effekte zu bekämpfen, die man befürchtet, wenn man nicht trinkt.

7. Nach einer Phase der Abstinenz kommt es zu einem Rückfall in eine erneute Abhängigkeit.

Suchtsymptome entstehen nach Jahren intensiven und häufigen Alkoholkonsums. Wer mit dem Trinken aufgehört hat, kann schon nach einem Glas in geselliger Runde in ein Verhaltensmuster zurückfallen, das sich im Laufe vieler Jahre herausgebildet und letztendlich zur Sucht geführt hat.

So gesehen kann jemand, der, objektiv betrachtet, vielleicht gar nicht einmal extrem viel trinkt, durchaus ein Alkoholproblem haben, während ein anderer, der gelegentlich erhebliche Mengen in sich hineinschüttet, eigentlich nur damit konfrontiert ist, daß er allmählich einen Bierbauch bekommt, nicht mehr fahrtüchtig ist, unter einem Kater leidet und sich insgesamt ein bißchen schlaff fühlt.

Es sind einige Tests in Umlauf, die uns die Möglichkeit geben, selbst zu überprüfen, ob unser Alkoholkonsum im Rahmen des Akzeptablen liegt, ob wir wirklich aufpassen müssen bzw. ob es höchste Zeit ist, das Trinkverhalten zu verändern. Die einfachsten, die CAGE- und die MALT-Tests, werden von Therapeuten auch dazu benutzt, um einem eventuellen Alkoholproblem schneller auf die Spur zu kommen. Da viele Leute ihren Alkoholkonsum unterschätzen oder unter Umständen auch nicht motiviert sind, ihre Karten offen auf den Tisch zu legen, sich schämen und Angst vor einer Ablehnung haben, sind solche Tests mit Sicherheit effektiver als die direkte Frage: «Wieviel trinken Sie?», bzw.: «Trinken Sie hin und wieder zuviel?»

Test 1

Die CAGE-Fragenliste
— Haben Sie das Gefühl, daß Sie eigentlich weniger trinken sollten?
— Haben Sie sich jemals über einen Kommentar zu Ihrem Trinken geärgert?
— Haben Sie sich jemals für Probleme schuldig gefühlt, die durch Alkohol verursacht wurden?
— Haben Sie hin und wieder Alkohol als «Muntermacher» morgens nach dem Aufstehen nötig?

Wenn Sie alle vier Fragen mit Nein beantworten, haben Sie aller Wahrscheinlichkeit nach kein Alkoholproblem. Bei einem Ja empfiehlt es sich, das Trinkverhalten kritisch unter die Lupe zu nehmen. Haben Sie mehr als zweimal mit Ja geantwortet, können Sie davon ausgehen, daß etwas nicht in Ordnung ist.

Der verkürzte MALT-Test

1. Trinken Sie sehr oft schon vor dem Mittagessen Alkohol?
2. Hätten Sie ohne Alkohol weniger Probleme?
3. Wollen Sie mal mit dem Trinken aufhören und mal nicht?

Eine positive Antwort auf eine dieser Fragen deutet auf ein Alkoholproblem hin.

Die meisten Leute, die sich über ihr Trinkverhalten Gedanken machen oder erfahren wollen, ob sie noch auf dem richtigen Weg sind, möchten ganz konkret wissen, wie viele Gläser «zuviel» sind. Auf die Gesundheit bezogen, gilt die Faustregel, daß mehr als zehn Gläser pro Woche ungesund sind – wobei dies allerdings nur einer von vielen Faktoren im Rahmen unserer ungesunden Lebensweise ist. Wenn es um den Grad einer tatsächlichen oder drohenden Abhängigkeit geht, ist nicht die Anzahl der Gläser ausschlaggebend; der eine verträgt mehr als der andere (obwohl die Behauptung: «Ich vertrage eine ganze Menge» gerade typisch für den Selbstbetrug des geübten Trinkers sein kann). Der folgende Test soll in erster Linie einen besseren Einblick in die Funktion und Rolle vermitteln, die Alkohol im eigenen bzw. im Leben eines oder einer anderen spielt. Es ist eine überarbeitete Version der Fragenliste des *London Council on Alcoholism*, der in Brigid McConvilles Buch *Women under the Influence* erschien.

Test 2

Eine Selbstuntersuchung zum Alkoholkonsum

1. Wenn mir empfohlen würde, aus gesundheitlichen Gründen mit dem Trinken aufzuhören –

a) fiele mir das leicht
b) könnte ich zwar aufhören, aber ich würde den Alkohol
   vermissen
c) könnte ich aufhören, aber es fiele mir schwer
d) würde mir das ohne Unterstützung nicht gelingen
e) glaube ich nicht, daß ich das schaffen würde

2. Im letzten Jahr um diese Zeit war mein Lieblingsgetränk –
   a) stärker als das, was ich jetzt trinke
   b) weniger stark als das, was ich jetzt trinke
   c) dasselbe wie das, was ich jetzt trinke

3. Wenn ich in Gesellschaft trinke, merke ich, daß –
   a) die anderen ungefähr genauso schnell trinken wie ich
   b) schneller trinken als ich
   c) manche langsamer trinken als ich
   d) die meisten langsamer trinken als ich

Wenn Sie bei a oder b ja gesagt haben, dann beantworten Sie
bitte auch die folgende Frage:

Meine neuen Freunde und Bekannten neigen dazu –
e) schneller zu trinken als meine alten Freunde
f) langsamer zu trinken als meine alten Freunde

4. Der erste Moment, in dem ich an Alkohol denke, ist
   normalerweise –
   a) morgens nach dem Aufwachen
   b) um die Mittagszeit
   c) am späten Nachmittag
   d) abends

Wenn Sie bei a, b oder c ja gesagt haben, dann beantworten Sie bitte auch die folgende Frage:

Wenn ich Pläne für den Rest des Tages mache –
f) steht Trinken auf meiner Prioritätenliste ganz oben
g) ist Trinken nicht besonders wichtig für mich

5. Bevor ich irgendwo hingehe, wo ich andere Leute treffe –
   a) trinke ich nie
   b) trinke ich selten
   c) nehme ich meistens einen kleinen Drink

6. Wenn ich beschließe, irgendwo hinzugehen –
   a) ist es mir egal, ob es dort etwas zu trinken gibt
   b) ist es mir lieber, wenn es dort etwas zu trinken gibt
   c) habe ich wenig Lust, wenn es dort nichts zu trinken gibt
   d) gehe ich nur hin, wenn es dort etwas zu trinken gibt

7. Wenn ich ein paar Gläser getrunken habe –
   a) tue ich nie so, als hätte ich weniger getrunken, als dies tatsächlich der Fall ist
   b) tue ich hin und wieder so, als wären es weniger gewesen
   c) tue ich oft so, als wären es weniger gewesen
   d) erzähle ich manchmal, daß ich ein Glas mehr getrunken habe, als dies tatsächlich der Fall war

8. Wenn die Kneipe bald schließt –
   a) finde ich, daß ich genug gehabt habe
   b) neige ich dazu, schnell noch etwas zu bestellen oder etwas mit nach Hause zu nehmen

9. In ihren Alltagsgesprächen reden meine Freunde und
   Bekannten –
   a) selten über Alkohol
   b) oft über Alkohol

Wenn Sie bei b ja gesagt haben, dann beantworten Sie bitte
auch noch die folgende Frage:

   Es fällt mir auf, daß meine Freunde meistens –
   c) Witze über das Trinken machen
   d) mir diesen oder jenen Rat geben
   e) viel häufiger über Alkohol reden als ich

Die Berechnung der Punktzahl
1. a = 1, b = 1, c = 2, d = 3, e = 4
2. a = 1, b = 3, c = 2
3. a = 1, b = 1, c = 2, d = 3, e = 4, f = 2
4. a = 4, b = 3, c = 2, d = 1, e = 1, f = 3, g = 1
5. a = 1, b = 2, c = 3
6. a = 1, b = 2, c = 3, d = 4
7. a = 1, b = 3, c = 4, d = 2
8. a = 1, b = 3
9. a = 1, b = 2, c = 3, d = 4, e = 1

Sie haben kein Problem: Wenn Ihr Ergebnis bei 16 Punkten
oder darunter liegt, sind Sie nicht alkoholabhängig und müssen sich keine Gedanken über Ihre Trinkgewohnheiten machen. Vergessen Sie jedoch nicht, daß diese Gewohnheiten
sich verändern können, vor allem in Zeiten von Anspannung
und Streß, und daß Sie die Sache eventuell nicht immer so
gut im Griff haben werden.
   Achtung: Wenn Ihr Ergebnis zwischen 17 und 23 Punkten
liegt, sind Sie wahrscheinlich ein mäßiger, aber regelmäßiger

Trinker. Vielleicht überkommt Sie ab und zu das starke Bedürfnis, etwas zu trinken, und vielleicht tun Sie sich und anderen damit nicht unbedingt einen Gefallen. Sie befinden sich in der Phase, wo es ratsam ist, das Verhaltensmuster kritisch zu verfolgen und zu beobachten, ob Sie mehr oder häufiger trinken. Wenn sie von Freunden und Bekannten zu hören bekommen, daß Ihr Alkoholkonsum zugenommen hat, ist es an der Zeit aufzupassen: In dieser Phase ist es noch relativ einfach, nicht in ein echtes Problemtrinken abzurutschen.

Höchste Zeit, den Alkoholkonsum zu reduzieren: Wenn Sie auf 24 bis 30 Punkte gekommen sind, trinken Sie wahrscheinlich regelmäßig mehr, als es Ihrer Gesundheit und Ihren sozialen Kontakten guttut. Es könnte Ihnen auffallen, daß Ihr Bedürfnis nach Alkohol sehr ausgeprägt ist und daß Sie selten ohne Alkohol auskommen können. Sie sind konkret gefährdet, ein ernsthaftes Alkoholproblem zu entwickeln, also versuchen Sie, die Menge zu reduzieren und weniger oft zu trinken.

Lassen Sie sich helfen: Wenn Sie mehr als 30 Punkte erreicht haben, haben Sie wahrscheinlich ein Alkoholproblem und sind sowohl psychisch wie körperlich alkoholabhängig. Sie schaden sich selbst und vermutlich auch anderen. Wenn Sie mit dem Trinken aufhören oder versuchen, Ihren Konsum zu reduzieren, werden Sie wahrscheinlich unangenehme Entzugserscheinungen zu spüren bekommen (Zittern, Schweißausbrüche, Panikattacken). Möglicherweise fühlen Sie sich verwirrt, gereizt und deprimiert. Je länger Sie jetzt noch weiter trinken, desto größere Mengen werden Sie brauchen, um dieselbe Wirkung zu erzielen. Am besten wenden Sie sich an eine entsprechende Beratungsstelle oder an einen erfahrenen Arzt oder Therapeuten.

3. Die Wirkungsweise von Alkohol

Jeder, der hin und wieder ein paar Gläser trinkt, weiß um den angenehmen Effekt von Alkohol: ein leichter Schwips, eine gehobene Stimmung, eine angenehme Gleichgültigkeit – das Leben hat für kurze Zeit seine scharfen Ecken und Kanten verloren. In vielen Kulturen wird Alkohol aus gutem Grund zu festlichen Anlässen ausgeschenkt. Die Stimmung steigt, wenn die Feiernden lockerer werden – nicht von ungefähr sagt man, daß Alkohol die Zunge löst. Menschen werden kontaktfreudiger und finden sich und andere netter. Aber jeder, der den Bogen überspannt hat, kennt die Strafe, die auf dem Fuß folgt: den Kater. Kopfschmerzen, Übelkeit, Nachdurst, allgemeine Schlaffheit und ein taubes Gefühl auf der Zunge. Und selbstverständlich ist den meisten von uns bewußt, daß übermäßiger Alkoholgenuß auf die Dauer gesundheitsschädlich ist und im Extremfall zu Alkoholismus und Sucht führen kann.

Da Alkohol in unserer Gesellschaft ganz selbstverständlich konsumiert wird, legal und frei verkäuflich ist, zählt man ihn selten zu den «Drogen», obwohl er ebenso wie die rezeptpflichtigen Beruhigungs- und Schlafmittel und alle illegalen Drogen wie Marihuana, Heroin, Kokain oder XTC ein psychotroper Stoff ist – das heißt, ein Stoff, der die biochemischen Prozesse im Gehirn beeinflußt und somit die psychischen Funktionen oberflächlich bis tiefgreifend verändern kann. Oder, um es noch anders auszudrücken: Alkohol bewirkt, daß jemand sich selbst und seine Umgebung anders erfährt und sich anders verhält als normalerweise (Schippers, 1981). Daß Alkohol die Stimmung und das Verhalten verändern kann, ist allgemein bekannt. Dennoch haben nicht wenige Menschen eine deutlich falsche Vorstellung von der im Grunde sehr komplizierten Wirkungsweise von Alkohol. So wissen beispielsweise erstaunlich viele Leute nicht, daß die Wirkung von Alkohol bei niedriger Dosierung ganz anders ist als bei hohen Dosen. Man spricht in diesem Zusammenhang von einem biphasischen Effekt. Außerdem wirkt Alkohol bei einem gelegentlichen Konsumenten anders als bei einem regelmäßigen Trinker. Hinzu kommen große individuelle Unterschiede bei der Reaktion auf Alkohol, und auch das Umfeld und kulturell bedingte Unterschiede spielen eine Rolle.

Der biphasische Effekt

Zunächst etwas zu den unterschiedlichen Wirkungsweisen von Alkohol. Geringe Dosen wirken meist stimulierend und enthemmend. Durch eine Betäubung der höheren Funktionen wird das Gehirn sozusagen teilweise von seiner Kontrollfunktion befreit. McConville sagt, daß Alkohol auf «den Sitz des Superegos» einwirkt (1991) und die innere Zensur für eine Weile außer Kraft setzt. Wer sich normalerweise des öfteren die bange Frage stellt: «Was mögen die anderen wohl von mir denken?», wird sich in alkoholisiertem Zustand darüber keine Gedanken machen. Wer normalerweise aus Angst vor Ablehnung verlegen und schüchtern auftritt, wird, wenn er sich im wahrsten Sinne des Wortes Mut angetrunken hat, auf andere zugehen und sich in ein Gespräch einmischen. Während Alkohol in niedriger Dosierung stimulierend wirkt, löst eine hohe Dosierung die entgegengesetzten Reaktionen aus. Auf den Höhenflug des Rausches folgt der unvermeidliche Absturz. In der Praxis läuft das darauf hinaus, daß gerade die deprimierte oder angespannte Stimmung, die man mit Alkohol zu bekämpfen versucht, bei höheren Dosen in potenzierter Form zurückkommt. Während geringe Dosen Angstgefühle vertreiben, können stärkere Konzentrationen einen erhöhten Adrenalinspiegel verursachen, der ein typisches Merkmal für Streßreaktionen ist. Der kritische Punkt liegt bei geübten Trinkern zwischen fünf bis acht Gläsern, bei ungeübten setzt der Umschlag wesentlich früher ein, wobei die individuellen Unterschiede groß sind.

Wie es die beneidenswerten Menschen gibt, die keine Gewichtsprobleme kennen, weil sie die Gabel aus der Hand legen, wenn sie meinen, genug zu haben, so gibt es auch Leute, die zu gegebener Zeit eine oder mehrere Runden pausieren oder spontan aufhören zu trinken, wenn sie die optimale Wirkung erreicht haben. Für viele ist es jedoch ein Problem, diesen kritischen Punkt zu erkennen. Durch den Alkohol enthemmt, machen sie weiter, um das als angenehm erfahrene Anfangsgefühl noch einmal zu erleben, auch wenn das offensichtlich nicht funktioniert. In einer solchen Phase kann es zu unkontrollierbaren Stimmungsschwankungen kommen – die Gemütspalette reicht von himmelhoch jauchzend bis zu Tode betrübt, das Verhalten schwankt zwischen umgänglich bis aggressiv.

Die Wirkungsweisen von Alkohol im Überblick

Alkohol in niedrigen Dosen beschleunigt den Herzschlag und die Atmung. Das Wärmegefühl kann durch die Gefäßerweiterung zunehmen, sichtbar wird dies durch eine zunehmende Rötung des Gesichts. Diese Wirkung erklärt auch die Gewohnheit, bei Kälte einen Cognac zu trinken – eine Lösung, die keine ist, denn das subjektive Wärmegefühl nimmt zwar zu, aber gleichzeitig sinkt der Widerstand gegen die Kälte. Alkohol macht die Bewegungen unsicherer, das Sehvermögen schlechter, die Artikulation undeutlicher; das Beurteilungs- und Kombinationsvermögen läßt zunehmend nach, und die Reaktionszeiten verlangsamen sich. Hingegen nehmen die Impulsivität plus Neigung zur Selbstüberschätzung zu. Vor allem diese letzte Kombination macht Alkohol im Straßenverkehr zu einer riskanten Sache. Bei einem bis zwei Gläsern ist das Unfallrisiko noch nicht höher als bei Nüchternheit – manche Untersuchungen scheinen sogar darauf hinzuweisen, daß das Reaktionsvermögen dann eher besser als schlechter wird –, aber ab dem dritten Glas nimmt die Reaktionsgeschwindigkeit rapide ab, und das Unfallrisiko schnellt sprunghaft in die Höhe. So liegt es nach einem Alkoholkonsum von etwa sieben Gläsern siebenmal höher als im nüchternen Zustand.

Viele Untersuchungen lassen erkennen, daß die meisten Menschen, die Alkohol im Blut haben, dazu neigen, das eigene Leistungsvermögen zu überschätzen, wobei sie die möglichen Gefahren und Risiken gleichzeitig unterschätzen. Auch Testpersonen, die nicht wußten, daß ihnen bei einer Probemessung Alkohol verabreicht worden war, ließen bei einem Fahrtest stark verminderte Leistungen erkennen, auch wenn sie sich weigerten, dies zuzugeben (Schippers, 1981).

Alkohol in einer niedrigen Dosierung stimuliert die Eßlust – von daher der Aperitif vor dem Essen. Hohe Dosen wirken hingegen wie Appetitzügler. Ein zusätzliches Risiko für schwere Trinker ist eine Form der Unterernährung, die, nur auf das Körpergewicht bezogen, nicht unbedingt sichtbar werden muß, denn kalorienarm ist Alkohol nicht. Es sind jedoch «leere» Kalorien, die keinen Nährwert haben, und so leiden Menschen, die viel trinken und sich ansonsten schlecht ernähren, auch unter Vitaminmangel. Selbst nach geringen Mengen Alkohol läßt sich bei Intelligenztests ein Abfall des Leistungsvermögens erkennen. Zwar kann die Phantasie durch den Enthemmungseffekt beflügelt werden, aber nach mehr als einem Bier kann man das logische Denken abschreiben, wobei der Trinkende dies in seiner Selbstüberschätzung nicht unbedingt merken muß. Bei hohen Dosen beginnt auch das Kurzzeitgedächtnis zu streiken. Es kommt zu Blackouts, wir wissen nicht mehr, wie wir nach Hause fanden, und meinen uns vage zu erinnern, einen Streit vom Zaun gebrochen zu haben, ohne sagen zu können, warum und weshalb. Es kann durchaus praktisch sein, wenn man sich nicht mehr vor Augen halten muß, wie sehr man sich daneben benommen hat, aber andererseits sind diese «Filmrisse» auch ein Motiv, sich beim nächstenmal vor allem an den angenehmen Effekt zu erinnern und die wesentlich unangenehmere spätere Phase auszublenden.

Hinzu kommt, daß Alkohol in hoher Dosierung den gesunden Schlaf beeinträchtigt. Vor allem die REM-Phasen werden kürzer. Viele Leute genehmigen sich ein alkoholisches Betthupferl. Bleibt es dabei, kann die entspannende Wirkung das Einschlafen erleichtern. Bei einer hohen Dosis fällt man zwar oft fast bewußtlos in Schlaf, aber man schläft unruhig, wacht früh auf und fühlt sich im allgemeinen am nächsten Morgen wie zerschlagen.

Wer einmal des Guten zuviel getan hat, bekommt einmalige Entzugserscheinungen, den sogenannten Kater, zu spüren. Das zentrale Nervensystem und der Wasserhaushalt des Körpers sind in Unordnung geraten, die Folgen sind Übelkeit, Müdigkeit, ein allgemeines Unwohlsein, Kopfschmerzen und Nachdurst. Die Kopfschmerzen werden im übrigen durch die im Alkohol enthaltenen Sulfide oder durch geringe Konzentrationen anderer Alkohole als Äthanol verursacht.

Die Müdigkeit ist eine Folge des fehlenden REM-Schlafs, und überhaupt ist der Körper sehr dadurch beansprucht, das Gift abzubauen. Obwohl viele Leute auf bestimmte Wunderwaffen gegen den Kater schwören, von kalten Duschen über schwarzen Kaffee bis hin zu rohen Eiern, ist das Ganze eine Frage des Auskurierens. Nur wenn man kurz vor dem Schlafengehen viel Flüssigkeit zu sich nimmt, läßt sich der Kater durch den Verdünnungseffekt ein wenig lindern. Die Entzugserscheinungen verschwinden nach einer gewissen Zeit von selbst – wenn es bei dem einen Mal bleibt. Die bekannte «Pilskur» am Morgen danach hilft zwar, die Entzugserscheinungen vorübergehend abzuschwächen, aber selbstverständlich wird die Alkoholmenge, die der Körper abzubauen hat, dadurch nicht geringer, und die Rückkehr zum Normalzustand wird nur noch weiter hinausgezögert. Und für regelmäßige Trinker ist das Bedürfnis nach einem kleinen Muntermacher am Morgen, die Neigung, die Folgen des Trinkens mit noch mehr Alkohol zu bekämpfen, ein deutliches Signal, daß sie schon ziemlich weit in die Gefahrenzone der echten Sucht geraten sind. Die Intensität des Katers hängt im übrigen nicht nur von der Menge des konsumierten Alkohols ab. Die individuellen Unterschiede sind groß und unter anderem von der jeweiligen mentalen Verfassung des einzelnen abhängig. Es gibt schwere Trinker, die sich am nächsten Morgen relativ fit fühlen, während sich andere nach demselben Quantum nicht in der Lage sehen, zur Arbeit zu gehen. Wer nur zu seinem Vergnügen trinkt, wird vielleicht nur geringe Nachwirkungen wie einen leichten Nachdurst spüren, während jemand, der seine Probleme hinunterspülen will und den Kater im Grunde als die gerechte Strafe für seinen Sündenfall betrachtet, erheblich größere Probleme hat. Man könnte sagen, daß der übliche Seufzer: «Ich habe gestern zuviel getrunken», eher lauten müßte: «Ich habe gestern mehr getrunken, als ich eigentlich wollte» (Schippers, 1981).

Die Auswirkungen langfristigen Alkoholkonsums

In den vorangegangenen Abschnitten kamen die Kurzzeiteffekte von Alkohol zur Sprache, wie sie nach einem, sagen wir einmaligen, heftigen Besäufnis auftreten. Bei einem regelmäßigen Konsum werden jedoch noch andere Mechanismen wirksam. Einem regelmäßigen Trinker wird nicht verborgen bleiben, daß er immer größere Mengen trinken muß, um den erwünschten und wohlbekannten Effekt zu erzielen. Ein geübter Trinker baut eine bestimmte Toleranz gegenüber dem Stoff auf. Mit anderen Worten: Dieselbe Menge Alkohol bereitet ihm zwar zunehmend weniger Probleme, aber auch immer weniger Vergnügen. Es gibt erfahrene Trinker, die kein Katergefühl mehr kennen und damit die Illusion nähren können, daß sie in der Lage sind, besser mit mehr Alkohol umzugehen als andere. Alkohol führt in erster Linie zu einer verringerten Gehirntätigkeit – ein Effekt, der, wie schon gesagt, von den meisten als angenehm empfunden wird. Um das verlorengegangene Gleichgewicht wiederherzustellen, entwickelt der Körper jedoch auch eine Gegenreaktion in Form einer erhöhten Gehirnaktivität, die länger anhält als der eigentliche Rausch. Wer über längere Zeit viel trinkt, löst immer häufiger diese Gegenreaktion aus, die ab einem bestimmten Zeitpunkt fast permanent aktiviert sein kann. Der Körper beginnt den zukünftigen Alkoholkonsum zu antizipieren. Wir erfahren dies als ausgeprägte Lust, etwas zu trinken, oder in schwereren Fällen als «craving», als ein unwiderstehliches Bedürfnis nach Alkohol. Es ist nicht mehr die Gelegenheit, die zum Trinken animiert, sondern der Körper diktiert das Bedürfnis. Der lästige Nebeneffekt einer erhöhten Toleranz gegenüber Alkohol liegt nicht nur in einer zunehmend höheren Dosierung, sondern auch in der Erfahrung, daß der positive Anfangseffekt nicht mehr reaktivierbar ist. Wer über Jahre regelmäßig trinkt, löst so viele körperliche Gegenreaktionen aus, daß der Alkohol auf Dauer als eine Notwendigkeit erscheint. Er hat nicht mehr die Funktion, eine fröhliche Stimmung zu erzeugen, sondern soll Depressivität, Niedergeschlagenheit und Spannungen vertreiben. Im Laufe dieses Prozesses braucht man die Biere und Weine immer dringender, damit das Stimmungsbarometer nicht ganz in den Keller sackt. Und obwohl die Zahl derer nicht gering ist, die sich in dieser Phase selbst belügen, indem sie ganz fest daran glauben, daß sie jederzeit aufhören könnten (aber lieber morgen als heute, das ist klar), wird es für sie immer schwieriger zu entscheiden, ob sie trinken, um aus einem Stimmungstief herauszukommen, oder ob ihre schlechte psychische Verfassung nicht vielleicht durch zuviel Alkohol verursacht wurde. Sie sind in einen Teufelskreis geraten, in dem sich ihre Abhängigkeit vom Alkohol verselbständigt hat. Wer einmal das Stadium einer echten Sucht erreicht hat, wird es nicht leicht haben, zu einem gelegentlichen geselligen Trinken zurückzufinden. In der ersten Phase der Abstinenz treten Entzugserscheinungen auf, die mit einem normalen Kater nicht mehr zu vergleichen sind. Zittern, Schweißausbrüche, Nervosität, Reizbarkeit, Niedergeschlagenheit, Unruhe und Schlafstörungen können die Folge sein, und der Körper fleht darum, sich von all diesen Symptomen mit dem nächsten Glas befreien zu dürfen. Aber auch wenn diese Entzugserscheinungen abgeklungen sind, wirkt die «Gier» nach Alkohol noch lange Zeit nach. Psychisch gesehen bedarf es nur eines relativ schwachen Reizes, um dieses Bedürfnis wieder auszulösen, der Geschmack eines alkoholfreien Bieres, eine Situation oder Atmosphäre, die in der Vergangenheit mit viel Alkohol verbunden war, kann schon genügen, um einen Rückfall einzuleiten. Ehemaligen Rauchern wird dies durchaus bekannt in den Ohren klingen. Lange nachdem das virulente Bedürfnis nach Nikotin verschwunden ist, kann der Duft einer Tasse Kaffee, zu der man sich früher ganz selbstverständlich eine Zigarette anzündete, die Versuchung groß werden lassen. Solange die Abhängigkeit von Alkohol noch nicht zu einem verselbständigten Prozeß geworden ist, fällt der Entschluß, weniger oder nur noch zu bestimmten Anlässen zu trinken, wesentlich leichter. Für diejenigen, die tatsächlich einmal die Zone der Sucht betreten hatten, ist dieser Schritt bedeutend schwerer; biochemisch ist es fast unvermeidlich, daß ein einziges Glas einen erneuten Kontrollverlust auslöst und den alten Teufelskreis reaktiviert.

Es mag wie ein Widerspruch klingen, aber wer gerne trinkt, hat einen guten Grund, Maß zu halten und die Kontrolle nicht aus der Hand zu geben. So sagt eine Frau, die selbst in der Suchthilfe arbeitet und sieht, wie viele es nur noch dadurch schaffen, daß sie keinen einzigen Tropfen mehr trinken: «Wenn ich auch noch mit achtzig mein Schnäpschen trinken will, wenn ich auf mein Glas Wein zum Essen nicht verzichten will und wenn ich es mir hin und wieder leisten will, richtig zu versumpfen – dann muß ich jetzt darauf achten, daß die Sache nicht aus dem Ruder läuft.»

Kurz gesagt: Wer zuviel trinkt oder alkoholsüchtig ist, bewegt sich in einem Teufelskreis. Die körperliche Komponente: Nach einer gewissen Gewöhnung an Alkohol treten bei einem Entzug sehr unangenehme Symptome auf, die ein erneutes Bedürfnis nach Alkohol auslösen. Neben der körperlichen Wirkung spielen auch emotionale und psychische Faktoren eine Rolle. Jemand trinkt, um eine latente Depression niederzuhalten, zuviel Alkohol bewirkt jedoch genau

159

das Gegenteil und führt unweigerlich in ein Stimmungstief. Und da Alkohol irgendwann einmal ein Mittel war, um die düstere Stimmung zu vertreiben, ist die Versuchung groß, erneut zur Flasche zu greifen. Wer regelmäßig zuviel trinkt und die Welt oft nur in einem Trancezustand wahrnimmt, verringert seine Fähigkeit, Frustrationen hinzunehmen. Im nüchternen Zustand kann ihn das Leben plötzlich wieder in die Mangel nehmen, ein Gefühl, das sich oft dadurch zusätzlich verstärkt, daß sich eine objektiv schwierige Situation durch die Flucht in den Alkohol in der Zwischenzeit nicht gerade zum Besseren gewendet hat. Da die Betroffenen durch das Gefühl, nichts wert zu sein und nichts ausrichten zu können, nur noch deprimierter werden, kann der Wunsch, sich in einen Rausch zu flüchten, immer stärker werden. Bei allen individuellen Unterschieden – wie wir bereits sagten, gibt es zahlreiche Motive, Alkohol als eine Art der Selbstmedikation zu benutzen – geht es bei jedem, der mit einem wirklichen Alkoholproblem konfrontiert ist, fast immer um ein sehr kompliziertes Zusammenspiel körperlicher, psychischer, emotionaler und situationsbedingter Faktoren.

Individuelle Unterschiede

Es ist eine bedauerliche Tatsache, an der keine Aktionsgruppe jemals etwas ändern wird: Frauen reagieren nun einmal im allgemeinen empfindlicher auf Alkohol als Männer (die Gründe werden im nächsten Abschnitt genannt). Aber diese Feststellung ist recht global, denn die individuellen Unterschiede sind erheblich. Neben unterschiedlichen biochemischen Reaktionen, die vielleicht zum Teil auf Erbfaktoren beruhen, gibt es emotionale und kulturell bedingte Unterschiede. So ist es zum Beispiel auffallend, wie unterschiedlich die Wirkungsweisen von Alkohol in den einzelnen Kulturen gesehen werden und konkret in der entsprechenden Form zum Ausdruck kommen (McDonald, 1994; Gefou-Madianou, 1992). So kann Alkohol in der einen Kultur den Zweck erfüllen, die Menschen in religiöse Ekstase zu versetzen, während er sie in einem anderen Kulturkreis, der allgemeinen Erwartungshaltung entsprechend, vor allem albern und kindisch werden läßt. Im Westen gehen wir davon aus, daß Alkohol, vor allem bei Männern, Aggressionen freisetzt – eine Annahme, die sich oft nur allzu konkret bestätigt. Die Erwartungshaltung scheint also keine geringe Rolle zu spielen.

Auch Gewohnheiten und äußere Umstände können in bemerkenswerter Weise eine Rolle spielen. Wer zu festen Zeiten und in vertrauter Umgebung trinkt – immer dasselbe Lokal, keine Mahlzeit ohne Wein – verträgt auch in einer ungewohnten Situation mehr. Zwei Gläser Champagner als Überraschung bei einem festlichen Frühstück können einen Rausch erzeugen, wie er sich normalerweise erst nach fünf Bieren in der Kneipe einstellt. Es hat den Anschein, als würde sich der Körper auf wohlbekannte Bedingungen entsprechend einstellen, während er in anderen Zusammenhängen quasi unvorbereitet attackiert wird. Der Alkoholgehalt im Blut sagt also etwas, aber bei weitem nicht alles, über den Grad der Intoxikation aus. So fühlt man sich mit einem bestimmten Alkoholspiegel im Blut im Verlauf eines feuchtfröhlichen Abends subjektiv «betrunkener» als auf dem anschließenden Heimweg, auch wenn der Spiegel exakt den gleichen Wert aufweist. Und es gibt auch das Phänomen, daß man sich plötzlich, durch ein schockartiges Ereignis, von einer Sekunde auf die andere wieder stocknüchtern fühlt.

Darüber hinaus kann dieselbe Menge situationsbedingt unterschiedliche Stimmungen auslösen. Das eine Mal wird man entspannt, fröhlich und ausgelassen, das andere Mal kann man in ein abgrundtiefes Loch fallen und sich von Gott und der Welt verlassen fühlen.

Alkohol kann auch in den verschiedenen Lebensphasen eines Menschen seine Funktion verändern. Auch dies spricht dafür, daß wir uns nicht nur um die Quantität Gedanken machen sollten, sondern auch und vor allem versuchen müssen, den Motiven auf die Spur zu kommen.

«Ich glaube eigentlich nicht, daß ich in letzter Zeit wesentlich mehr trinke als früher, obwohl ich damals die Gläser nicht so genau gezählt habe. Aber als ich nach meiner Scheidung wirklich gezwungen war, mich allein durchzuboxen, fiel mir auf, daß ich häufiger das Gefühl hatte, einen Schluck trinken zu müssen. Ich ertappte mich dabei, wie ich mich darauf freute, mir nach der Arbeit ein Glas Wein einschenken zu dürfen, ich fing an, diesen Augenblick regelrecht herbeizusehnen. Dieses Gefühl hatte ich früher nie. Ich war zwar nie eine Abstinenzlerin, aber der Gedanke, den Tag ohne Alkohol nicht zu überstehen, der ist neu.»

Körperliche Folgen des Trinkens

Wenn wir uns nur auf den gesundheitlichen Aspekt beziehen, sind mehr als zehn Gläser pro Woche schon schädlich. Die Art des Getränks spielt dabei keine Rolle. In den Standardgläsern der Gastronomie ist in einem Bier, in einem Sherry, in Wein oder Schnaps gleich viel reiner Alkohol enthalten. Auch die tagtägliche Ration Alkohol ist gesundheitsschädlich, die Leber braucht alkoholfreie Tage, um sich regenerieren zu können. Eine Faustregel lautet: Mindestens drei alkoholfreie Tage in der Woche einzulegen, nicht mehr als drei Gläser pro Tag und nicht mehr als zehn pro Woche zu trinken. Wer diese Normen regelmäßig überschreitet, muß unbedingt auf eine andere Weise etwas für seine Gesundheit tun. Wer sich nicht ausreichend oder schlecht ernährt, riskiert in Kombination mit einem zu hohen Alkoholkonsum einen Vitaminmangel. Wer während einer strengen Diät nicht auf den Alkohol verzichtet, mutet seinem Körper mehr zu, als dieser leisten kann.

Es ist ärgerlich, aber leider nicht zu ändern: Im allgemeinen können Frauen von ihrer körperlichen Konstitution her Alkohol schlechter verarbeiten als Männer. Wir reden hier vom rein physischen Aspekt. Auch eine Frau kann durch einen regelmäßigen Konsum eine gehörige Toleranz aufbauen, so daß sie nach einigen Gläsern augenscheinlich nicht anders reagiert als ihre männlichen Kumpane. Nicht die Alkoholmenge an sich ist entscheidend für den Effekt, sondern die Blutalkoholkonzentration (BAK). Dieser Prozentsatz hängt mit dem Körpergewicht zusammen, und Männer bringen nun einmal in der Regel einige Kilos mehr auf die Waage als Frauen. Zudem besteht der weibliche Körper im Durchschnitt zu 50 Prozent aus Fettgewebe, Männer kommen hier im allgemeinen auf 40 Prozent. Dieses Fettgewebe ist weniger gut durchblutet als das andere Gewebe, das höhere Anteile an Wasser besitzt. Somit wird dieselbe Menge Alkohol im Körper eines Mannes stärker verdünnt – was sich in einer geringeren BAK niederschlägt. Hinzu kommt, daß Alkohol in einem männlichen Körper schneller abgebaut wird, hier setzt dieser Prozeß bereits durch bestimmte Enzyme im Magen ein, die bei Frauen erst im Darmtrakt aktiv werden. Gegenwärtig gibt es zahlreiche Situationen, in denen Männer und Frauen sozusagen synchron trinken. In einem Restaurant werden die Gläser zur gleichen Zeit vollgeschenkt, in einem Lokal werden Runden bestellt. Frauen haben also mehr zu verkraften. Wer so schnell wie möglich auf einen Rausch zusteuern möchte, profitiert von diesen Gegebenheiten; angenehm benebelt zu werden kommt eine Frau, in barer Münze ausgedrückt, billiger zu stehen, aber ihr Körper zahlt einen hohen Preis.

Alkohol beeinflußt nicht nur unsere Stimmungen, er wirkt auch auf unterschiedliche Organe unseres Körpers. An erster Stelle steht dabei die Leber, die den Alkohol abbaut. Ein regelmäßiger hoher Alkoholkonsum führt dazu, daß die Leber die Anzahl der Enzyme erhöht, die sie für diesen Abbauprozeß benötigt. Auf Dauer entwickeln sich daraus eine vergrößerte Leber und eine Anhäufung von Fett: es kommt zur Herausbildung der sogenannten Fettleber. Dies allein führt noch nicht zwangsläufig zu spürbaren Symptomen, und die Verfettung bildet sich allmählich wieder zurück, wenn man das Trinken reduziert oder ganz einstellt. Die Leber kann sich jedoch auch entzünden, und wenn jemand dann trotzdem weitertrinkt, kann dies zu einer dauerhaften Schädigung führen. Zerstörtes Organgewebe regeneriert sich nicht mehr. Es kommt zu einer Narbenbildung – und das bedeutet den Anfang einer Leberzirrhose. Damit verbunden ist eine sinkende Toleranz gegenüber Alkohol, die im Stadium der vergrößerten Leber zunächst zugenommen hatte. Eine Leberzirrhose entsteht also nicht von einem Tag auf den anderen; es ist eine schwere und höchst gefährliche Erkrankung, deren Entwicklung bei Frauen rascher verläuft als bei Männern. Wir nehmen an, daß eine durchschnittliche Frau mit einem täglichen Konsum von vier Gläsern bereits Gefahr läuft, sich eine dauerhafte Schädigung der Leber zuzuziehen, während ein Mann im Durchschnitt erst bei der doppelten Menge ähnlich gefährdet ist. Andere mögliche Begleiterscheinungen sind Schädigungen der Schleimhäute des Verdauungstraktes oder

der Bauchspeicheldrüse. Alkohol reizt die Schleimhäute von Mund, Speiseröhre, Magen und Darm. Wir merken das an dem brennenden Gefühl, das der erste Schluck im Mund hinterläßt – ein Gefühl, das durch die nächsten Schlucke schnell betäubt wird. Ein reichlicher Alkoholkonsum kann Entzündungen auslösen. Eine Entzündung der Speiseröhre macht sich durch ein brennendes Gefühl in der Mitte der Brust bemerkbar, das mit den ersten Schlucken aufkommt, aber durch die nachfolgenden Schlucke ebenfalls abgetötet wird. Auch Magenerkrankungen und eine Gastritis zählen zu den möglichen Folgen erhöhten Alkoholkonsums. Bei einer hohen Dosis kann sich die Bauchspeicheldrüse entzünden, es kommt zu einer Pankreatitis, die mit starken Schmerzen und heftiger Übelkeit verbunden sein kann. All diese Symptome müssen sehr ernst genommen werden und sollten Grund genug sein, es in Zukunft etwas ruhiger angehen zu lassen und den Organen zunächst einmal die wohlverdiente Schonphase und Ruhepause zur Regeneration zu gönnen. Wer massiv weitertrinkt, während der Körper bereits deutlich signalisiert, daß sich seine Regenerationsfähigkeit verringert hat, riskiert noch schwerwiegendere Erkrankungen in Form von Herzleiden oder Schädigungen des Nervensystems wie die Korsakowsche Krankheit, die von Gedächtnisstörungen und frühzeitiger Demenz begleitet wird. Je mehr der Alkoholkonsum gesteigert wird und einen chronischen Charakter annimmt, desto schlimmer können sich auch die Entzugserscheinungen gestalten. Wenn das Stadium erreicht ist, in dem ein abruptes Absetzen zu epileptischen Anfällen oder einem halluzinatorischen Delirium (Ameisen laufen sehen) führt, ist die Einweisung auf die Entgiftungsstation einer Suchtklinik oder eines Krankenhauses unumgänglich.

In der Literatur über Frauen und Alkohol wird suggeriert, daß Frauen aufgrund ihres Menstruationszyklus weniger konstant trinken und eine schlechtere Verträglichkeit haben. Diese Auffassung ist inzwischen durch einschlägige Untersuchungen widerlegt (Lammers und Mainzer, 1993). Frauen neigen in ihrer prämenstruellen Phase nicht dazu, mehr zu trinken, und wenn sie trinken, ist die BAK nicht höher als sonst. Es gibt allerdings einen Zusammenhang zwischen Alkoholkonsum und weiblichem Körper, den wir beachten müssen – gemeint ist die Wirkung von Alkohol während der Schwangerschaft. Alkoholmengen, die einer erwachsenen Frau normalerweise nicht schaden, können sich auf ein ungeborenes Kind absolut negativ auswirken. Auch in kleinen Mengen genossen, kann ein regelmäßiger Konsum das Risiko einer Fehlgeburt erhöhen. Bei Frauen, die ein bis zwei Gläser pro Tag trinken, kann sich ein solches Risiko sogar verdoppeln. Es gibt Frauen, die vom Moment ihrer Schwangerschaft an eine spontane Abneigung gegen Alkohol und andere schädliche Genußmittel wie Zigaretten und Kaffee entwickeln, andere müssen dafür schon ihre Willenskraft bemühen. Im übrigen fällt es vielen schwangeren Frauen schwerer, sich das Rauchen abzugewöhnen, als auf Alkohol zu verzichten. Alkohol kann für das ungeborene Kind sehr schädlich sein. Auch wenn es glücklicherweise selten vorkommt (1,9 Prozent auf 1000 Geburten, Lammers 1993), gibt es so etwas wie ein fötales Alkoholsyndrom. Ein Kind mit einem solchen Syndrom kommt mit Untergewicht zur Welt, es kann Schädigungen des zentralen Nervensystems, Anomalien an Gesicht und Schädel und am Herzen sowie Mißbildungen an Armen und Beinen haben. Hinzu kommt, daß diese Kinder eine stärkere Veranlagung zu späteren Entwicklungsstörungen haben. Warum bestimmte Alkoholikerinnen ein Kind mit diesem Syndrom zur Welt bringen und andere nicht, wissen wir nicht. Genausowenig ist bekannt, in welcher Phase der Schwangerschaft das Risiko am höchsten ist. Von daher lautet der einzig mögliche und richtige Ratschlag: nicht trinken. Am besten, man hört schon dann auf, wenn ein Baby geplant ist. Und nicht nur im Hinblick auf die seelische Unterstützung sollte sich der werdende Vater solidarisch zeigen. Der Einfluß von Alkohol auf die Zeugungsfähigkeit des Mannes ist bisher weitaus weniger Gegenstand der Forschung gewesen als seine Auswirkungen während der Schwangerschaft, aber es gibt Hinweise, daß ein solcher Einfluß durchaus besteht. Radioaktive Strahlung kann ebenso einen negativen Effekt auf die Samenzellen haben wie Einflüsse chemischer Art, dafür spricht der Anstieg der Rate mißgebildeter Kinder, die von Soldaten nach dem Golfkrieg gezeugt wurden. In den letzten Jahren war immer wieder zu lesen, daß die Qualität des Spermas im allgemeinen abgenommen habe. Diese Entwicklung könnte, abgesehen von zu eng sitzenden Hosen und zentralbeheizten Wohnungen, unter anderem auch mit dem gestiegenen Alkoholkonsum zusammenhängen.

(Psychische) Begleiterscheinungen

Es ist bekannt, daß übermäßiger Alkoholkonsum und Aggression Hand in Hand gehen – zumindest bei Männern. Viele Gewaltdelikte finden unter Alkoholeinfluß statt. Randalierende Fußballfans sind ein nahezu klassisches Beispiel. Aber auch bei Mißhandlungen innerhalb der Familie und bei sexueller Gewalt spielt Alkohol eine wichtige Rolle. Alkohol erzeugt zwar keine Aggressionen, aber er wirkt enthemmend – und gerade weil die Verknüpfung von Alkohol und Aggression allgemein bekannt ist, bekommt das Trinken oft eine Art Alibifunktion, nach dem Motto: Das war nicht ich, das war der Alkohol.

Bei Frauen besteht häufiger eine Beziehung zwischen Alkohol und Depressionen. Oft ist es nicht einfach herauszufinden, was zuerst da war: die bedrückte Stimmung, die mit Alkohol in Form einer Selbstmedikation bekämpft wurde, oder die Depressionen als Folge übermäßigen Trinkens. Da viele Frauen einfach nicht wissen, daß Alkohol – hochdosiert oder über einen langen Zeitraum – Depressionen nicht vertreibt, sondern stabilisiert oder sogar verursacht, ist es durchaus denkbar, daß sie bei ihrem Hausarzt über «Depressionen», über eine allgemeine Lustlosigkeit und über Schlafstörungen klagen, statt ihren zu hohen Alkoholkonsum anzusprechen. Aus diversen Studien wird deutlich, daß Hausärzte nur selten von sich aus auf die Idee kommen, diese Beschwerden mit einem möglichen Alkoholproblem ihrer Patientinnen in Verbindung zu bringen. Die Ärztin Fransje van der Waals hat untersucht, wie oft und in welchen Fällen Frauen von ihren Hausärzten mit einem Rezept, vor allem für Benzodiazepine (Mittel mit sedativer und entspannender Wirkung), nach Hause geschickt werden. Frauen, die in Kombination mit einem zu hohen Alkoholkonsum unter Depressionen leiden, kommen auf diese Weise vom Regen in die Traufe. Zum einen werden Beruhigungsmittel oft zu Unrecht gegen Depressionen verschrieben. Bei der Hälfte der Frauen, die von ihrem Arzt Sedative verordnet bekamen, war die Indikation ein allgemeines Unwohlsein, Müdigkeit, Schwindelgefühle, Depressionen und Kopfschmerzen, Beschwerden im Rippen- und Thoraxbereich sowie Beziehungsprobleme und Schwierigkeiten am Arbeitsplatz. Offensichtlich denken viele Ärzte, wenn ihnen solche Beschwerden vorgetragen werden, daß sich dahinter nur Angstzustände und Spannungsgefühle verbergen können. Zum anderen sind Schlaf- und Beruhigungsmittel in Kombination mit Alkohol nicht so harmlos, wie man vielleicht denkt. Und darüber hinaus lassen viele Ärzte, ohne vorheriges Gespräch mit ihren Patientinnen, von ihren

Sprechstundenhilfen immer wieder die gewünschten Rezepte ausstellen. So kommt es, daß die betreffende Frau in dem Glauben lebt, ihr Arzt werde wohl wissen, was gut für sie ist, während der Arzt meint, daß die Frau sich noch einmal dasselbe Medikament verschreiben läßt, da es ihr hilft. Tatsächlich jedoch wirken Benzodiazepine, wie wir inzwischen wissen, nur in den ersten 6 bis 8 Wochen effektiv gegen Beschwerden wie Angst, Spannungsgefühle und Schlaflosigkeit, anschließend haben sie die Wirkung eines Placebos (Haafkens, 1993). Allerdings tritt bei einer permanenten Einnahme allmählich ein Gewöhnungseffekt ein, der in eine Sucht führen kann. Bei einem plötzlichen Absetzen von Benzodiazepinen kann es zu Entzugserscheinungen kommen: Zittern, epileptische Anfälle, Angstzustände, Hyperventilation, Muskelschmerzen, Kopfschmerzen, Schweißausbrüche, Schlafstörungen, Reizbarkeit, Unruhe – Symptome also, die oft den ursprünglichen Beschwerden ähneln. Und genau das wird zum Anlaß genommen, diese Mittel nicht abzusetzen, während die Ursachen der Ausgangsbeschwerden nicht diskutiert werden. Im günstigsten Fall werden die Symptome vorübergehend abgeschwächt.

Frauen bekommen doppelt so häufig Benzodiazepine verschrieben wie Männer. Vor allem ältere Frauen, Frauen mit geringem Einkommen, ohne Berufsausbildung, geschiedene oder verwitwete Frauen fallen unter diese Kategorie. Die Behandlungsmethoden sind von Hausarzt zu Hausarzt sehr unterschiedlich, sagt van der Waals, in manchen Praxen gibt es nur ein Prozent Benzodiazepine-Patientinnen, in anderen sind es über zwanzig. Offensichtlich gibt es also unter den Ärzten auch solche, die über die Langzeitwirkung von Beruhigungs- und Schlafmitteln nicht ausreichend informiert sind.

Durch die gesteigerte Abhängigkeit und die Entzugserscheinungen, die den ursprünglichen Beschwerden unter Umständen aufs Haar gleichen, kann sowohl beim Arzt als auch bei der Patientin der Eindruck entstehen, daß das Mittel noch immer nötig ist.

Abhängigkeit von Sedativen ist also eine sehr spezifische Angelegenheit. Daß wir in diesem Buch auch darauf eingehen, hat damit zu tun, daß Therapeuten oft mit Frauen zu tun haben, die den Alkohol gegen bunte Pillen eingetauscht haben, und man sich in diesen Fällen ernsthaft fragen muß, ob ihnen das weitergeholfen hat. Ganz zu schweigen von den noch schlimmeren Fällen, in denen Schlaf- und Beruhigungsmittel in Kombination mit Alkohol sich wechselseitig verstärken. Vor allem bei Frauen, die in Suchtkliniken aufgenommen wurden, begegnen wir dieser Art der Vielfachsucht nicht selten.

Schlafstörungen als Folge übermäßigen Alkoholkonsums wurden bereits genannt. Wem Depressionen oder Spannungen an sich schon den Schlaf rauben, dem ist mit Alkohol wenig gedient, wenn der Konsum zu einer täglichen Gewohnheit geworden ist. Gerade ein fehlender gesunder Schlafrhythmus, ein zu kurzer REM-Schlaf und die Müdigkeit am nächsten Morgen nach zuviel Alkohol verstärken die Depression. Schlafmittel können zwar zeitweilig künstliche Ruhephasen schaffen, aber im Prinzip sind sie ein weiteres Glied in der endlosen Kette von Alkohol und Depressivität, die ein Durchbrechen dieses Teufelskreises nur noch schwieriger machen.

Wichtig ist auch, die Beziehung zwischen Alkoholkonsum und dem Burn-out-Syndrom zu erhellen. Streß, chronische Streß-Störungen oder, wie die Therapeutin Sonja van Zweden es nennt, ein vitaler Erschöpfungszustand, ist ein unterschätztes Phänomen. Es geht hier nicht um das normale Gefühl, übermüdet zu sein, das nach ein paarmal Ausschlafen oder einer Woche Urlaub wieder vorbei ist. Es sind auch nicht die «Schwächsten» unter uns, die schnell das Gefühl haben, völlig ausgebrannt zu sein, sondern gerade die Frauen, die permanent hart arbeiten, die zupackend sind und ein stark ausgeprägtes Verantwortungsgefühl besitzen. Bezeichnend für einen vitalen Erschöpfungszustand ist, daß die natürliche Fähigkeit, sich durch Entspannung zu regenerieren, angegriffen ist. Wer zu lange seine letzten Reserven mobilisiert hat, besitzt irgendwann nicht mehr die Kraft, seinen Streß normal zu verarbeiten. Und da es oft gerade diejenigen sind, die sich nie beklagen, die nicht richtig auf die Signale ihres Körpers achten und möglichst alles, was sie anfangen, auch zu Ende bringen, dauert es lange, bis sie begreifen, daß sie vollkommen ausgebrannt sind. Das erste Anzeichen ist oft, daß das Arbeitstempo nachläßt. Dieses Problem wird häufig dadurch gelöst, daß man Arbeit mit nach Hause nimmt – noch einmal die Zähne zusammenbeißt –, bis wirklich die letzten Energien aufgebraucht sind. Oft reicht dann schon eine harmlose Grippe, daß jemand langfristig krank wird und einfach nicht begreift, warum diese bleierne Müdigkeit nicht weichen will. Und da die normalen Reaktionen auf Streß versagen, können leicht Konflikte entstehen – in der Beziehung oder bei der Arbeit –, wodurch sich Ursache und Folgen zunehmend verwischen. Auch Männer, die zu hart arbeiten und zu hohe Anforderungen an sich stellen, kennen diese vitale Erschöpfung. Allerdings können sie sich meistens noch zu Hause ein wenig regenerieren. Diese Schutzzone haben Frauen, ob verheiratet oder alleinstehend, in der Regel nicht. Frauen, die neben ihrer Arbeit auch noch die Verantwortung für das Wohl und Wehe ihrer Familie tragen, kommen kaum noch dazu, sich zu überlegen, was sie zur eigenen Entspannung nötig hätten. Alleinstehende Frauen haben zwar eine Sorge weniger, aber sie haben auch niemanden, der sie hin und wieder auffängt, es sei denn, sie organisieren so etwas selbst. Und gerade das kommt häufig zu kurz, wenn Müdigkeit und Erschöpfung schon extrem zugeschlagen haben. Als Faustregel, so van Zweden, läßt sich sagen, daß es ebenso lange dauert, das Regenerationsvermögen wieder aufzubauen, wie es gedauert hat, es zu zerstören. Das Buch von Anna Bridié *Opgejut en uitgeput* (Gehetzt und erschöpft), in dem auch van Zweden zitiert wird, bezieht sich nicht speziell auf das Problem Alkohol. Wir wissen jedoch, daß unter den Frauen, die im Zeichen der Emanzipationsbestrebungen der letzten Jahrzehnte mehr Alkohol konsumiert haben, gerade die selbständigen, hart arbeitenden Frauen eine große Risikogruppe darstellen. Man geht oft außer Haus essen, mit Kollegen nach der Arbeit noch auf einen Sprung in die Kneipe, und auch zu Hause hat es sich eingebürgert, eine Flasche Wein zu öffnen oder sich einen Drink einzuschenken. Für Frauen, die es sich zur Gewohnheit gemacht haben, bei einem Glas Wein vom Arbeitsstreß zu entspannen, ist es ein gefährlicher Moment, wenn sie an die Grenzen ihrer Kraft geraten. Ein kleiner Muntermacher hilft – scheinbar – noch über die nächste Hürde hinweg. Wenn es jedoch nicht bei einem Glas bleibt, wenn Alkohol zu einer Notwendigkeit wird, braucht sich dieser letzte Rest von Energie noch schneller auf. Die Neigung, danach noch mehr und noch häufiger zu trinken, um sich den Anschein zu geben, daß man es schafft, ist eine immense Gefahr. Wer Alkohol in den Reservetank schüttet, darf sich nicht wundern, wenn der Motor bockt oder streikt.

Neben der Beziehung zwischen Depressionen, vitaler Erschöpfung und Alkoholkonsum kann es auch eine Verknüpfung zwischen Alkohol und einem gestörten Eßverhalten geben. Anorexia (Magersucht), Obesität (Eßsucht) oder Bulimie (Eß-Brechsucht) treten bei Frauen zehnmal häufiger auf als bei Männern. Viele Frauen fressen ihre Unzufriedenheit in sich hinein oder kompensieren die fehlende Zuneigung, indem sie sich mit etwas Leckerem trösten. Die Abhängigkeit von zuviel Essen ist an sich ebenso komplex wie die Alkoholsucht. Es gibt auch Frauen, die zuviel essen und zuviel trinken, also Schwierigkeiten haben, in mehr als einem Bereich das richtige Maß zu finden. Wer den Alkohol als Selbstmedikation gegen Unlustgefühle oder eine aufkommende Depressivität einsetzt, kann auch die Kontrolle über den Eßimpuls verlieren. Wenn sich erst einmal das Gefühl «Das kann mir doch egal sein» festgesetzt hat, ist der Gang zum Kühlschrank, dem man in nüchternem Zustand noch widerstehen konnte, viel einfacher. Und es liegt nahe, den Ekel und das Gefühl, wieder einmal versagt zu haben, nach einem solchen Eßanfall mit einem ordentlichen Schluck hinunterzuspülen. Da Eßstörungen meist sichtbarer sind als Alkoholismus, kommen die betroffenen Frauen – ebenso wie ihre Therapeuten – selten auf die Idee, daß Alkohol ein wichtiger Faktor in dem Teufelskreis von geringem Selbstwertgefühl und Essen sein kann.

Im nächsten Kapitel, das sich mit diversen Formen der Selbsthilfe und unterschiedlichen Therapien beschäftigt, werden wir noch einmal auf diese mit Alkohol verknüpften Probleme zu sprechen kommen.

TEIL III

Therapien und Selbstkontrolle

1. Entwicklungen und Kontroversen

Im Bereich der Suchttherapien sind in den letzten Jahren viele neue Ansätze zu beobachten. Lange war man vom Krankheitsmodell ausgegangen, Alkoholismus galt als ein Übel, das nur durch totale Abstinenz ausgerottet werden konnte. Dieses Modell hat eine ganze Reihe von Nachteilen, die noch zur Sprache kommen werden, wenn es um den Aspekt der Rückfallverhütung geht. Einer der Nachteile liegt darin, daß die potentiellen Patientinnen erst dann die nötige Motivation für eine Bekämpfung ihres Alkoholproblems aufbringen, wenn sie sich selbst als «Süchtige» definieren. Und daß sich die große Gruppe der Frauen, die zwar über ihr Trinkverhalten beunruhigt ist, sich jedoch nicht als «süchtig» betrachtet, einer Therapie verweigert. Auch die Aussicht, sein Leben lang keinen Tropfen mehr trinken zu können, dürfte auf jemanden, der dem Alkohol auch eine durchaus positive Funktion zuschreibt oder ihn als Teil eines Überlebensmechanismus begreift, wenig motivierend wirken. Aufgrund unserer Erfahrungen im Bereich der Frauentherapien wissen wir: Jemand gibt erst dann seinen Überlebensmechanismus auf, wenn eine echte Alternative in Sicht ist. Fehlt eine solche Perspektive, ist die Möglichkeit eines Rückfalls riesengroß. Die Statistiken belegen, daß sehr viele Frauen, die nach dem herkömmlichen Strickmuster therapiert wurden, früher oder später wieder in ihr altes Verhaltensmuster zurückfallen. Ein weiterer Schwachpunkt des Krankheitsmodells besteht darin, daß sich die meisten Betroffenen erst dann an die Beratungsstellen oder Ärzte wandten bzw. dorthin überwiesen wurden, wenn der Alkohol bereits verheerende Auswirkungen hatte. Oft war das Familienleben schon zerstört, der Arbeitsplatz war weg, oder der Alkohol hatte so große körperliche Schäden angerichtet, daß nur noch eine Totalabstinenz ein Weiterleben garantieren konnte.

Auf diese Weise blieben viele Menschen, die nicht oder noch nicht in eine echte Abhängigkeit geraten waren, ohne Unterstützung – eine auch im Hinblick auf die Suchtprävention sehr ungünstige Situation. Wie die Erfahrungsberichte im folgenden Kapitel zeigen, bekamen Frauen, die sich mit ihrem Alkoholproblem an Anlaufstellen außerhalb der allgemeinen Therapieszene wandten, selten eine adäquate Behandlung angeboten. Entweder überschätzte man den Alkoholkonsum und wies die Betroffenen aus diesem Grund ab, oder aber man integrierte die Suchtproblematik nicht in den Behandlungsplan, weil man ihr eine zu geringe Bedeutung beimaß.

Inzwischen hat in vielen Beratungsstellen und Behandlungszentren für Suchtkranke ein Umdenken stattgefunden. Die meisten Einrichtungen haben sich von dem traditionellen Krankheitsmodell verabschiedet, sie folgen einem wesentlich differenzierteren Ansatz, der die Alkoholabhängigen sehr viel weniger als willenloses Opfer ihrer Abhängigkeit sieht. Das Interesse der Therapeuten richtet sich stärker auf die Vorgeschichte der Betroffenen bzw. auf den Prozeß, der zu dem Problem führte. Man geht davon aus, daß eine Therapie nur dann erfolgreich sein kann, wenn sie mit einem Lernprozeß einhergeht, in den die Patientin selbst aktiv eingebunden ist und in dem sie lernt, Kontrollmechanismen zu entwickeln, mit deren Hilfe sie ihr Leben und ihr Alkoholproblem wieder in den Griff bekommt. Die Totalabstinenz als einziges Mittel und Ziel der Behandlung ist längst kein Dogma mehr. Auch «kontrolliertes Trinken» kann ein Behandlungsziel sein, das man im Einvernehmen mit der Patientin ansteuert. Im Rahmen eines solchen Modells, das sicherlich selektiv angewandt werden muß, wird ein eventueller Rückfall nicht mehr als Ausdruck des Versagens und Scheiterns gesehen, sondern als ein bestimmter Moment im Verlauf eines Lernprozesses, der anzeigt, daß die Techniken der Selbstkontrolle und die Zielsetzungen korrigiert werden müssen.

Da man inzwischen mehr über die Wechselwirkung zwischen Hintergrundsproblemen und Alkoholismus weiß und die monokausalen Erklärungsmuster nach dem Motto: «Trinken schafft Probleme» oder «Probleme führen zum Trinken» nicht mehr überzeugen, verfährt man, wie unter anderem auch im Rotterdamer Boumanhuis, zunehmend zweigleisig, indem man beide Problemkreise gleichzeitig anpackt. Statt die Totalabstinenz als das Nonplusultra zu sehen, hat sich der Schwerpunkt auf das Prinzip der «Schadensbegrenzung» verlagert, das heißt, man versucht, die negativen Begleiterscheinungen eines übermäßigen Alkoholkonsums auf ein Mindestmaß zu reduzieren. Da die Betroffenen dadurch ihr Leben wieder etwas besser in den Griff bekommen, läßt auch das Bedürfnis nach Suchtmitteln zur Selbstmedikation nach. Gleichzeitig bekommen sie zunehmend das Gefühl, daß ihr Leben auch ohne Alkohol und Drogen durchaus lebenswert sein kann. Anders gesagt: Man versucht die Abwärtsspirale in eine Aufwärtsspirale umzubiegen, wobei die Patientin im gesamten Therapieprozeß eine aktive Rolle hat.

Zu diesem nuancierteren Modell gehört natürlich auch, daß man das Umfeld der Patientin miteinbezieht. So wird bei der Behandlung von Suchtkrankheiten verstärkt mit Partner- und Systemtherapien gearbeitet.

Darüber hinaus gehen immer mehr Einrichtungen dazu über, Alkoholabhängigkeit auch aus dem Blickwinkel der geschlechtsspezifischen Unterschiede zu betrachten. An verschiedenen Orten wird daran gearbeitet, die Grundprinzipien frauenbezogener Therapieformen zu integrieren, die sich mit den neuen Entwicklungen grundsätzlich gut vereinbaren lassen. Der Ausgangspunkt frauenspezifischer Therapien, Alkoholismus als Teil einer Überlebensstrategie zu sehen ist vom Prinzip der «Schadensbegrenzung», wie es in den modernen Suchttherapien zum Tragen kommt, nicht sehr weit entfernt.

Vielleicht haben wir die gegenwärtige Situation etwas zu rosig dargestellt. Nach wie vor gibt es eine ganze Reihe kontroverser Fragen und strittiger Aspekte, sowohl innerhalb der allgemeinen Therapieszene und der frauenbezogenen Therapieprojekte als auch bei den frei praktizierenden Therapeuten, über die das letzte Wort noch nicht gesprochen ist. Zum ersten stellt sich die Frage, ob «kontrolliertes Trinken» statt völliger Abstinenz ein realistisches Behandlungsziel sein kann. Daraus ergibt sich zwangsläufig die Anschlußfrage, wie die konkreten Schritte im Rahmen einer solchen Behandlung auszusehen haben. Soll man zuerst die Hintergrundprobleme in Angriff nehmen und hoffen, daß sich das Alkoholproblem dann allmählich von selbst löst, oder soll man den Schwerpunkt zunächst auf die Kontrolle des Alkoholkonsums legen, in der Annahme, daß sich eventuelle andere Probleme damit von selbst erledigen?

Zu diesen Fragen gibt es eine Vielzahl unterschiedlicher Meinungen. Für viele Therapeuten ist Alkoholismus eine Kontraindikation für eine Behandlung. Diese Auffassung ist in den regionalen Instituten für ambulante Psychiatrie (den sogenannten RIAGGS) ebenso verbreitet wie bei den Sozialberatungsstellen, bei niedergelassenen Psychotherapeuten und in der Frauentherapieszene. Während also einerseits viele Krisenzentren, darunter auch die Frauenhäuser, keine Frauen aufnehmen, die mit einem Drogen- oder Alkoholproblem zu kämpfen haben, verweigern andererseits zahlreiche Einrichtungen der Suchthilfe Frauen mit Kindern den Zutritt. Da diese Situation für manche Frauen ein kaum lösbares Dilemma bedeutet, versuchen einige der Betroffenen, die um Aufnahme in eines der Krisenzentren bitten, ihre Alkoholabhängigkeit so lange wie möglich zu kaschieren. Dies hat natürlich zur Folge, daß die Betreuung und Behandlung an ihrem Problem vorbeigeht. Viele Therapeuten vertreten den Standpunkt, daß Alkoholismus einer erfolgreichen Therapie grundsätzlich im Wege steht und daß zuerst an dem Suchtproblem gearbeitet werden muß. Eine solche Einschätzung kann in manchen Fällen durchaus richtig sein, zum Beispiel dann, wenn der Alkoholkonsum ein solches Stadium erreicht hat, daß die Abhängigkeit zu einem Selbstläufer geworden ist und das Bedürfnis zu trinken auch dann noch virulent ist, wenn andere Probleme längst aus dem Weg geräumt sind. Die Frage ist jedoch, ob das immer und in allen Fällen zutrifft. Kathleen O'Halleran Glaus, die als Therapeutin mit lesbischen Patientinnen und Paaren arbeitet, sagt zum Beispiel: «Das erste Behandlungsziel bei einer lesbischen Frau, die drogen- oder alkoholabhängig geworden ist, muß darin bestehen, das jeweilige Suchtmittel abzusetzen. Auf den ersten Blick scheint das eine völlige Selbstverständlichkeit zu sein, es gibt aber nicht wenige Therapeuten, die das Alkoholproblem ihrer Patientin dadurch zu lösen versuchen, daß sie zunächst an der Problematik arbeiten, die augenscheinlich als Ursache hinter der Sucht steckt. Verfährt man nach dieser Strategie, statt das Alkoholproblem direkt anzupacken, wird man die Patientin in ihrem Ableugnen bestätigen und unterstützen. Man vergeudet nur Geld und kostbare Zeit und gefährdet darüber hinaus die Gesundheit und das Wohlbefinden der Patientin. Das erste Nahziel heißt also: Runter vom Alkohol. Die jetzt nüchterne Patientin, die ihre Verteidigungsmechanismen aufgegeben hat, ist verletzlich, angstbesetzt und wehrlos und hat ein starkes Bedürfnis nach Unterstützung und Anleitung.» Es klingt so, als ob sie die ideale Patientin sei, die vorbehaltlos, ohne Mißtrauen und Widerstände, den Ratschlägen ihrer Therapeutin folgt.

Aber es gibt durchaus auch andere Meinungen. So plädiert Carien Karsten beispielsweise für einen völlig anderen Ansatz. Wenn man Alkoholismus als Bestandteil eines Überlebensmechanismus begreift, liegt es auf der Hand, daß nur wenige Frauen motiviert sein werden, auf ihre Droge zu verzichten, wenn ihnen keine bessere Alternative geboten wird. «Wenn wir bisher gedacht haben, daß die Probleme süchtiger Frauen um ihre Sucht kreisen, so kommen wir jetzt, dank der Entwicklungen frauenbezogener Therapien, zu der Einsicht, daß die Sucht um die Probleme kreist. (...) Für mich besteht die größte Schwierigkeit darin, daß die Sucht von den Therapeuten als Problem gesehen wird, während sie für viele Frauen ganz offensichtlich eine Problemlösung ist. Baut man die Sucht ab, versperrt man den Frauen damit gleichzeitig einen Ausweg aus anderen Schwierigkeiten, die dann mit Sicherheit wieder auftauchen werden. Greift man hier nicht ein, hat man mit der Therapie mehr Probleme geschaffen als gelöst – und das kann doch nicht der Sinn der Sache sein» (Karsten, 1992). Manche Therapeutinnen können diesen Standpunkt aufgrund ihrer Erfahrungen, vor allem mit sexuell mißbrauchten Frauen, bestätigen. So sagen Mary Jo Barrett und Terry Trepper, daß Alkohol und Drogen gerade für Frauen, die als Kinder sexuell mißbraucht wurden, ein außerordentlich wichtiges Mittel sein kann, sich als Erwachsene zu behaupten. Wer das vergißt, sagen sie, und ohne Umschweife auf eine Totalabstinenz drängt, steuert direkt auf ein Scheitern der Behandlung und einen fast sicheren Rückfall zu (Barrett und Trepper, 1991). Ebenso falsch wie eine Ausblendung der Hintergrundsproblematik wäre es jedoch, sich ausschließlich darauf zu konzentrieren. Ein hoher Alkoholkonsum, der letztendlich in die Sucht geführt hat, besitzt auch einen eigenständigen Aspekt, und die alleinige Beschäftigung mit den dahinterliegenden Problemen kann ebenfalls zum Scheitern führen. Els Noorlander meint dazu: «Solange die Patientin weiterhin ein massives Alkoholproblem hat, ist eine Therapie leider eine vollkommen nutzlose Sache, die sich manchmal über Jahre hinziehen kann, wobei die Suchtproblematik in dieser Zeit immer bedrohlichere Ausmaße annimmt. (…) Obwohl es manchmal Faktoren gibt, die ein Alkohol- oder Drogenproblem in seiner Genese nachweislich begünstigt oder gefördert haben, ist eine einmal entwickelte Sucht ein eigenständiger Prozeß, der keiner weiteren Ursachen mehr bedarf. Eine Sucht löst sich nicht mehr von selbst auf, auch wenn die ‹dahintersteckenden Probleme› lokalisiert und behandelt wurden» (Noorlander, 1992).

Wenn irgend möglich, sollte man also einen Behandlungsplan entwerfen, der sowohl das Alkoholproblem selbst berücksichtigt, als auch die Funktion untersucht, die das Trinken im Rahmen einer Problemlösung hat. Kobussen und Booltink haben ein Modell entwickelt, das einen gemeinsam mit der Patientin verfaßten Stufenplan vorsieht, der ein kontrolliertes Trinken ermöglichen soll. Über Selbstbeobachtung und Verhaltensanalyse soll die Patientin so weit kommen, daß sie sich gezielt und bewußt für eine Totalabstinenz oder ein reduziertes Trinken entscheiden kann. Der Plan bietet Raum für eine schrittweise Veränderung des Trinkverhaltens mit Feedback in den Therapiesitzungen und berücksichtigt eine Rückfallprävention. Es ist wichtig, daß die Patientin einen Rückfall als etwas einkalkuliert, das zur Veränderung einer schon lange bestehenden, hartnäckigen Gewohnheit gehört. Fehler sind dazu da, daß man aus ihnen lernt, sagen die beiden Autorinnen. Statt zu sagen: «Ich bin eine Alkoholikerin», heißt der Leitgedanke: «Ich untersuche jetzt, wie ich mein Trinkverhalten durch selbstgewählte Schritte verändern kann» (Kobussen und Booltink, 1993).

Nicht jeder Patientin wird es gelingen, ein einigermaßen stabiles Muster zu entwickeln. Die Entdeckung, daß man nicht in der Lage ist, kontrolliert zu trinken, muß jedoch nicht bedeuten, daß man sich selbst als völlig gescheitert sieht, sondern daß man die Sache anders anpackt. Man sollte zumindest den Versuch wagen – gelingt es nicht, bleibt immer noch die Möglichkeit, sein Heil bei einer AA- oder anderen Selbsthilfegruppe bzw. bei einer anderen Therapieform zu suchen.

Ein Erfahrungsbericht:

«Nach etwa sieben Monaten wurde ich allmählich übermütig. Ich war davon überzeugt, alles so gut im Griff zu haben, daß ich ruhig mal wieder einen Versuch wagen wollte. Sehr bewußt, sehr selbstsicher. Also habe ich ein paar Flaschen gekauft und es ausprobiert. Prompt verbrachte ich mehrere Tage lang in einem Vollrausch. Damals ist mir brutal deutlich geworden, daß ich tatsächlich nicht mit Alkohol umgehen kann. Zwei Gläser, das war unmöglich, die Flasche oder, besser gesagt, die Flaschen, die ich nach Hause geschleppt hatte, mußten bis auf den letzten Tropfen geleert werden. Bis ich total zu, völlig abgedriftet war. Wieder mit diesem Kater aufwachte und dringend Nachschub brauchte. Irgendwann klingelte das

184

Telefon, und ich hatte mich schon eine ganze Zeit unterhalten, bis ich plötzlich eine Stimme registrierte. Da dachte ich: «Verdammt, ich rede hier mit jemandem, der völlig nüchtern ist, was muß der von mir denken?» Nach diesem Gespräch bin ich in die Küche gegangen und habe die ganzen Flaschen, so betrunken, wie ich war, in den Ausguß gekippt. Und am nächsten Tag war ich bei einer AA-Gruppe» (van der Hut, 1981).

Carien Karsten bietet ein Behandlungsmodell an, das auch für Therapeuten geeignet ist, die nicht unbedingt im Suchtbereich arbeiten: die MMT (Multi Modale Therapie). Die hier praktizierte Methode basiert auf einer kognitiven und Verhaltenstherapie, ihr Hauptziel besteht darin, ein dysfunktionales Überlebensverhalten durch eine gesündere Form selbstbestimmten Verhaltens zu ersetzen. In einem ersten Schritt wird versucht, gemeinsam mit der Betroffenen einen Einblick in den funktionalen Zusammenhang von Suchtverhalten, psychischen Störungen und zurückliegenden Traumata zu gewinnen. Nachdem die Patientin in Tagebuchaufzeichnungen einen Bezug zwischen ihren Stimmungslagen, bestimmten Ereignissen und Gedanken und ihrem Trinkverhalten hergestellt hat, entscheidet man sich in einem zweiten Schritt für eine bestimmte Art der Intervention und übt ein neues Verhalten ein. Bei Patientinnen mit einer traumatischen Vergangenheit können Methoden hilfreich sein, die sich auf eine Desensibilisierung, möglicherweise in Kombination mit einer Hypnotherapie, richten. Sie erschließen ihnen die Möglichkeit, wieder in Kontakt zu den eigenen Gefühlen zu treten und eine größere Kontrolle über die persönliche Erlebniswelt zu bekommen. Davon ausgehend kann eine neue Art selbstbestimmten Verhaltens entwickelt werden (Karsten, 1993). Wie Karsten betont, ist es sehr wichtig, daß die Interventionen an die Wünsche der Patientin anknüpfen, auch wenn die Betroffene zu erkennen gibt, daß sie noch nicht sofort auf das Suchtmittel verzichten will. Zunächst geht es darum, daß die Sucht das Leben nicht mehr in einem solchen Maße beherrscht, daß kein Platz für eine Korrektur des Überlebensmechanismus bleibt. Im Prinzip ist es egal, wo man anfängt, da sich alle Einzelbereiche des psychischen Systems wechselseitig beeinflussen, sagt Karsten. Eine Verbesserung in einem Teilbereich wirkt positiv auf andere Gebiete, solange die Fortschritte regelmäßig ausgewertet und der Interventionsplan immer wieder entsprechend angepaßt wird.

Ein wichtiger Rat an Therapeuten, die mit alkoholabhängigen Frauen arbeiten, lautet, eine Methode zu wählen, die es ermöglicht, sowohl in den Alkoholkonsum selbst einzugreifen als auch die dahinterliegenden Probleme zu bearbeiten. Eine zweite wichtige Empfehlung ist, bei der Therapie auch das Umfeld miteinzubeziehen, da dies bei der Genese eines Alkoholproblems häufig eine bedeutsame Rolle gespielt hat. Von daher ist es wichtig, daß sich das Umfeld mitverändert, wenn die Patientin andere Überlebensstrategien entwickelt.

Der Gedanke, Partner, Kinder, Eltern oder andere signifikante Personen in die Behandlung zu integrieren, ist für Therapeutinnen, die mit einem frauenspezifischen Ansatz arbeiten, relativ neu.

Neben individuellen Kontakten wird in frauenbezogenen Therapien vor allem in Gruppen gearbeitet, die meist aus ebenfalls Betroffenen, das heißt, aus Frauen bestehen, die eine bestimmte Problematik oder Situation miteinander teilen. Schwierigkeiten in den Wechseljahren, Eßstörungen, ein fehlendes Selbstwertgefühl oder sexueller Mißbrauch in der Kindheit können zu diesen Negativerfahrungen gehören. Ein anerkanntes Prinzip war, daß nicht nur die Bestätigung durch die Therapeutin, sondern auch die gegenseitige Anerkennung und Unterstützung einen wichtigen Heileffekt hatten, ob es sich nun um Isolations- und Einsamkeitsprobleme handelte oder, wie in den «Norwood-Gruppen», um ein «Süchtigsein nach Liebe», wo Frauen einander helfen, sich aus einer überverantwortlichen Rolle zu lösen. Auch Kombinationen von Einzelkontakten und Gruppenarbeit funktionieren gut. Aber gerade bei den Versuchen, Frauen als Individuen zu sehen oder als Menschen, die bestimmte Positionen mit anderen Frauen teilen, blieb die wichtige Frage offen, wie Frauen sich anschließend ihrer Beziehung stellen sollen. Der Ansatz, eine Frau endlich einmal nicht in erster Linie als Mutter oder Ehefrau anzusprechen, wie das in den gängigen Therapien schon lange üblich war (und häufig auch noch ist), konfrontiert die Patientin mit dem Problem, ob und wie sie ihren Mann in die Suche nach neuen Lösungen einbeziehen kann.

Lange Zeit schienen Partnertherapie und frauenspezifische Therapieformen einander grundsätzlich auszuschließen. Die System- und Familientherapeuten haben sich zwar sehr intensiv mit der wechselseitigen Dynamik innerhalb von Ehen, sonstigen heterosexuellen Beziehungen oder im Verhältnis der Generationen beschäftigt, aber bis vor kurzem waren geschlechtsspezifische Unterschiede, die Asymmetrie und das Ungleichgewicht der Macht in einer Beziehung kein Thema. Wenn es innerhalb einer Ehe Probleme gab, sprach man von einer «dysfunktionalen» Familie – was implizit bedeutete, daß es auch so etwas wie eine normal funktionierende Familie gibt. Daß viele Probleme – von Frauen wie von Männern – gerade mit der scheinbar so normalen Rollenverteilung zu tun haben könnten, wird bei einer solchen Sichtweise ausgeblendet. Auch in der Dissertation von Ben ter Heine, *Alcoholisten en hun partners* (Alkoholiker und ihre

Partner), einer Studie über das Eheleben männlicher Trinker, werden Eheprobleme und das, was eine Ehe an Befriedigung bringt, nicht mit der Ungleichheit in einer «normalen» Mann-Frau-Beziehung in Verbindung gebracht. Untersuchungen wie die von Komter zum Ungleichgewicht der Macht in Ehen bleiben unberücksichtigt, Experten auf dem Gebiet der Systemtheorie und Suchttherapie, die auf die Position der Frau eingehen, werden nicht erwähnt. Auf der allerletzten Seite wird dann endlich deutlich, daß dies beileibe kein Zufall ist, hier läßt der Verfasser die Katze aus dem Sack, indem er sich explizit gegen den Einfluß der «feministischen Ideologie» mit ihrer Misandrie, ihrem Männerhaß, wendet. Ein Zitat: «Themen wie ‹unerwünschte Intimitäten› und ‹Inzest› werden nur deshalb aufgegriffen und vermarktet, um die Männer in Mißkredit zu bringen. Auch die frauenspezifischen Therapien sind inzwischen durch eine übertriebene Anteilnahme der Medien zu einem Klischee verkommen.»

Ter Heine geht es darum, den Mann zu rehabilitieren und die Rolle des Vaters in der Familie wieder zu stärken, und zwar gerade in alkoholischen Familien- und Ehesystemen, in denen der Mann als Vater und Ehemann oft schwach ist.

Soll damit etwa gesagt werden, daß wir gut daran täten, kritiklos zu der normalen, traditionellen Rollenverteilung zurückzukehren, durch die vor allem die Frauen in die Patientenrolle gedrängt werden? Bedeutet es, daß wir als Therapeutinnen die Inzestproblematik, die bei Frauen zu den schwerwiegendsten Faktoren bei der Entstehung eines Alkoholproblems gehört, ad acta legen sollen, weil das die Männer in Mißkredit bringen könnte?

2. Erfahrungen von Frauen mit Therapeuten

Im letzten Kapitel ging es um die therapeutischen Möglichkeiten, die Frauen mit einem Alkoholproblem angeboten werden können. In diesem Teil kommen Frauen zu Wort, deren Kontakte zu Ärzten bzw. Therapeuten mehr oder weniger enttäuschend verlaufen sind.

Die erste Kontaktperson, an die sich Menschen mit einem Alkoholproblem wenden, ist in den meisten Fällen der Hausarzt. Alle Untersuchungen machen übereinstimmend deutlich, daß Hausärzte bei übermäßigem Alkoholkonsum selten eine zutreffende Diagnose stellen und die Betroffenen nicht an die richtigen Adressen weiterleiten. Eine Studie kam zu dem Ergebnis, daß nur 15 Prozent der Patienten einer Suchtklinik von ihrem Hausarzt dorthin überwiesen worden waren (Rens, Cornel und van Zutphen, 1989). Diese Untersuchung unterscheidet nicht zwischen den Erfahrungen männlicher und weiblicher Patienten. Die Studien, die sich speziell auf die Erfahrungen von Frauen beziehen, vermitteln ein noch desolateres Bild.

In erster Linie suchen viele Frauen ihren Hausarzt wegen psychosomatischer Beschwerden auf, die sie selbst noch nicht in Verbindung zu ihrem Alkoholproblem gebracht haben. Wenn Frauen diesen Punkt nicht von sich aus ansprechen, ist es fast ausgeschlossen, daß der Hausarzt diese Problematik anschneidet. Die meisten Hausärzte kommen nicht einmal auf die Idee, nach der Menge zu fragen. Ganz schlimm wird es, wenn Frauen mit einem Rezept für Schlaf- oder Beruhigungsmittel nach Hause geschickt werden.

«Ich habe versucht, die Sache anzusprechen, aber leider hat mein Hausarzt von diesen Dingen absolut keine Ahnung. Ich bin mit vagen Beschwerden in die Sprechstunde gegangen, mit Bauchschmerzen oder Schlafstörungen, und bekam für die nächsten drei Monate wieder meine Pillen verschrieben: Valium, Librium und Seresta. Ich habe eine ganze Menge geschluckt und war letztendlich von den Tabletten genauso abhängig wie vom Alkohol. Zum Schluß habe ich die Pillen mit dem Alkohol zusammen eingenommen» (Berends, 1990).

«Ich fand es klasse, ich dachte, verschreib du nur, ich schlucke das Zeug gern, und mit der Zeit wurden die Rezepte immer länger. Ich bekam die Medikamente ganz problemlos von meinem Hausarzt verschrieben, und ich habe wirklich alles geschluckt, in den wildesten Kombinationen. Getrunken habe ich dabei auch, das war überhaupt das allergrößte – ja, ich war komplett abhängig von den Beruhigungsmitteln» (Berends, 1990).

Die meisten Ärzte erkundigen sich beim Verschreiben von Schlaf- und Beruhigungsmitteln nicht nach dem Alkoholkonsum ihrer Patienten; es gibt sogar einige, die auch dann Sedativa verschreiben, wenn sie von einem Alkoholproblem wissen (Berends, 1990), wobei ihnen doch bekannt sein müßte, daß es sich hierbei um zwei Stoffe handelt, die sich wechselseitig beeinflussen und in ihrer Wirkung potenzieren können (Nace und Naegle, 1993).

Manche Frauen haben den leisen Verdacht, daß ihre Beschwerden mit ihren Trinkgewohnheiten zusammenhängen könnten. Wenn sie diese Vermutung dann zögernd dem Hausarzt erzählen, ist es durchaus fraglich, ob er darauf eingeht. Margriet: «Ich habe so vor mich hin gemurmelt, denn es ist sehr schwer, offen darüber zu reden. Das ist dasselbe wie bei der Inzestproblematik. Man schämt sich ganz fürchterlich.» Wie die Erfahrungen von Frauen zeigen, gibt es nur wenige Hausärzte, die die Signale ihrer Patientinnen ernst nehmen. In der Regel wurden die Probleme als unwichtig abgetan (Van der Burgh, 1987). Auch wenn Frauen nachdrücklich sagten, daß sie wegen eines Alkoholproblems gekommen waren, konnte es passieren, daß der Hausarzt dies für übertrieben hielt.

«Ich bin seinerzeit zu meinem Hausarzt gegangen und habe ihm gesagt, daß ich in eine Suchtklinik aufgenommen werden wolle, aber er hielt das für absolut unnötig. Seiner Meinung nach sah ich alles viel zu schwarz, es gab so viele Leute, die tranken, und ich war in seinen Augen ganz und gar kein schlimmer Fall. Auch als ich zum zweiten Mal mit derselben Bitte kam, nahm er mich nicht ernst; daraufhin fand ich, daß das Maß nun endgültig voll sei.»

In der Untersuchung von Berends (1990) wird deutlich, daß fast die Hälfte aller Frauen das Gefühl hatte, von ihrem Hausarzt mehr oder weniger abgeschoben zu werden. Auch den Hintergrundsproblemen wurde oft keine Beachtung geschenkt.

«Ich habe wohl mal beiläufig gesagt, daß die Beziehung zu meinem Mann schlecht sei. Daraufhin bekam ich zu hören: ‹Na, dann verlassen Sie ihn doch.› Ich wurde von meinem Arzt schlecht betreut, er zeigte kein Verständnis für meine Probleme. Er fand, daß ich mir meine Schwierigkeiten selbst eingebrockt hatte. Sein Kommentar: ‹Dann hätten Sie eben keinen Ausländer heiraten dürfen.›»

Auch die diversen Beratungsstellen oder die frei praktizierenden Therapeuten reagieren bei weitem nicht immer angemessen auf Frauen mit Alkoholproblemen. In den einschlägigen Studien und in der Literatur begegnen wir zwei Formen einseitiger Reaktionen, die durch mündliche Erfahrungsberichte bestätigt werden. Die erste ist die, daß man Alkoholismus, wenn er beim Namen genannt wird, als Kontraindikation für eine Therapie ansieht – nach dem Motto: «Werden Sie erst mal trocken, dann können Sie wiederkommen.» Die andere Haltung äußert sich darin, daß man dem Alkoholproblem selbst keine Beachtung schenkt und sich nur auf die Hintergrundsproblematik konzentriert, da man meint, daß sich das Trinken von selbst geben wird, wenn die anderen Probleme erst einmal gelöst sind. Der Kommentar einer Frau zu ihren Erfahrungen mit einem Psychiater:

> «Als ich ihm von meinen Alkoholproblemen erzählte, bekam ich zu hören: ‹Der Alkohol ist nicht das Problem – wenn Sie erst einmal aus der Depression heraus sind, löst sich das Alkoholproblem von selbst.› Er habe das schon bei unzähligen depressiven Menschen erlebt. Wenn ich nur gründlich an meiner Depression arbeite, würden die Alkoholprobleme schon von selbst vorübergehen» (Berends, 1990).

Viele Frauen haben einen langen Marsch durch die (therapeutischen) Instanzen hinter sich, bevor sie jemanden finden, der ihre Probleme nicht bagatellisiert und adäquat auffängt (Lammers, Schippers und van der Burgh). Häufig ist das letztendlich eine Suchtberatungsstelle oder ein anderer Anlaufpunkt der Suchthilfe, aber selbst dort kann es noch schiefgehen. Auffallend viele Frauen, die in ihrer Vergangenheit sexuell mißbraucht wurden, berichten, daß diese traumatische Erfahrung im Laufe der Behandlung nicht zur Sprache kam (Lammers, 1991). In manchen Fällen wird von den Therapeuten gar nicht danach gefragt, und die betroffenen Frauen sprechen dieses heikle Thema nicht von sich aus an. Aber selbst wenn die Karten offen auf dem Tisch liegen, wird oft nichts unternommen. «Man muß schon selbst die Rede darauf bringen.» Und gemischte Gruppen werden in den seltensten Fällen als ein sicherer Ort empfunden, um aus sich herauszugehen – nicht zuletzt auch für lesbische Frauen.

3. Ansichten zum Alkoholismus und zur Rückfallprävention

Die Anonymen Alkoholiker (AA) gehen davon aus, daß Alkoholismus eine unheilbare Krankheit ist, die sich aus einer physischen, emotionalen und mentalen Komponente zusammensetzt. Wer von der Krankheit betroffen ist, kann im Grunde gar nichts tun. Nach dieser Philosophie gilt ein Alkoholiker nicht als vorsätzlich amoralisch oder asozial, allerdings wird dem oder der Betroffenen die volle Verantwortung für seine Heilung aufgebürdet (van der Burgh).

Dementsprechend heißt es in der Informationsbroschüre der Organisation:

«Wir gehen davon aus, daß jemand, der die unsichtbare Grenze vom schweren zum zwanghaften Trinken überschritten hat, sein Leben lang ein Alkoholiker sein wird. Soweit wir wissen, gibt es keine Rückkehr zu einem ‹normalen› sozialen Trinken. ‹Einmal Alkoholiker, immer Alkoholiker› heißt die simple Tatsache, mit der wir versuchen müssen zu leben.»

Die Frauen aus der Studie von van der Burgh, Frauen, die über die AA ihre Sucht überwunden haben, erfuhren diesen Ausgangspunkt als eine große Erleichterung. Nachdem ihnen der Ernst ihrer Situation voll bewußt geworden war und sie sich in den Schilderungen der anderen Teilnehmerinnen wiedererkannt hatten, schöpften sie Hoffnung und neuen Mut. Vor allem die Bestätigung, daß ihre Alkoholsucht nicht als Zeichen einer moralischen Schwäche gesehen wurde, war für sie immens wichtig.

«Das wichtigste für mich war zu lernen, daß ich eine ganz normale Alkoholikerin bin. Und es war eine Riesenerleichterung, als ich zum allerersten Mal hörte, daß Alkoholismus eine Krankheit und nicht etwa eine moralische Schwäche ist.»

Gerade für Frauen, die durch Scham und Schuldgefühle immer weiter in eine soziale Isolation getrieben wurden, bedeutet ein neuer Kreis verständnisvoller Menschen eine echte Alternative und die so dringend benötigte Unterstützung, um in kritischen Situationen nicht wieder zur Flasche zu greifen. Allerdings trifft die AA-Philosophie nicht ungeteilt auf Zustimmung.

«Die AA sagen, daß Alkoholismus eine Krankheit ist. Na ja, ich weiß nicht so recht, das hängt davon ab, was man darunter versteht. Es ist eine Krankheit, die man zum Teil auch selbst verschuldet hat – wie Aids oder eine Geschlechtskrankheit. Vielleicht ist Alkoholismus keine Krankheit, sondern ein ganz persönlicher Fluchtweg. Es war auch meine Schuld. Mir waren nicht die Hände gebunden.»

Einigen Frauen hat die Methode der AA durchaus genützt. Es ist schon ein Schritt in die richtige Richtung, wenn man lernt, seine Alkoholsucht nicht mehr als ein Zeichen der Schwäche, der Unverantwortlichkeit oder eines amoralischen oder asozialen Verhaltens, sondern als eine Krankheit zu sehen. Dies gilt vor allem für Frauen, die immer schon mehr als andere mit Schuld- und Schamgefühlen zu kämpfen hatten. Aber der Ansatz der AA birgt auch eine Reihe von Nachteilen.

Anja Bouman, die als Therapeutin in der Alkoholklinik «Huis ter Schie» arbeitet, weist auf die inneren Widersprüche dieser Philosophie hin: Einerseits sind einer Frau, die sich dazu bekennt, Alkoholikerin zu sein, im Grunde die Hände gebunden, andererseits hängt es ganz und gar von ihrer eigenen Willenskraft ab, ob sie es schafft, eine Weile abstinent zu bleiben. Vielen gelingt dies nicht. Der große Schwachpunkt der AA-Methode liegt darin, daß sie sich nur an Menschen wendet, die durch den Alkohol in eine so schwierige Situation geraten sind, daß ihre einzige Hoffnung die totale Abstinenz ist. Nie mehr auch nur einen Tropfen zu trinken. Aber es gibt nicht wenige, die zwar das Gefühl haben, daß es gut wäre, weniger zu trinken, die zwar Angst haben, auf dem absteigenden Ast zu sein, die sich jedoch nicht als hoffnungslose Alkoholiker sehen. Bei manchen ist diese Selbsteinschätzung durchaus richtig, da sie die Grenze zur Sucht (noch) nicht überschritten haben, bei anderen wiegen die negativen Folgen des Trinkens die angenehmen Seiten nicht auf, und wieder andere betrachten den Alkohol als Teil eines Überlebensmechanismus, für den sie noch keine brauchbare Alternative gefunden haben.

Der zweite Schwachpunkt besteht darin, daß Menschen, die einmal rückfällig geworden sind – und das passiert nicht gerade selten –, mit dieser Philosophie im Hinterkopf sofort komplett aus der Bahn geworfen werden können. Ein Alkoholiker kann schließlich nichts dafür, wenn er nach dem ersten oder zweiten Glas einfach weitertrinken muß. Bei einem Scheitern – und alles, außer der totalen Abstinenz, gilt nach der AA-Philosophie als Scheitern – besteht die Gefahr, daß die Scham und die Schuldgefühle in potenzierter Form wieder aufflackern. Das strenge Dogma des «Alles oder Nichts» ist fast schon eine Garantie, daß man die Sache für verloren hält und das Gefühl entwickelt, nun seien endgültig alle Dämme gebrochen.

Für Menschen, die aus medizinischen Gründen tatsächlich

vollkommen abstinent leben müssen, und für Leute, die für sich die Diagnose, einmal Alkoholiker, immer Alkoholiker, akzeptieren und nie mehr ein Glas anrühren, kann dies ein gutes Modell sein. Für Menschen, die sich selbst nicht als Alkoholiker definieren, die vielleicht zuviel trinken, aber nicht süchtig sind, gibt es inzwischen bessere Alternativen.

Der Dreh- und Angelpunkt ist die Rückfallprävention.

An sich ist es nicht so schwierig, jemanden, der sich freiwillig in eine Entziehungskur begibt, von seiner Sucht zu befreien. Eine solche Entgiftung verläuft in fast allen Fällen erfolgreich – manchmal mit Hilfe von Librium als vorübergehender Alternative und als Sedativum gegen die Entzugserscheinungen, obwohl man auch Stimmen hört, die vor dem Einsatz dieses Mittels warnen, da hier die Gefahr des Übergangs von einer Sucht zur anderen lauert. Einmal ausgenüchtert, wird der oder die ehemals Süchtige wieder entlassen. Aber dann. Nicht unbedingt optimistisch stimmende Zahlen sprechen von einem hohen Rückfallrisiko. Etwa Dreiviertel der ehemaligen Patienten, die fest entschlossen waren, abstinent zu bleiben, hatten innerhalb der ersten drei Monate nach ihrer Entlassung wieder etwas getrunken. Bemerkenswerterweise wurde ein solcher Rückfall sehr selten durch die Entzugserscheinungen ausgelöst – denn die waren ausgestanden –, sondern weitaus eher durch bestimmte Situationen oder Gemütszustände, die wie früher nach Alkohol «verlangten». Bei etwa der Hälfte bis Dreiviertel aller rückfällig gewordenen Alkoholiker wurde der Rückfall durch eine schlechte emotionale Verfassung ausgelöst, durch Frust, Wut, Niedergeschlagenheit, Konflikte in der unmittelbaren Umgebung oder durch den sozialen Druck des persönlichen Umfelds. Das hat dazu geführt, daß man sich gegenwärtig in den meisten Suchtkliniken nicht auf eine körperliche Entziehungskur beschränkt, sondern den männlichen und weiblichen Patienten ein zusätzliches Lernmodell zur Selbstkontrolle anbietet, um so die Rückfallquote zu senken. Dieses Modell kann im übrigen auch von Therapeuten angewandt werden, die mit Patienten arbeiten, deren übermäßiger Alkoholkonsum Teil einer anderen Problematik ist. Und brauchbar ist es auch für Leute, die sich Gedanken über ihr Trinkverhalten machen und versuchen wollen, ihr Problem ohne fremde Hilfe in den Griff zu bekommen.

Die am weitesten entwickelte Methode im Rahmen des sogenannten kognitiven Verhaltensmodells stammt von Marlatt (Marlatt und Gordon, ausgearbeitet in Bouman). Hinter dem kognitiven Verhaltensmodell steht die Auffassung, daß der Konsum von Suchtmitteln erlernt ist und ein anderer Umgang mit der Droge einen neuen Lernprozeß erfordert. Anders als bei den traditionellen Ansätzen, die Sucht als ein Zeichen moralischer Schwäche sehen und auch im Gegensatz zum Krankheitsmodell der AA, ist dies keine Theorie des «Alles oder Nichts». Marlatt geht davon aus, daß bei allen Menschen und bei jedem nur denkbaren Suchtmittel eine kontinuierliche Entwicklung zu erkennen ist, die über verschiedene Zwischenstadien von einem sporadischen zu einem exzessiven Konsum und zur Sucht verläuft. Dem Modell liegt die Erkenntnis oder Beobachtung zugrunde, daß ein übermäßiger Alkoholkonsum das Ergebnis zurückliegender Lernprozesse ist. Marlatt unterscheidet nicht zwischen den Lernerfahrungen weiblicher und männlicher Süchtiger, aber auf den Bereich der Frauentherapien übertragen bedeutet dies: Trinken ist Teil eines Überlebensmechanismus. Während das Krankheitsmodell von einer relativen Hilflosigkeit der Patientin gegenüber dem Suchtmittel ausgeht, hebt das kognitive Verhaltensmodell hervor, daß der Prozeß der Gewohnheitsveränderung eine aktive Beteiligung und Verant-

Das kognitive Verhaltensmodell des Rückfallprozesses
(Schema nach Marlatt und Gordon, 1985)

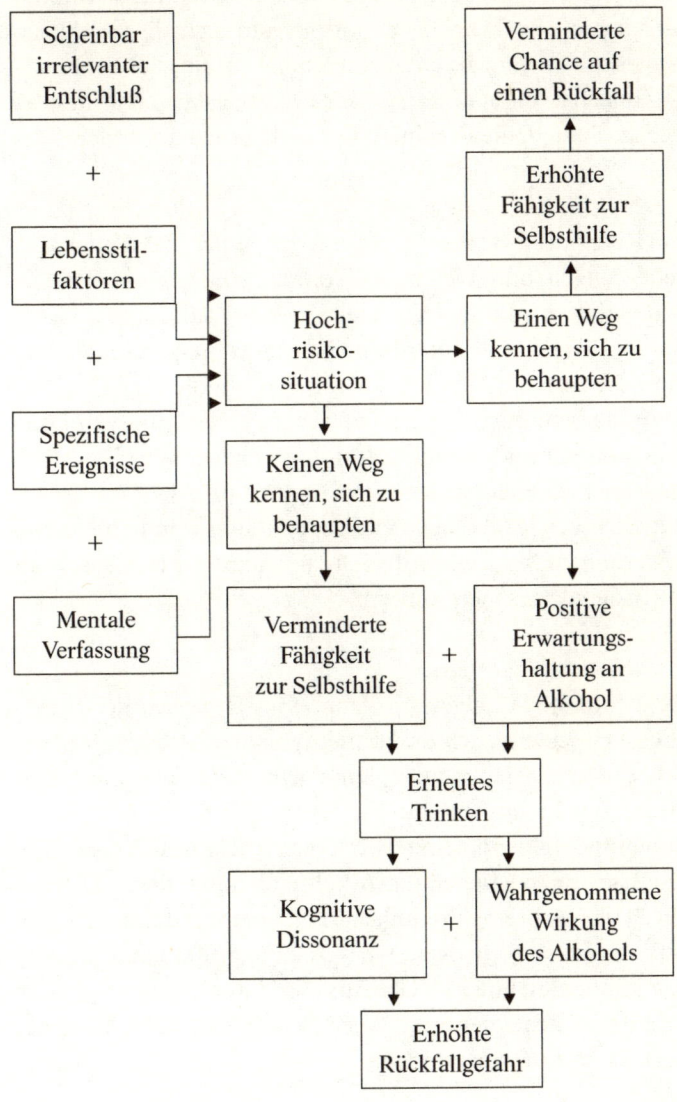

wortlichkeit des einzelnen verlangt. Mit anderen Worten: Man kann lernen, aus dem Teufelskreis eines Suchtverhaltens oder übermäßigen Alkoholkonsums herauszukommen, ungeachtet der Frage, wie und warum sich dieser Überlebensmechanismus irgendwann einmal herausgebildet hat.

Zunächst einmal ist es wichtig, die Mechanismen zu durchschauen, die bei einem Rückfall wirksam werden.

1 Kognitive Ursachen

Ein Rückfall setzt oft im Kopf ein. Scheinbar unwichtige Entscheidungen und Gedanken können zum ersten «Umkippen» führen. Einige Beispiele: Man kauft eine Flasche Sherry, für den Fall, daß Besuch kommt, man kalkuliert für ein Essen zuviel Wein ein, so daß garantiert einige Flaschen übrigbleiben, man läßt sich zu einem Kneipenbesuch überreden und nimmt sich ganz fest vor, es bei einem Glas Mineralwasser zu belassen, obwohl man weiß, daß der Druck mitzutrinken groß sein wird. Diese zufällig anmutenden Entscheidungen sind absolut nicht unwichtig. Sie müssen als Warnsignale gesehen werden.

2 Lebensstilfaktoren

Ein bestimmter Lebensstil kann es erschweren, der Versuchung zu widerstehen und seinen Vorsätzen treu zu bleiben. Das Zusammenleben mit einem Partner, der auf seinem Glas Wein zum Essen besteht, ein Freundeskreis, mit dem man sich immer in der Kneipe trifft, eine Arbeitssituation mit Geschäftsessen, bei denen der Alkohol reichlich fließt. Das Lokal ist vielleicht noch zu umschiffen, aber wer daran gewöhnt war, zu Hause zu trinken, wird einen Konflikt kaum vermeiden können. In einer solch kritischen Situation wird es noch wichtiger, Strategien und Wege zu kennen, die helfen, der Versuchung zu widerstehen.

3   Risiko-Situationen

Für viele ist Trinken nicht nur mit einer spezifischen Umgebung, sondern auch mit einem ganz bestimmten Gemütszustand verbunden. Bei dem einen kann das Ausgelassenheit sein, der Gedanke, daß es etwas zu feiern gibt, bei dem anderen ist es eine eher gedrückte Stimmung, drohende Depressionen, Spannungen, Langeweile, Einsamkeit, das Gefühl, daß einem die Decke auf den Kopf fällt. Es ist ungemein wichtig, daß jemand, der die Neigung hat, zuviel zu trinken, eine solche Krisensituation in einem frühen Stadium erkennt und statt der Haltung: «Was soll's», die früher die normale Reaktion war, über Strategien verfügt, um aus der für ihn gefährlichen Stimmung herauszukommen.

4   Wissen, wie man eine Hochrisiko-Situation meistert

Oder: Wissen, wie man Fertigkeiten entwickelt, sich ein bestimmtes Instrumentarium schafft, um sich in einer Gefahrensituation behaupten zu können. Es hängt von der Geschichte und der Persönlichkeit der Betroffenen ab, wie dieses Instrumentarium letztendlich aussieht. Wer in erster Linie trinkt, um sich zu entspannen, kann auch eine Runde joggen oder Yogaübungen machen, wer dazu neigt, sich bei aufkommenden Einsamkeitsgefühlen mit der Flasche ins Bett zu verkriechen und in eine tiefe Depression zu verfallen, sollte sich vielleicht mit Freundinnen absprechen, die jederzeit erreichbar sind – und die nicht gleich wieder auflegen, wenn man sich ausweinen möchte.

«Es ging eine ganze Weile gut. Mar und ich hatten gemeinsam den Entschluß gefaßt, weniger zu trinken. Wir waren ziemlich stolz darauf, daß es so gut klappte, ein Glas zum Essen, aber ansonsten nicht mehr als drei. Wenn wir am Wochenende ausgingen, wurden es zwar mehr, aber zum

Ausgleich tranken wir dann am Montag und Dienstag nichts. Wir machten uns gegenseitig ein Geschenk, als wir es nach drei Monaten beide geschafft hatten. Aber dann kam wieder eine schwierige Phase. Mar traf eine alte Geliebte wieder, mit der sie dann immer häufiger ausging. Ich fand, daß ich das akzeptieren mußte, aber eigentlich fühlte ich mich dadurch sehr verunsichert, und es ging mir schlecht. Ich erinnerte mich nur noch zu gut daran, wie sie eine Beziehung mit einer gemeinsamen Freundin angefangen hatte, von der ich zu Anfang nichts wußte. Als ich eines Abends zu Hause auf sie wartete – wir tranken beide immer ziemlich viel –, habe ich mich zugetrunken. Als sie nach Hause kam, lag ich im Vollrausch auf der Couch. Im nachhinein betrachtet steckte dahinter so etwas wie: ‹Schau mal, was du mir antust.› Danach kam eine Zeit, in der wir uns unglaublich stritten, viel tranken und sogar gewalttätig wurden. Diese Phase haben wir in den Griff bekommen, indem sie beschloß, ihr Verhältnis zu beenden und wir uns beide vornahmen, weniger zu trinken. Dieses Mal sah ich dieselbe Situation wieder auf mich zukommen – und davor hatte ich eine Wahnsinnsangst. Mein erster Impuls war, nachzuschauen, wieviel Wein wir noch im Haus hatten. Aber nach einem Glas beschloß ich, es diesmal anders zu machen. Ich rief eine Freundin an, der ich in allen Einzelheiten erzählte, was in mir vorging. Sie sagte: ‹Setz dich ins Auto, wir fahren ans Meer und gehen dort irgendwo etwas essen, und wenn du Lust hast, kannst du bei mir übernachten.› Ich bin darauf eingegangen, mit dem Ergebnis, daß ich Mar am nächsten Tag ohne Kater in die Augen sehen und ohne Streit mit ihr besprechen konnte, was los war.»

Wenn man versucht, das Trinken zu reduzieren oder ganz einzustellen, ist es sehr wichtig, die unterschiedlichen «Trigger» zu erkennen, die das alte Verhalten auslösen, und zu lernen, diesen Mechanismen eine Alternative entgegenzusetzen. Gelingt das, bringt das erste oder zweite Erfolgserlebnis eine erhebliche Selbstsicherheit, und man kann der nächsten problematischen Situation mit größerem Selbstvertrauen entgegensehen. Schlägt es fehl, wird das Selbstwertgefühl untergraben, und das Vertrauen in die Fähigkeit, die Situation kontrollieren zu können, sinkt. Dabei ist es von entscheidender Bedeutung, welche Einstellung man zu sich selbst und zum eigenen Trinkverhalten hat. Denkt eine Frau: «Ich bin eben labil, das wird nichts mehr» und hat sie zudem das Gefühl: «Da sieht man es, einmal Alkoholikerin, immer Alkoholikerin», ist die Gefahr sehr groß, daß es nicht bei einem einmaligen Kontrollverlust bleibt, sondern daß sie in die alten Verhaltensmuster zurückfällt. Leute, die sich selbst eine zu strenge Diät verordnet haben und nach einem Mohrenkopf aus dem Gefühl heraus, daß nun doch nichts mehr zu retten ist, konsequent den ganzen Kühlschrank leerräumen, kennen dieses Phänomen. Jemand, der Mühe hat, nicht die Kontrolle über seinen Alkoholkonsum zu verlieren, sollte sich unbedingt bewußt machen, daß ein Rückfall zu jedem beliebigen Zeitpunkt möglich ist. Dabei hilft der Gedanke, daß es einen Unterschied zwischen einem einmaligen Ausrutscher und einem umfassenden Rückfall in ein vertrautes, aber destruktives Verhalten gibt, das nicht mehr funktional ist.

Ein zentraler Punkt des kognitiven Verhaltensmodells liegt darin, daß ein neues Verhalten eingeübt werden muß, daß man Varianten ausprobieren kann und dabei Fehler einkalkulieren sollte. So kann ein vorübergehender Rückfall nicht unbedingt als ein endgültiges Scheitern, sondern vielmehr als

Möglichkeit gesehen werden, etwas hinzuzulernen und das neue Verhalten zu korrigieren. Wenn man, den besten Vorsätzen zum Trotz, zuviel getrunken hat, können Schuldgefühle aufkommen, die zum Anlaß genommen werden, weiterzutrinken. Manche vergessen über einem einzigen Kontrollverlust, wie oft sie eine vergleichbare Situation bewältigt haben, ohne zur Flasche zu greifen. Sie sind auf ihr Scheitern fixiert. In einem solchen Augenblick ist es hilfreich, wenn der Therapeut oder ein Gruppenmitglied die Betroffene daran erinnert, daß sie es schon wiederholt geschafft hat und auch wieder schaffen wird.

Es spricht fast für sich, daß eine strafende Haltung, die sich verbal oder unausgesprochen in Ablehnung und Ungeduld äußern kann, gerade das Scham- und Schuldgefühl bestätigt, das ein weiteres Abgleiten in den Alkoholismus fördert. Um zu verstehen, was sich in dem Moment abspielt, in dem jemand nach einem Ausrutscher wieder völlig in das alte Verhaltensmuster zurückfällt, nennt Marlatt als theoretisches Hilfsmittel den «Abstinence Violation Effect». Gemeint ist eine Disposition, in der sich das Selbstbild nicht mehr mit dem aktuellen Verhalten deckt. Auf die Alkoholproblematik bezogen, heißt das: Wer sich z. B. als nicht mehr süchtig betrachtet, wer meint, sein Verhalten kontrollieren zu können, kann bemerken, daß dies im Widerspruch zu dem steht, was er in Wirklichkeit tut. Wenn es dann nicht gelingt, das Verhalten zu ändern, wird das Selbstbild korrigiert. Häufig geschieht dies in der Form von: «Ich habe doch immer schon gewußt, daß keine Selbstbeherrschung habe.» Diese Argumentation wird gewählt, weil es auf den ersten Blick einfacher scheint, die eigene Schwäche für das Verhalten verantwortlich zu machen, als zu dem Schluß zu kommen, daß es nun einmal höchst riskante Situationen gibt, für die man noch keine angemessene Strategie gefunden hat.

Indem man den Lernprozeß in den Vordergrund stellt und versucht, einen Einblick in bestimmte Mechanismen wie den der kognitiven Dissonanz zu bekommen, kann jemand für sich selbst entdecken, daß es in jedem Moment auch einen Weg zurück gibt.

«Ich war lange daran gewöhnt, mit jedem mitzutrinken. Bei manchen Gelegenheiten, zum Beispiel auf Geburtstagen, wußte ich schon im voraus, daß es eine sehr feuchtfröhliche Sache mit einem mächtigen Kater am nächsten Morgen werden würde – und daß ich mir einen schweren Kopf einhandeln würde, der mich mindestens einen Tag von der Arbeit abhalten könnte. Einmal habe ich das Experiment gemacht, nach vier, fünf Gläsern Sekt auf Mineralwasser umzusteigen. Daß ich am nächsten Tag eine romantische Verabredung hatte, bei der ich nicht völlig verkatert auftauchen wollte, sorgte für die nötige Motivation. Zu meinem Erstaunen merkte ich eigentlich kaum, daß ich Selters trank – nach mehreren Gläsern schmeckt man sowieso nichts mehr –, und eigentlich ging es nur darum, ein Glas in der Hand zu halten, mitzureden und sich ab und zu nachschenken zu lassen. Ich war an diesem besagten Abend genausogut drauf wie sonst. Später hörte ich von jemandem, ich sei ziemlich blau gewesen – was ja nun absolut nicht stimmte. Am nächsten Morgen saßen meine Zechkumpane mit aschgrauen Gesichtern am Frühstückstisch, während ich völlig munter war. Ich nahm das zum Anlaß, immer öfter in einem bestimmten Stadium auf ein alkoholfreies Getränk umzusteigen, statt alles in mich hineinzuschütten, was mir vor die Nase gehalten wurde.»

Wenn Alkohol über lange Zeit Teil einer Überlebensstrategie gewesen ist, ist das Aufhören oder Reduzieren nicht nur eine

Frage des körperlichen Entzugs und des Erlernens bestimmter Techniken, die vor der Versuchung schützen. Manchen Frauen ist sehr wohl bewußt, wo die Gründe für ihre Alkoholabhängigkeit liegen: sie trinken gegen die Einsamkeit an oder um eine schlecht funktionierende Ehe so lange zu ertragen, bis die Kinder erwachsen sind, sie trinken, um ab und zu «wegtreten» zu können. Viele Frauen werden jedoch erst dann mit der Ursache ihres Trinkens konfrontiert, wenn sie ihren Konsum ganz eingestellt oder reduziert haben und ihnen die Wirklichkeit in ihrer ganzen Härte und Unbarmherzigkeit entgegenschlägt. Diese Realität kann um so unerbittlicher erfahren werden, je notwendiger der Alkohol als Überlebensmechanismus war. Für Frauen, die letztendlich in eine Suchtklinik aufgenommen wurden, kann die Rückkehr in die alten Lebensverhältnisse mehr als ernüchternd sein. Welche schwelenden Trümmer trifft man an, nachdem man jahrelang eigentlich kaum etwas registriert hat?

«Letztendlich habe ich mich wegen der Kinder für eine Suchttherapie angemeldet. Sie haben mich unterstützt, diesen Schritt zu wagen. Aber als ich nach ein paar Wochen wieder nach Hause kam, war der Ofen aus. So verstockt und widerspenstig hatte ich meine Kinder nie erlebt, als ich noch trank. Im nachhinein ist mir klar, daß sie sich lange zurückgehalten hatten, um mir zu helfen, nicht völlig den Überblick zu verlieren. Mir wurde auch bewußt, wie sehr sie sich geschämt hatten, eine solche Mutter zu haben, daß sie zum Schluß keine Freunde mehr mit nach Hause bringen wollten, weil sie Angst hatten, daß ich um vier Uhr nachmittags schon mit der Flasche lallend auf der Couch sitzen und sie zur nächsten Pommes-frites-Bude schicken würde. Jetzt wurde mir die Rechnung präsentiert. Ich mußte wieder bei Null anfangen, um ein Vertrauensverhältnis aufzubauen, um die Erwachsene zu sein, auf die sie bauen konnten. Sie haben mich auf Herz und Nieren getestet.»

«Irgendwann war der Punkt erreicht, an dem ich mehr trank als Felix. Eigentlich habe ich mit dem Trinken aufgehört, weil ich das Gefühl hatte, damit unsere Ehe kaputtzumachen. Als ich es jedoch geschafft hatte, so gut wie keinen Tropfen mehr zu trinken, ging es bei Felix erst richtig los. Man konnte einfach nicht mit ihm darüber reden. Zu Anfang fühlte ich mich deshalb sehr ungerecht behandelt. Während ich mir die größte Mühe gab, sabotierte er die Sache auf der ganzen Linie. In einem Anfall von Mutlosigkeit habe ich dann wieder angefangen. Allerdings nicht lange. Ich fing allmählich an zu begreifen, daß ich den Alkohol nur brauchte, um nicht erkennen zu müssen, daß mit unserer Ehe nicht mehr viel Staat zu machen war. Es hatte auch keinen Sinn, daß ich mir vornahm, wegen ihm weniger zu trinken. Letztendlich habe ich mich dazu durchgerungen, die Scheidung einzureichen. Als es soweit war, unternahm er plötzlich einen Versuch, abstinent zu werden. Aber als wir uns dann nüchtern gegenübersaßen, wurde sehr deutlich, daß wir uns schon lange voneinander entfernt hatten. Ich habe die Scheidung damals durchgesetzt.»

«Mein Freund und ich waren beide keine Antialkoholiker. Wenn wir wochentags von der Arbeit nach Hause kamen, genehmigten wir uns gern einen Drink, und am Wochenende, wenn wir Freunde zum Essen eingeladen hatten oder irgendwo hingingen, blieb es nie bei einer Flasche. Allerdings hielt sich das Ganze jahrelang in etwa auf demselben Level. Nachdem wir jedoch einmal kräftig versackt waren

und am nächsten Morgen höchst ungnädig mit einem aus-
gewachsenen Kater bestraft wurden, sind wir eine Weile
auf Mineralwasser umgestiegen oder haben es bei einem
Glas Bier oder Wein belassen. Aber dann begann es zwischen uns zu kriseln, ich hatte ihn in Verdacht fremdzuge-
hen, aber er stritt das vehement ab und geriet über meine,
wie er es nannte, idiotische Eifersucht in Wut. Da er sich
immer mehr zurückzog, war ich öfter allein und bemerkte,
daß ich, auch wenn ich nicht in Gesellschaft war, zunehmend mehr trank. Während ich früher meist fröhlich und
ausgelassen wurde – wir waren bei unseren Freunden als
Paar sehr beliebt –, schlug meine Stimmung jetzt ins
Depressive und Weinerliche um. Manchmal verlor ich
mich in einem abgrundtiefen Selbstmitleid, ich fühlte mich
schrecklich einsam und unverstanden. Meinem Freund
war es äußerst zuwider, wenn er mich in einer solchen Verfassung antraf und ich ihm vorwarf, daß er mich nicht
mehr liebe. Dann zog er sich noch mehr zurück, und die
Situation wurde eigentlich immer schlimmer. Im Grunde
konnte ich das alles durchaus nachvollziehen. Wenn ich
mir vorstellte, mit einer solchen Frau zusammenleben zu
müssen, würde ich mich auch so schnell wie möglich aus
dem Staub machen. Als wir fast den Punkt erreicht hatten,
uns zu trennen, beschlossen wir, unserer Beziehung noch
eine letzte Chance zu geben. Er schwor, daß es keine andere Frau in seinem Leben gäbe, und ich versprach, weniger zu trinken. Allerdings fiel mir das schwerer, als ich gedacht hatte. Ich faßte den Entschluß, mir helfen zu lassen.
Meine Therapeutin hielt es für wichtig, daß wir zu zweit
kamen. Zunächst weigerte er sich. Er fand, daß es mein
Problem sei, erklärte sich jedoch bereit, mir zu Gefallen
mitzugehen. Mir wurde allmählich klar, daß ich schon sehr
lange das Gefühl hatte, bei Bert zu kurz zu kommen. Wir

sahen uns eigentlich hauptsächlich, wenn auch andere Leute dabei waren. Und solange die Sache lustig blieb, konnten wir die Illusion aufrechterhalten, ein ideales Paar zu sein. Als die Frage nach unserer sexuellen Beziehung kam, zuckte ich zusammen. Mir wurde klar, daß wir nie miteinander schliefen, wenn wir nüchtern waren, und wenn es dazu kam, dann meist nach einem feuchtfröhlichen Abend außer Haus. Wir entschuldigten uns damit, daß wir während der Woche müde waren, weil wir so hart arbeiteten. Bert fand es schlimm, daß ich das Gefühl hatte, nicht genug Beachtung zu finden. Als wir dies vertieften, stellte sich auch heraus, daß ich eigentlich schon als Kind unter mangelnder Zuwendung gelitten hatte und daß ich dieses Defizit kompensierte, indem ich permanent gute Laune versprühte und für jeden Spaß zu haben war. Ich habe es lange geschafft, als unkompliziertes nettes Mädchen durchs Leben zu kommen, und genau das hatte Bert an mir so gefallen. Er konnte nicht damit umgehen, wenn eine andere Seite von mir zum Vorschein kam, dann zog er sich zurück, ich fühlte mich abgelehnt, das löste wieder massiv die alten Gefühle aus – und so bewegten wir uns in einer kontinuierlichen Abwärtsspirale. Ich konnte meine Gefühle nur äußern, wenn ich viel Alkohol im Kopf hatte, und dann schlug ich gleich über die Stränge. Ich mußte lernen, meine Kindheitserfahrungen von dem zu trennen, was in der Beziehung mit Bert wirklich falsch lief. Bert mußte lernen, nicht gleich panisch die Flucht zu ergreifen und sich in sein Schneckenhaus zurückzuziehen, wenn ich ihm sagte, was ich eigentlich von ihm wollte. Wir mußten noch einmal komplett von vorne anfangen. Das liegt nun zwei Jahre zurück. Wir sind immer noch zusammen. Manchmal vermisse ich die Zeiten fast, in denen wir unbekümmert drauflos tranken, wir hatten eine Menge Spaß dabei. Zu Anfang schien es in nüchternem Zustand auch im Bett nicht mehr zu klappen, wir waren plötzlich viel ungeschickter, man erlebt alles, was man tut, so bewußt. Ich wurde auch immer unsicherer, ob er mich noch attraktiv fand, selbst wenn er sagte, daß das so sei. Manchmal scheint das Leben mit einem Mineralwasser auf der Couch ein Stück langweiliger und öder. Wir haben auch viele Freunde aus den Augen verloren, die uns jetzt nicht mehr so amüsant finden wie früher.»

«Sowohl Peter als auch ich tranken zuviel. Beide haben wir es durch eine AA-Gruppe geschafft, abstinent zu werden. Inzwischen war unsere Tochter im Teenageralter. Im nachhinein betrachtet ist sie in der Zeit, in der wir oft bedröhnt waren, ziemlich zu kurz gekommen. Nicht, daß wir sie richtig vernachlässigt hätten, und auch Gewalt war glücklicherweise nie im Spiel, aber sie war oft sich selbst überlassen. Als wir nichts mehr tranken, habe ich versucht, die Beziehung zu ihr neu zu knüpfen. Das erwies sich als nicht so leicht. Mal wollte sie von meinen gutgemeinten Absichten absolut nichts wissen, im nächsten Moment hing sie wieder an mir wie ein kleines Kind. Vor allem mit mir hatte sie Probleme, mit Peter lief es besser. Wir sind gemeinsam in eine Therapie gegangen, und es wurde mir bewußt, was eigentlich los war: Einerseits nahm sie es mir übel, daß sie so lange zu kurz gekommen war, andererseits war sie schon früh selbständig geworden, und gerade als Teenager war diese Selbständigkeit für sie ganz wichtig. Daraus entstand ein Chaos widersprüchlicher Gefühle, mit denen ich zu Anfang kaum umgehen konnte.»

Je nachdem, welche Funktion Alkohol gehabt hat, können in der Nüchternheitsphase Probleme auftauchen, die zwar nicht neu sind, aber durch den Alkohol lange verdeckt blieben – psychische, sexuelle oder Beziehungsprobleme.

«Rückblickend habe ich mir überlegt, daß sich eigentlich nie etwas zwischen uns abspielte, wenn wir nicht mindestens ein paar Gläser getrunken hatten. Als wir beide unseren Alkoholkonsum drastisch reduzierten und auch alkoholfreie Zeiten einführten, hatte Bente mehr Lust auf Sex, sie fühlte sich absolut energiegeladen und topfit. Bei mir tat sich jedoch monatelang erotisch gar nichts. Das wurde zu einer ziemlichen Belastung für unsere Beziehung. Ich machte nur mit, weil Bente es so gern wollte und nicht, weil ich selbst Lust dazu hatte, aber meine mangelnde Begeisterung blieb ihr nicht verborgen. Am liebsten hätte ich alles, was mit Sexualität zu tun hatte, fürs erste ausgeklammert. Aber wenn sie dann neben mir lag und seufzte, bekam ich Angst, daß sie sich in eine andere verlieben könnte, und gab immer wieder nach. Das waren die Momente, in denen die Versuchung, schnell ein paar Gläser runterzukippen, am größten war. Ich wußte, daß damit auch meine erotischen Gefühle wiederbelebt würden.»

Bei Frauen, für die Alkohol ein Überlebensmechanismus war, um mit den Folgen sexuellen Mißbrauchs in der Kindheit leben zu können, ist dies die Phase, in der die Gefahr am größten ist, daß die bedrückenden Erinnerungen zurückkommen, gerade auch, wenn es um Sexualität geht. Es ist von zentraler Bedeutung, daß der jeweilige Partner die Hintergründe kennt und Unterstützung anbieten kann. Es ist auch die Phase, in der es wichtig sein kann, eine Therapie anzufangen – falls das nach einer eventuellen Behandlung noch nicht geschehen ist.

Manche Frauen merken vor allem, wieviel fitter sie sich

ohne oder mit weniger Alkohol fühlen – und an sich ist das
schon eine Art Belohnung. Möglich ist jedoch auch, daß sie
zunächst vor allem sehr verletzlich und leicht irritiert reagieren, als wären sie ohne den Alkohol und seine abstumpfende
Wirkung einfach dünnhäutiger geworden. Für wieder andere
Frauen ist der Verzicht auf Alkohol fast ein Akt der Trauer
und des Abschiednehmens. Oder, wie eine Frau es ausdrückte:

«Es war fast so, als hätte ich einen alten Freund verloren.
Eine Stütze, die immer dagewesen ist und die soviel zuver-
lässiger war als wirkliche Freundinnen. Ich mußte neu lernen, um Hilfe zu bitten, ich mußte neu lernen zu akzeptieren, daß nicht jeder für mich zur Verfügung stand, wenn
mir danach war. Ich mußte lernen, eine gewisse Gelassen-
heit zu entwickeln, um mir sagen zu können: ‹Momentan
geht es mir zwar nicht gerade blendend, aber morgen treffe
ich mich mit dem oder der, das wird mir sicherlich guttun.›
Tja, die Flasche ist immer da. Ich war absolut nicht mehr
daran gewöhnt, mich hin und wieder nicht gut zu fühlen
und diese Stimmung einfach auszuhalten.»

4. Methoden der Selbstkontrolle

Manche Frauen wollen ihr Trinken ohne fremde Hilfe reduzieren oder ganz einstellen. Manche Therapeuten wollen ihre Patientinnen im Rahmen einer Gesamttherapie bei der Lösung ihres Alkoholproblems unterstützen und nach einer Suchttherapie Methoden zur Verfügung haben, die sie vor einem Rückfall schützen. In den meisten Fällen gehört dazu eine Reihe von Schritten (die allerdings nicht unbedingt in der angegebenen Reihenfolge vollzogen werden müssen).

1 Gute Information

Die meisten Menschen wissen, daß ein übermäßiger Alkoholkonsum gesundheitsschädlich ist. Es bleibt uns selbst überlassen, wieviel Alkohol wir neben vielen anderen ungesunden Angewohnheiten zulassen wollen. Für Menschen, die zu übermäßigem Trinken neigen, ist es wichtig, einen Einblick in die biphasische Wirkung von Alkohol zu bekommen. Gerade das Weitertrinken, nachdem man den optimalen Effekt, die fröhliche Stimmung, die angenehme Enthemmung, erreicht hat, führt dazu, daß manche die Grenze zwischen sozialem und übermäßigem Trinken überschreiten. Menschen mit einer solchen Disposition «vergessen», daß sie später unweigerlich in eine Phase der Depression, der Aggressivität oder des Selbstmitleids verfallen, und «erinnern» sich nur an den positiven Anfangseffekt, der um jeden Preis reaktiviert werden soll. Manche lernen mit dieser Information im Hinterkopf besser zu erkennen, wo für sie die Grenze verläuft.

2 Einschätzung des eigenen Alkoholkonsums

Eine Frage, die Suchttherapeuten oft gestellt wird, lautet: Wann ist jemand ein Alkoholiker? Dahinter verbirgt sich die Vorstellung, daß man unbekümmert weitertrinken könne, solange man noch kein echter Alkoholiker ist. Sage mir, wie viele Gläser am Tag mich zur Alkoholikerin machen. In den vorangegangenen Kapiteln haben wir gezeigt, daß es hierauf keine eindeutige Antwort geben kann. Es ist keine Frage der Menge oder der Regelmäßigkeit, denn gerade viele «trainierte» Trinker sind nie oder nur sehr selten auffällig betrunken. Der springende Punkt ist vielmehr, welchen Grad der körperlichen oder psychischen Abhängigkeit man erreicht hat. Die beiden kleinen Tests in diesem Buch – der verkürzte MALT-Test und die CAGE-Fragen sowie der etwas ausführlichere Test zu den Trinkgewohnheiten – können eine Indikation dafür sein, in welchem Maße sich jemand zu Recht Gedanken darüber machen sollte, welche Rolle der Alkohol in seinem Leben spielt.

3 Die geplante Einschränkung

Am Anfang einer solchen Planung steht fast immer die Selbstbeobachtung, das sorgfältige und ehrliche Registrieren des täglichen Alkoholkonsums. Dabei kommt es kaum darauf an, was getrunken wird. Gläser, wie sie standardmäßig in der Gastronomie verwendet werden, enthalten praktisch den gleichen Alkoholgehalt, ob man nun einen Schnaps, ein Glas Wein, ein Bier oder andere Spirituosen trinkt. Nur Leute, die vor allem zu Hause oder im vertrauten Kreis trinken, sollten darauf achten, ob sie nicht vielleicht unbemerkt die doppelten Mengen konsumieren, weil sie aus Wassergläsern trinken oder sich immer wieder nachschenken, wenn das Glas noch halbvoll ist. Viele Leute erschrecken, wenn sie einmal addieren, was sie im Laufe einer Woche in sich hineingeschüttet haben; sehr oft stellt sich heraus, daß die tatsächliche Menge weit über der globalen Anfangsschätzung liegt.

Für manche hat schon eine solche Konfrontation den ernüchternden Effekt, sich selbst eine vernünftige Grenze zu setzen. Wichtig ist auch, daß man sich klarmacht, in welchen Situationen man hauptsächlich trinkt. Beispielsweise tagaus, tagein nach der Arbeit, beim Kochen, beim Fernsehen oder wenn Leute zu Besuch kommen.

4 Eine Verhaltens- oder Funktionsanalyse

In welcher Stimmung oder in welcher Situation wird getrunken, und was passiert eigentlich, wenn man nicht trinkt? Manche tun sich nicht besonders schwer, dies herauszufinden, andere müssen wesentlich tiefer graben, um an ihre Motive heranzukommen. Wer eine Weile versuchsweise nicht trinkt, wird möglicherweise erleichtert feststellen, daß die Lage keineswegs dramatisch ist, da sich keine Entzugserscheinungen – auch nicht in der Form einer unwiderstehlichen «Lust auf Alkohol» – einstellen. Genau diese Leute werden aber auch eventuell die Entdeckung machen, daß ihre Selbstbeherrschung in einer bestimmten Situation oder Umgebung von einem Moment zum anderen zusammenbricht. Es ist also wichtig, genau zu erkennen, welche Situationen oder Stimmungen das Bedürfnis nach Alkohol auslösen, und dies in die Planung einzubeziehen. Das Schema von Carien Karsten kann, auch für Frauen, die nicht «wirklich» süchtig sind, durchaus hilfreich sein, wenn man herausfinden will, welche Funktion das Trinken hat. Ein weiteres Hilfsmittel ist die Frage: Welcher Aspekt meiner Persönlichkeit kommt zum Vorschein, wenn ich trinke? Für eine Frau, die sich normalerweise sehr beherrscht gibt, kann dies die unbekümmerte, ausgelassene Seite ihrer Persönlichkeit sein, für einen eher zurückhaltenden Menschen ist es möglicherweise der

Mut zur Initiative und zum Wagnis. Bei einer Frau, die zwanghaft darauf bedacht ist, nicht die Kontrolle zu verlieren, kann der leichtsinnigere, sorglosere Teil ihrer Persönlichkeit durch den Alkohol eine Chance bekommen. Und der Frau, die immer stark, zupackend und selbständig sein muß, begegnet im alkoholisierten Zustand ein weinerliches Kind – das Kind, das sie einmal war, das Kind, das jetzt endlich die vermißte Zuwendung fordern und einklagen will. Selbstmitleid oder Selbstbedauern sind Anzeichen dafür, daß wir im täglichen Leben zuwenig Beachtung und Zuwendung erfahren. All diese Gefühle und Aspekte unserer Persönlichkeit, die zum Vorschein kommen, wenn durch den Alkohol einige Barrieren fallen, sagen uns etwas über unsere tieferen Bedürfnisse. Sie geben uns die Möglichkeit, darüber nachzudenken, ob wir sie uns nicht vielleicht mit anderen Methoden als mit dem Trinken erfüllen können.

5 Die gezielte Entscheidung

Aufhören oder reduzieren? Es ist wichtig, daß man sich realistische Ziele steckt. Von entscheidender Bedeutung ist dabei die eigene Motivation. Wer sich, von seinem Partner unter Druck gesetzt, vornimmt, von einem auf den anderen Tag keinen Tropfen mehr zu trinken, ohne sich selbst wirklich motiviert zu fühlen oder die Funktion von Alkohol zu durchschauen, geht ein hohes Risiko ein, sehr schnell wieder in das alte Verhaltensmuster zurückzufallen. Und mit jedem «Fehlversuch» wächst das Gefühl, daß man es sowieso nicht schaffen wird. Für viele Menschen ist es leichter und erfolgversprechender, den Alkoholkonsum schrittweise zu reduzieren. Ein solches Vorgehen hat den großen Vorteil, daß ein Teilerfolg das Selbstvertrauen stärkt – und vielleicht auch die Motivation, noch einen Schritt weiter zu gehen. Und sollte sich ein solcher Weg als Sackgasse erweisen, bleibt immer noch die Möglichkeit, mit oder ohne professionelle Hilfe radikal aufzuhören. Sehr hilfreich kann sein, die von Marlatt entwickelte Rückfall-Kette zu erkennen und sich immer wieder bewußt zu machen, daß ein vorübergehendes Einbrechen nicht zum Anlaß genommen werden muß, jeden weiteren Versuch, zu einem kontrollierten Trinken zu kommen, als ein völlig aussichtsloses Unterfangen zu sehen.

6 Schrittweise Durchführung

Vielen Menschen ist es eine große Hilfe, wenn sie eine Reihe überschaubarer und realistischer «Absprachen» mit sich selbst treffen können. Solche Verbindlichkeiten können im Anschluß an die Phase der Selbstbeobachtung und des Experimentierens mit einem neuen Verhaltensmuster auch längerfristig stabilisierend wirken. Solche Absprachen können beispielsweise sein:

— Man setzt vorab fest, wie viele Gläser man sich pro Woche gestatten darf. Schießt man an einem Tag etwas über sein Ziel hinaus, läßt sich das am nächsten Tag wiedergutmachen.

— Man nimmt sich vor, nicht vor einer bestimmten Uhrzeit zu trinken, zum Beispiel nicht vor fünf Uhr, nur zum Essen oder erst am Abend.

— Man trinkt nach jedem Glas Alkohol ein alkoholfreies Getränk.

— Man trinkt kein Bier, wenn man Durst hat.

— In riskanten Situationen, zum Beispiel auf Festen, legt man sein Quantum schon zuvor fest.

— Man vermeidet es, Alkohol im Haus zu haben, und trinkt nur in Gesellschaft.

— Man belohnt sich selbst, wenn man ein bestimmtes Etappenziel erreicht hat, zum Beispiel, indem man mit dem gesparten Geld besonders chic und teuer essen geht.

– Man achtet verstärkt darauf, wie man trinkt, und versucht, nicht in wenigen Zügen ein Glas hinunterzustürzen, sondern in kleinen Schlucken zu trinken.

– Man bestellt mit der Flasche Wein auch eine Karaffe Wasser.

– Man verzichtet grundsätzlich auf einen Aperitif. Alkohol auf nüchternen Magen hat eine größere Wirkung als in Kombination mit Essen.

Manchen hilft es sehr, wenn sie sich mit einem Partner oder mit Freundinnen, die ihren Alkoholkonsum ebenfalls reduzieren wollen, ein gemeinsames Ziel vornehmen. Das bedeutet nicht nur, daß man einen Ansprechpartner hat, wenn die Lage kritisch zu werden droht, sondern auch, daß es einen Menschen gibt, mit dem man die kleinen Erfolgserlebnisse teilen kann.

«Wir haben einander ein dekadentes, alkoholfreies Wochenende auf einer Schönheitsfarm versprochen, wenn es uns drei Monate lang gelingen sollte, nicht mehr als zehn Gläser in der Woche zu trinken. Ab und zu geriet das Ganze zwar etwas aus den Fugen, aber das habe ich in der darauffolgenden Woche wieder kompensieren können. Eine zusätzliche Belohnung war, daß wir beide mühelos abnahmen.»

Es dürfte deutlich geworden sein, daß diese Einzelschritte zur Einübung von Techniken der Selbstkontrolle vor allem dann funktionieren, wenn man sich gleichzeitig mit den Hintergrundsproblemen beschäftigt und sich dabei, wenn nötig, helfen läßt.

Wie wir in diesem Buch vermitteln wollten, wird Alkohol in sehr unterschiedlichen Stimmungen und Gemütsverfas-

218

sungen getrunken. Von daher gibt es auch keine wasserdichten Tips, wie man seinen Alkoholkonsum reduzieren oder durch etwas anderes ersetzen kann. In der Experimentierphase, in der man sich auf die Suche nach den optimalen Alternativen begibt, muß man sich vor Augen halten, wie lang der Weg in den Alkohol war, um zu erkennen, daß auch der umgekehrte Lernprozeß eine ganze Weile dauern kann.

Wenn Alkohol vor allem ein Mittel zur Entspannung war, können andere Techniken an seine Stelle treten. Für manche kann Yoga, Meditation oder Musik eine funktionierende Alternative sein.

«Ich habe eine Hypnotherapie gemacht, um einige Dinge aus meiner Kindheit zu verarbeiten. Als ich zu Hause jeden Tag eine halbe Stunde die Übungen machte, um mich selbst in Trance zu versetzen, merkte ich, daß ich danach sehr entspannt war und viel weniger das Bedürfnis hatte, mir sofort ein paar Gläser einzuschenken. Jetzt nehme ich mir diese halbe Stunde regelmäßig nach einem stressigen Tag.»

Für andere ist gerade Bewegung, Radfahren oder Joggen das geeignete Rezept. Durch die Produktion körpereigener Stoffe hilft Joggen nachweislich auch gegen Depressionen.

Für Frauen, die sich mit der Flasche zurückzuziehen pflegten, die das Telefon klingeln ließen und sich immer stärker isolierten, kann es ein probates Hilfsmittel sein, sich mit Freundinnen zu verabreden oder Kontakt zu Frauen aufzunehmen, die ebenfalls daran arbeiten, ihren Alkoholkonsum einzuschränken, und von daher zu jeder Tages- und Nachtzeit ein offenes Ohr haben, wenn sich ein Rückfall ankündigt. Manchmal reicht schon das Wissen, daß es eine solche Vertrauensperson gibt, um genügend Widerstand zu entwickeln.

Für Frauen, die den Alkohol brauchten, um sich Mut anzutrinken, um zum Beispiel in Gesellschaft lockerer mithalten
oder gegenüber dem Ehemann oder Freund die eigenen Bedürfnisse massiver vertreten zu können, ist ein Selbstbehaup-
tungstraining möglicherweise die richtige Methode. Langeweile läßt sich mit neuen Hobbys bekämpfen. Wie dem auch
sei – wichtig ist, mehr als nur eine Alternative in petto zu
haben. Wer an Alkohol gewöhnt ist, lebt mit schnellen Lösungen, denn Alkohol wirkt innerhalb einer halben Stunde
gegen Streß oder Kummer. Viele Menschen, die weniger
oder gar nicht mehr trinken wollen, müssen sich daran ge-
wöhnen, ihre Unzufriedenheit oder schlechte Laune eine
Weile zu ertragen. Und für diejenigen, die mehr oder weniger
aus Gewohnheit zu festen Zeiten und in identischen Situationen zur Flasche greifen, ist es wichtig, neue positiv be-
setzte «Rituale» zu entwickeln.

Manche, die ihr Trinken reduziert oder ganz eingestellt haben, bemerken, daß sie nach ein paar Wochen seltener de-
pressiv sind. Andere hingegen stürzen wieder sehr brutal von
einem Stimmungstief ins nächste. In diesen Situationen geht
es darum, nicht wieder zur Flasche zu greifen, sondern etwas
gegen diese Depressionen zu unternehmen (Nace und
Naegle, 1993). Je nach Art der Depression können Antidepressiva oder eine bestimmte Therapie helfen. Hinter einem
übermäßigen Alkoholkonsum verbirgt sich eine Vielfalt unterschiedlicher Probleme. Es ist in diesem Rahmen nicht
möglich, alle Therapieformen Revue passieren zu lassen, die
diese Hintergründe aufhellen können. Aber es ist unbestrit-
ten, daß eine Frau, die in der Vergangenheit mißbraucht
wurde, unbedingt fachkundiger Hilfe bedarf, wenn diese
angstbesetzten Erfahrungen wieder an die Oberfläche kommen. Wenn Alkohol in der Beziehung eine Rolle spielte, kann

es wichtig sein, zumindest einige Gespräche mit einem Therapeuten zu führen. Für wieder andere ist dies der geeignete Zeitpunkt, sich in einer Einzel- oder Gruppentherapie mit der eigenen Problematik auseinanderzusetzen.

5. Professionelle Hilfe und Selbsthilfeorganisationen

För Frauen, die sich nicht allein an die Bekämpfung ihres Alkoholproblems heranwagen wollen, gibt es verschiedene Institutionen, wie z. B. die Suchtberatungsstellen und Suchtkliniken, in die man sich auch nur tagsüber aufnehmen lassen kann. Manche dieser Kliniken haben eine spezielle Frauenabteilung oder stehen nur Frauen offen. Darüber hinaus bieten auch einige psychiatrische Kliniken Möglichkeiten für eine stationäre oder ambulante Behandlung, ebenso wie die psychiatrischen Abteilungen der allgemeinen Krankenhäuser. Ferner gibt es Rehabilitationszentren für Frauen, die zwar den Entzug überstanden haben, aber körperlich noch nicht wieder fit sind. Auch unter den niedergelassenen Ärzten und Psychotherapeuten haben sich einige auf die Behandlung Alkoholabhängiger spezialisiert. Bei einigen regionalen Instituten für ambulante Psychiatrie arbeiten Therapeutinnen, die Erfahrung im Bereich frauenspezifischer Therapieformen und/oder auf dem Gebiet von Suchterkrankungen haben.

Und nicht zuletzt gibt es die weitverzweigte, institutionalisierte Organisation der Anonymen Alkoholiker mit einer Reihe verwandter Gruppierungen wie Alateen für Teenager und Alannon für die Partner von Alkoholikern.

Wir wollen kurz aufzeigen, was von den unterschiedlichen Organisationen und Einrichtungen erwartet werden kann. Einen Anspruch auf Vollständigkeit kann diese Übersicht natürlich nicht erheben. Zudem muß gesagt werden, daß die hier beschriebenen Arbeitsweisen von Beratungsstellen und

Kliniken vor allem in Einrichtungen praktiziert werden, die dem Boumanhuis in Rotterdam angegliedert sind, da wir diese Institution am besten kennen. Von daher haben die nachfolgenden Aussagen keine Allgemeingültigkeit.

Die Beratungsstellen sind leicht zugänglich, auch wenn die emotionale Hemmschwelle hoch sein mag. Man braucht keine Überweisung durch einen Arzt oder Therapeuten, sie sind täglich geöffnet.

Im Prinzip bieten diese Beratungsstellen Einzelgespräche sowie Einzel- und Gruppentherapien an. Man kann sich auch einen Termin für ein erstes orientierendes Gespräch geben lassen, um ein mögliches Alkoholproblem und dessen Lösungsmöglichkeiten zu besprechen. Niemand muß sich also als «anerkannter Alkoholiker» definieren, um hier Unterstützung zu bekommen. Eine Frau, die zwar nicht mehr trinkt, aber Unterstützung in Form einer Gruppentherapie oder in Einzelgesprächen sucht, kann sich ebenso an eine dieser Beratungsstellen wenden wie jemand, der seinen täglichen Konsum von einer halben Flasche Wein für übermäßig hält.

Mit einer Patientin, die weiter gehen will, wird in einer Reihe von Gesprächen zunächst eine Problem- und Funktionsanalyse erstellt, es wird eine Anamnese gemacht, zu der auch eine Skizzierung der Alkoholkarriere gehört. Dann wird gemeinsam mit der Patientin beraten, wie eine geeignete Behandlung aussehen könnte, ob sie in Form einer Einzel- oder Gruppentherapie, direktiv oder nicht direktiv sein sollte. Für Frauen, die neben der Behandlung weiterarbeiten oder Kinder zu versorgen haben, gibt es neben den Tages- auch Abendgruppen. Man schaut, ob der Partner eventuell in die Behandlung einbezogen werden sollte, und es gibt auch spezielle Partnergruppen. Nach einer ersten Problemanalyse und einer anschließenden Behandlungsphase, die bis zu drei

Monate dauern, aber auch kürzer sein kann, gibt es die Möglichkeit einer Begleitung für Menschen, die durch Alkohol in Schwierigkeiten geraten sind und denen man zum Beispiel bei der Tilgung von Schulden, bei der Kontaktaufnahme zum Kinderschutzbund, bei der Wohnungssuche, der Wiedereingliederung in den Arbeitsprozeß oder bei der Suche nach anderen sinnvollen Beschäftigungen hilft.

Die Beratungsstellen sind vor allem für Frauen geeignet, die in der Lage sind, weiterhin zu arbeiten und/oder ihre Familie zu versorgen, bzw. als Alleinstehende weiter funktionieren können und deren körperliche Verfassung eine ambulante Betreuung erlaubt. Wer dazu nicht in der Lage ist, kann in eine der Kliniken überwiesen werden.

Eine stationäre Aufnahme ist vor allem für Frauen geeignet, deren Alkoholabhängigkeit sich zu einem eigenständigen Prozeß entwickelt hat, die mit schweren Entzugserscheinungen rechnen müssen und in einer schlechten körperlichen Verfassung sind; auch Frauen, die weder zu Hause noch anderweitig während der Behandlung Unterstützung bekommen, sind in einer Klinik am besten aufgehoben.

Eine klinische Aufnahme bedeutet, daß die Patientin rund um die Uhr betreut wird. In der ersten Phase geht es zunächst um die Entgiftung – ein Prozeß, der im günstigsten Fall einige Stunden, manchmal jedoch auch bis zu sechs Tage dauern kann. In dieser Zeit darf die Patientin, deren Zustand sehr labil sein kann, keinen Besuch empfangen und nicht telefonieren. Sie wird rund um die Uhr medizinisch betreut, um bei einem möglichen Delirium oder Selbstmordversuch entsprechend reagieren zu können. Der Entgiftungsphase folgt die diagnostische Phase auf der Beobachtungsstation. Während auf der Entgiftungsstation nur sechs Patientinnen aufgenommen werden, sind es auf der Beobachtungsstation im Durchschnitt zwanzig. In dieser Phase werden die Medikamente allmählich abgebaut, von den Patientinnen werden eine größere Fähigkeit zur Selbsthilfe und mehr Selbständigkeit gefordert. Die Patientin hat ein eigenes Zimmer, kann Besuch empfangen und wird von einem Team betreut, zu dem ein Einzeltherapeut gehört, der mit der Patientin eine Funktionsanalyse erstellt. An die diagnostische Phase, die sich über ungefähr einen Monat erstreckt, schließt sich die eigentliche Behandlungsphase an, die maximal drei bis vier Monate dauern kann. In dieser Zeit kann die Patientin immer wieder einmal kurzfristig nach Hause. Jetzt kann ein ganzes Paket an Behandlungsmethoden zum Einsatz kommen, das von Klinik zu Klinik unterschiedlich ist, es sieht Einzel- und Gruppentherapien vor, beispielsweise Selbstbehauptungsgruppen für Frauen, RET-Gruppen (Rational-Emotive-Therapie), Kreativitätstherapie, Dramagruppen und Körperarbeit. Schritt für Schritt wird auf die Entlassung hingearbeitet, mit der Möglichkeit einer Nachbetreuung, die unter anderem von einer Beratungsstelle übernommen werden kann.

Neben der Behandlung rund um die Uhr ist auch eine Tagesbehandlung möglich, die an fünf, in Einzelfällen auch an nur drei oder zwei Tagen in der Woche stattfinden kann. An den Abenden und Wochenenden ist die Patientin zu Hause. Dies ist nur dann durchführbar, wenn der körperliche Zustand und die häusliche Situation dies erlauben. Da die Alkoholkliniken im Gegensatz zu einigen Drogenkliniken keine Kinderbetreuung anbieten, entscheiden sich manche Frauen für eine Tagesbehandlung. Es ist fraglich, ob dies immer die optimale Lösung ist. Gerade vollkommene Ruhe und Abgeschiedenheit kann den Heilungsprozeß günstig beeinflussen. Andererseits kann es die betroffene Frau stark belasten, wenn die Betreuung der Kinder nicht gut geregelt ist.

Innerhalb der Kliniken, der Beratungsstellen und der

Psychiatrie wird die notwendige Integration der frauenspezifischen Therapieformen in einem raschen Tempo vorangetrieben. Inzwischen denkt man zunehmend darüber nach, wieso die Hemmschwelle für eine therapeutische Behandlung insbesondere bei Frauen so hoch ist und welche Rehabilitationsmaßnahmen realisiert werden können: beispielsweise ein eigener Schlaftrakt für Frauen mit sanitären Einrichtungen und einem Aufenthaltsraum, so daß sich Frauen, die sexuellen Mißbrauch erfahren haben – und das ist bei jeder zweiten Suchtklinik-Patientin der Fall –, in einem Umfeld bewegen können, das ihnen ein Gefühl der Sicherheit gibt. Darüber hinaus wird sehr viel getan, um Therapeuten besser für die Betreuung weiblicher Patientinnen zu schulen, die sexuellen Mißbrauch oder andere traumatische Erfahrungen zu verarbeiten haben.

Momentan verlaufen diese Entwicklungen in einem so rasanten Tempo, daß es sinnlos wäre, bestimmte Beratungsstellen oder Kliniken besonders zu empfehlen. Die Tatsache, daß in einigen Einrichtungen mit Frauengruppen gearbeitet wird, ist außerdem nicht unbedingt eine Garantie dafür, daß die Grundprinzipien einer frauenspezifischen Herangehensweise integriert wurden. Dasselbe gilt in noch höherem Maße für die einzelnen Therapeuten und die allgemeine Therapieszene. Wir können nur empfehlen, sich gründlich zu informieren.

Die Anonymen Alkoholiker sind eine Selbsthilfeorganisation. Sie haben den großen Vorteil, daß sie in Krisensituationen für Menschen, die einen Rückfall befürchten und dringend emotionale Unterstützung brauchen, rund um die Uhr erreichbar sind. Jeder, der sich den AA anschließt, bekommt Telefonnummern von Leidensgenossen und kann die öffentlichen Versammlungen besuchen. Vor allem Menschen, die einen alternativen Bekanntenkreis suchen, um einen Ersatz für die alten Zechkumpane zu finden, kann dieses Konzept einiges bieten. Aber wir haben uns in diesem Buch auch schon kritisch zu dem Krankheitsmodell geäußert, das der AA-Philosophie zugrunde liegt, und vor allem auf die Gefahr des «Alles oder Nichts» hingewiesen. Zudem ist der aus den USA übernommene religiöse Einschlag nicht unbedingt jedermanns Sache. Nicht jede Frau wird akzeptieren können, sich mit dem 12-Punkte-Programm in der Hand zur Alkoholikerin zu «bekennen» und sich einer höheren Macht zu überantworten. Aus diesem Grund existieren auch modifizierte 12-Punkte-Programme, die weniger religiös gefärbt sind. Zudem gibt es vereinzelt auch reine Frauengruppen.

6. Die Haltung der Therapeuten

Auch ein Therapeut ist ein Mensch mit bestimmten Überzeugungen, Gefühlen und spezifischen Erfahrungen, die vor allem beim Thema Alkohol mit Sicherheit nicht völlig wertfrei sind. Wie ein Therapeut bzw. eine Therapeutin selbst mit Alkohol oder einer anderen Droge umgeht, kann sich im Kontakt zur Patientin widerspiegeln.

(Ein Therapeut) «Ich trinke eigentlich nicht. Zwei- bis dreimal im Jahr, wenn's hoch kommt. Ich kann auch nicht recht verstehen, warum Menschen unbedingt meinen, trinken zu müssen, das Leben ist doch auch ohne Bier und Schnaps schön, vor allem, wenn man sieht, welches Elend daraus erwachsen kann. Ich habe bemerkt, daß ich in meinen Kontakten zu Menschen, die viel tranken, ungeduldig war, ich sagte ihnen natürlich nicht ins Gesicht, daß sie keine Selbstkontrolle hätten, daß ich sie für willensschwache und bedauernswerte Geschöpfe hielt, aber vielleicht habe ich doch ein bißchen so etwas ausgestrahlt. Mir ging ein Licht auf, als ich während eines Workshops über Suchtverhalten nach meiner Sucht gefragt wurde und zugeben mußte, daß ich viel zuviel arbeitete und zudem noch ein fanatischer Sportler war. Im Grunde kann ich nicht stillsitzen. Mein Sohn ist nicht von seinen Computerspielen loszueisen. Meine Tochter hat den ganzen Tag den Walkman auf den Ohren. So haben wir eigentlich alle etwas.»

(Eine Therapeutin) «Als ich eine Patientin hatte, die zuviel trank und zudem auch noch Kinder hatte, bemerkte ich, daß meine erste Reaktion eine starke Ablehnung war. Daß sie soff, war ihr Problem, aber daß ihre Kinder eine stockbetrunkene Mutter vorfanden, wenn sie nach Hause kamen, das ging mir zu weit. Später merkte ich, daß ich so auf das fixiert war, was diese Frau ihren Kindern antat, daß ich darüber völlig vergaß, daß diese Kinder ja auch noch einen Vater hatten, der sie mindestens genauso schlimm vernachlässigte. Offensichtlich finde ich es schlimmer, wenn eine Frau – noch dazu eine Mutter – sich falsch verhält.»

(Ein Therapeut) «Im Rückblick denke ich, daß ich Patientinnen hatte, die durchblicken ließen, daß sie vielleicht zuviel tranken und daß ich nicht darauf eingegangen bin. Ich neigte dazu, sie etwas beruhigend zu fragen, wieviel sie denn tränken. Wenn sie dann sagten, etwa eine Flasche Wein am Tag, war meine Standardantwort, daß ich das nicht für problematisch hielte. Ich selbst trinke ohne weiteres eine Flasche Wein am Tag, und wenn ich ehrlich bin, manchmal sogar mehr. Wenn ich mich umschaue, sehe ich, daß Therapeuten durchaus zu den Risikogruppen gehören. Wenn man sich den ganzen Tag die Probleme anderer angehört und entnervende Teamsitzungen hinter sich hat, bei denen man immer den besten Eindruck machen will, hat man zu Hause das Bedürfnis, sich ganz schnell zu entspannen.»

(Eine Therapeutin) «Ich assoziierte Alkoholismus bei Frauen vor allem mit ausgepowerten Hausfrauen, die ihre Schnapsflasche im Küchenschrank verstecken. Wenn ich jedoch mich selbst und meine Freundinnen einmal etwas genauer anschaue – alles hart arbeitende, selbständige

Frauen mit wenig Rückhalt –, muß ich zugeben, daß die meisten von uns eigentlich zuviel trinken. Ich frage mich jetzt, ob ich vielleicht deshalb die Signale von Frauen, die, bei Licht besehen, nicht mehr trinken als ich und sich darüber zu Recht Gedanken machen, auch wirklich entsprechend aufgefangen habe.»

(Eine Therapeutin) «Für mich gehören meine Alkoholpatientinnen nicht zu den einfachsten Fällen. Ich habe so meine Schwierigkeiten mit Leuten, die sich in dieser Weise gehenlassen. Als ich mich von meinem Mann trennte und mich in einer ziemlichen Krise an meine frühere Therapeutin wandte, wurde deutlich, wie sehr ich fürchtete, die Kontrolle über mein Leben zu verlieren. Meine eigenen Ängste, daß mir mein Leben entgleiten könnte, äußerten sich also darin, daß ich Menschen ablehnte, die ihr Leben nicht mehr im Griff hatten. Jetzt, wo ich das weiß und einsehe, wie gefährdet ich war, mich selbst gehenzulassen, auch wenn sich das bei mir nicht im Trinken äußerte, kann ich mir etwas besser vorstellen, was bei den Frauen abläuft, die zuviel trinken.»

Vorgefaßte Meinungen bleiben nicht ohne Folgen für den Kontakt zwischen Therapeuten und Patientinnen. Gerade bei Alkoholismus ist man mit einer moralischen Vorverurteilung schnell bei der Hand, aber auch die mittlerweile durch die Forschung widerlegten traditionellen Hypothesen spielen noch immer eine Rolle. Schippers, Emst und van Bilden nennen einige dieser Hypothesen, auf die sich nicht wenige Therapeuten berufen.

Die erste bezieht sich auf die Motivation von Problemtrinkern. Als typisch gilt ein Mangel an Motivation. Unmotiviert ist eine Patientin, die den Auffassungen des Therapeuten nicht beipflichten kann, die behauptet, wenig oder keine Probleme zu haben, oder sich den Richtlinien der Behandlung widersetzt. In einem solchen Fall ist man oft der Meinung, daß die Patientin zuerst einen absoluten Tiefpunkt erreicht haben muß, bevor sie zu motivieren ist. Eine Art Verelendungstheorie also, die eine passive und abwartende Haltung des Therapeuten nach sich zieht. Eine solche Einstellung birgt die Gefahr, daß gerade diejenigen, die noch in der Phase zwischen sozialem Trinken und einer wirklichen Sucht sind, erst dann mit Hilfe rechnen können, wenn sie tatsächlich eine Entziehungskur brauchen. Aus Sicht der Prävention ist diese Haltung wenig produktiv. Damit ist jedoch nicht gesagt – und wir zitieren hier Schippers u. a. –, daß Problemtrinkerinnen keine großen Widerstände gegen eine Veränderung haben könnten. Dies ist jedoch keine Frage der Persönlichkeit, sondern die Folge der attraktiven und positiven Seiten, die das Trinken eben auch hat, seiner hohen kulturellen Akzeptanz und des Fehlens wirksamer Alternativen. Und – wie wir als Frauentherapeutinnen hinzufügen – der Tatsache, daß Trinken zu einem Überlebensmechanismus gehören kann, der erst dann aufgegeben wird, wenn man ihn durch etwas Besseres zu ersetzen weiß.

Die zweite Hypothese oder Mutmaßung besagt, daß Abstinenz die einzig ernst zu nehmende Antwort auf ein Problemtrinken ist. Diese Einstellung führt dazu, daß eine Patientin, die ihr Trinken zwar reduzieren, aber nicht völlig aufgeben will, als nicht motiviert gilt. Und daß ein «Rückfall» mit einem Versagen gleichgesetzt wird. Somit können manche Patientinnen in ihren Kontakten zu Therapeuten das Gefühl bekommen, daß ihnen erst dann effektiv geholfen wird, wenn ihr Alkoholkonsum so eskaliert, daß eine völlige Abstinenz als das einzige Ziel erscheint – ein echter Anreiz zum Weitertrinken, könnte man sagen.

Eine dritte, ebenfalls nicht produktive Ausgangshypothese ist die Überbewertung der eigenen Therapeutenrolle. Deutlicher gesagt: Wenn sich die Patientin verändert, ist das dem Therapeuten zu verdanken, verändert sie sich nicht, ist es ihre eigene Schuld. Untersuchungen (Schippers, 1981) machen deutlich, daß die allgemeine Suchttherapieszene einen Anteil von etwa 10 bis 20 Prozent an der Heilung von Alkoholikerinnen hat und daß die meisten der Patientinnen, die ihre Sucht besiegt haben, dies auch ohne Hilfe von außen geschafft hätten. Häufig geht es dabei darum, die Lebensumstände so zu verändern, daß übermäßiges Trinken als Überlebensstrategie seine Funktion verliert. Die Untersuchung von Schippers befaßt sich nicht mit geschlechtsspezifischen Unterschieden, aber die Vermutung liegt nahe, daß dies gerade der Fall bei Frauen sein wird, die häufiger als Männer «Krisentrinkerinnen» sind und deshalb auch leichter als Männer den Alkohol als Selbstmedikation aufgeben können, wenn die Krise überwunden ist.

Menschen mit einem Alkoholproblem sind außerhalb der allgemeinen Suchthilfe als Patienten und Patientinnen nicht sehr beliebt. Das Bild, das von einem Problemtrinker in den Köpfen existiert, ist nicht sehr schmeichelhaft: unzuverlässig, verlogen, uneinsichtig, wenig kooperativ und nicht motiviert, mit dem Trinken aufzuhören (Kobussen und Booltink). Für viele Therapeuten ist Alkoholismus somit auch eine Kontraindikation, um eine therapeutische Beziehung aufzubauen. Manche Patientinnen werden mit dem lapidaren Satz abgespeist: «Lassen Sie sich erst einmal gegen Ihr Alkoholproblem behandeln und kommen Sie wieder, wenn Sie nicht mehr trinken.» Es mag Fälle geben, in denen ein solcher Rat durchaus angebracht ist. Wenn sich die Alkoholsucht in einem Maße verselbständigt hat, daß die Entzugserscheinungen zu schlimm werden, oder wenn die betreffende Patientin es nicht schafft, sich ausgenüchtert auf den Weg in die Therapiesitzung zu begeben, kann eine institutionalisierte Suchtbehandlung die bessere Alternative sein. Aber gerade für viele Frauen ist das Trinken eben nicht das Hauptsymptom, sondern ein Nebenprodukt anderer Konflikte. Im Grunde wird einer solchen Frau gesagt: «Geben Sie erst einmal Ihre Überlebensstrategie auf, dann reden wir weiter.» Von daher ist es kein Wunder, daß viele Frauen, die zuviel trinken, zunächst mit verdeckten Karten spielen oder die Sache bagatellisieren und damit genau das Bild bestätigen, das sich der Therapeut zurechtgezimmert hat. Aus einer Untersuchung von Burgers und van der Toorn (1993) geht hervor, daß Männer 1,4mal mehr trinken, als sie bei der ersten Frage zugegeben hatten; bei Frauen ist dies im Durchschnitt 3mal soviel. Wir könnten darin eine Bestätigung des Bildes vom unzuverlässigen und verlogenen Problemtrinker sehen, wobei Frauen die schwierigeren Patienten sind, wir könnten dies als typisch für das Krankheitsbild Alkoholismus interpretieren. Aber wir könnten auch der Frage nachgehen, warum jemand, der im Prinzip um Hilfe bittet, ein offensichtlich so ausgeprägtes Bedürfnis hat, seinen tatsächlichen Alkoholkonsum zu verharmlosen.

Es gibt noch genügend Therapeuten, die Alkoholismus nach wie vor als Krankheit begreifen. Für sie ist Abstinenz die einzige Lösung, und jemand, der dazu nicht sofort bereit ist, gilt in ihren Augen als nicht motiviert und somit als prinzipiell nicht behandelbar. Sie berücksichtigen dabei jedoch nicht, daß zwischen einem übermäßigen Alkoholkonsum und einer echten Sucht oft ein Zeitraum von vielen Jahren liegen kann. Jahre, in denen sich die Betroffenen vielleicht immer wieder fragen, ob es nicht vernünftiger wäre, den täglichen Konsum zu reduzieren, wo diese Frage jedoch eng mit anderen Problemen verknüpft und das Verhältnis von Ursache und Wirkung noch nicht erkannt ist. Trinkt eine Frau ab und zu mehr, als ihr guttut, weil es in der Ehe nicht mehr läuft oder die Beziehung nicht mehr stimmt, was bekommt sie dann dafür, wenn sie ihren Konsum auf ein vertretbares Maß beschränkt? Wie kann sie sich trotzdem gut fühlen und womit kann sie sich trösten? Die Motivation, weniger zu trinken, wird für eine solche Frau stärker, wenn sie das Gefühl hat, daß ihr Trinken als Form eines «coping behaviour» akzeptiert wird, für das es durchaus Gründe gibt, wenn sie selbst entscheiden kann, ihren Konsum zu reduzieren, wenn sich herausstellt, daß dadurch auch ihre Probleme geringer werden oder umgekehrt, daß ihr Bedürfnis nach Alkohol schwächer wird, wenn sie einen Einblick in ihre Probleme bekommt.

«Für eine gute Diagnostik», sagen Kobussen und Booltink, «muß man unbedingt erkennen, daß es oft Jahre dauert, bis sich ein übermäßiges Trinkverhalten zu einer Form des Alkoholismus entwickelt hat, die als irreversibel betrachtet werden muß. Von daher besteht das Ziel einer Therapie auch nicht ausschließlich in einer völligen Abstinenz, sondern kann in einigen Fällen auch auf eine Reduzierung des Alkoholkonsums hinauslaufen. Obwohl dies für viele schwere Trinker keine realistische Perspektive ist, kann es für eine bestimmte Gruppe, die noch nicht so schwerwiegende Alkoholprobleme hat, ein durchaus realistisches Ziel sein.»

Bei Männern beginnt die «Alkoholkarriere» oft früher. Frauen sind häufiger Problemtrinkerinnen. Das könnte darauf hindeuten, daß gerade Frauen am effektivsten mit einem zweigleisigen Modell geholfen werden kann: die Ursachen erhellen und schauen, ob ein maßvollerer Umgang eventuell ein Ausweg ist.

W. R. Miller hat ein motivierendes Gesprächsmodell entwickelt, das von anderen Prämissen ausgeht als das Krankheitsmodell, wie es unter anderem den AA-Strategien zugrunde liegt. Er sagt: Eine Patientin muß nicht von Anfang
an eine Veränderung wollen. Es ist gerade die Aufgabe des
Therapeuten, das Motivationsgespräch in Gang zu setzen.
(Dieses Modell wird bei Englebert/Schoonhoven dargestellt.) Miller illustriert die Entscheidungssituationen, vor
die eine Alkoholikerin gestellt ist, anhand einer Waage. Die
«Problemtrinkerin» wägt verschiedene Aspekte gegeneinan-
der ab. Auf die eine Waagschale können die Symptome gelegt werden, die davon zeugen, daß etwas nicht stimmt, zum
Beispiel ein Kater, häufige Streitereien, Schlafstörungen
usw. Dies ist Anlaß zur Sorge. Auf der anderen Waagschale
liegen die Symptome, die dafür sprechen, daß sich alles
noch durchaus im üblichen Rahmen bewegt: schließlich
trinkt jeder in Krisensituationen irgendwann einmal mehr,
als er sollte, eine bestimmte Freundin schüttet noch viel
mehr in sich hinein, es kann doch nicht schaden, ab und zu
einmal über die Stränge zu schlagen, und von dem Säufer,
der sich sturzbetrunken ans Steuer setzt oder nachts die La-
ternenpfähle umarmt, trennen einen doch Welten. Es ist,
kurz gesagt, ein innerer Kampf entbrannt, in den ein Therapeut eingreifen kann, indem er der Betreffenden hilft, eine
motivierte Entscheidung zu fällen. Miller hat fünf Grundprinzipien formuliert, die einen Motivationsprozeß auslösen
können:

1. Leugnen resultiert aus dem Gespräch zwischen der Problemtrinkerin und ihrem Therapeuten.
2. Das Etikett «Alkoholikerin» ist für eine Behandlung nicht
   relevant.
3. Die individuelle Verantwortung liegt bei der Patientin.

4. Wenn es um eine Veränderung des Trinkverhaltens geht, muß eine sogenannte innere «Attribution» geschaffen werden, das heißt, jemand muß die möglichen Veränderungen dem eigenen Bemühen zuschreiben können.

5. Die kognitive Dissonanz (das heißt, das Bewußtsein einer Diskrepanz zwischen Selbstbild und Verhalten) muß vergrößert werden, so daß die Patientin einen Zustand erreicht, in dem sie bereit ist, ihre gegenwärtige Situation zu verändern.

Erläuterung:

1. Keine einzige Untersuchung hat belegt, daß Alkoholikerinnen eine abweichende Persönlichkeitsstruktur haben, also beispielsweise «verlogener» wären als andere. Trifft eine Frau, die noch zwischen einem «Ich mache mir Sorgen» und «Alles halb so schlimm» schwankt, auf einen Therapeuten, der seine Patientin davon zu überzeugen versucht, daß sie zuviel trinkt und auf der Stelle abstinent leben muß, wird sie in vielen Fällen dazu neigen, die «Halb so schlimm-Version» zu verteidigen. Und damit fände sich auch das Bild der Alkoholikerin, die alles abstreitet, bestätigt.

2. Wenn man den Schwerpunkt auf das Negativetikett «Alkoholikerin» legt, werden sich durch die damit verbundene Stigmatisierung auch die Scham- und Schuldgefühle intensivieren, was selten eine Verhaltensänderung bewirkt. Es ist wesentlich sinnvoller, wenn der Wunsch vorhanden ist, auch über die schädlichen Folgen von Alkohol vorurteilslos, ohne einen moralischen Druck auszuüben und irgendwelche Schlußfolgerungen zu ziehen, zu informieren.

3. Die Patientin bleibt für ihren Alkoholkonsum verantwort-

lich und hat dafür auch in den meisten Fällen ihre Gründe. Therapeuten, die ihr Erfolgserlebnis daran messen, inwieweit ihre Patientinnen trockenbleiben können, reagieren auf einen Rückfall mit Ungeduld und Bestrafung. Eine solche Reaktion wird jedoch nur bewirken, daß bei der Betroffenen das meist sowieso schon schwache Selbstwertgefühl noch mehr schwindet. Dies kann dazu führen, daß die Patientin wieder stärker zu trinken anfängt und in Zukunft dazu neigen wird, ihr Trinken zu verleugnen oder zu verharmlosen. Geschieht dies häufiger, wird sie immer weniger das Gefühl haben, ihre Bemühungen könnten Früchte tragen. Es ist weitaus sinnvoller herauszufinden, welche Umstände dazu geführt haben, daß die selbstgesteckten Ziele nicht erreicht wurden. Man muß erkennen, daß es hier um einen Lernprozeß geht, in dem die Patientin die Chance hat, schwierige Situationen in Zukunft eher zu erkennen und mit alternativen Verhaltensformen zu experimentieren.

4. Miller geht davon aus, daß die Betroffene selbst entscheidet, ob sie trinkt oder nicht. Sie ist kein hilfloses Opfer der Krankheit «Alkoholismus». In diesem Zusammenhang ist es sehr wichtig, daß die Patientin ihr verändertes Trinkverhalten als Resultat der eigenen Bemühungen, der internen Attribution, sieht, statt es der Anleitung und den Aufträgen des Therapeuten zuzuschreiben. Jemand kann sich schlecht fühlen, Entzugserscheinungen haben und dennoch den Entschluß fassen, nicht zur Flasche zu greifen. Mit jedem gelungenen Versuch wachsen das Selbstwertgefühl und die Fähigkeit, sein Leben in die eigene Hand zu nehmen.

5. Kognitive Dissonanz bezeichnet eine Befindlichkeit, in der die Diskrepanz zwischen Selbstbild und aktuellem Verhalten bewußt erfahren wird. Manche versuchen

diese Kluft zu überbrücken, indem sie entweder das Selbstbild korrigieren oder ihr Verhalten anpassen. Für Miller beinhaltet dieser Zustand die Möglichkeit zur Veränderung. Ein Beispiel: Eine Frau, die zuviel trinkt und dadurch in eine problematische Lage gerät, kann sich einreden, daß andere viel mehr trinken, und mit diesem Manöver Gedanken und Verhalten wieder in Einklang bringen. Sie kann jedoch auch ihre Gefühle verändern, indem sie das Selbstbild anpaßt: Ich tauge nichts, ich verdiene nichts anderes, es ist doch egal, ob ich sterbe – somit korrespondieren die Gefühle mit dem konkreten Trinkverhalten. Gelingt es, diese Diskrepanz in Gesprächen bewußt zu machen, werden auch andere Lösungen sichtbar.

Das folgende Schema illustriert noch einmal die wesentlichen Unterschiede zwischen dem traditionellen Gespräch, das vom Krankheitsmodell ausgeht, und der motivierenden Methode (Englebert / Schoonhoven, 1992).

Motivationsgespräch	Traditioneller, konfrontierender Ansatz
Leugnen	*Leugnen*
1. «Leugnen» wird als ein interpersonales Verhaltensmuster (Kommunikation) gesehen, das durch das Verhalten des Fragenden beeinflußt wird.	1. «Leugnen» wird als ein Persönlichkeitsmerkmal der Alkoholikerin gesehen, das vom Therapeuten eine harte Konfrontation verlangt.
2. «Leugnen» wird reflektiert.	2. «Leugnen» wird mit Gegenargumenten und Korrekturen beantwortet.

Motivationsgespräch	Traditioneller, konfrontierender Ansatz

Etikett

3. Das Etikett «Alkoholikerin» wird als irrelevant betrachtet.

4. Objektive Informationen über die schädlichen Folgen werden auf eine neutrale Art angeboten, ohne der Patientin bestimmte Schlußfolgerungen aufzudrängen.

Individuelle Verantwortlichkeit

5. Der Nachdruck liegt auf der eigenen Entscheidung der Patientin im Hinblick auf ihren zukünftigen Alkoholismus.

6. Ausgehend von der Information und der Präferenz der Patientin, wird über das Behandlungsziel verhandelt.

7. Kontrolliertes Trinken ist möglich, wenn auch vielleicht nicht für jeden (optimal).

Interne Attribution

8. Das Individuum wird nicht als hilflos angesehen, sondern als jemand, der durchaus in der Lage ist, Kontrolle auszuüben und eine Entscheidung zu treffen.

Etikett

3. Das Etikett «Alkoholikerin» wird stark betont.

4. Objektive Informationen über die schädlichen Folgen werden auf eine konfrontierende Weise angeboten, als Beweis für eine Krankheit und die Notwendigkeit absoluter Abstinenz.

Individuelle Verantwortlichkeit

5. Der Nachdruck liegt auf dem Alkoholismus als Krankheit; dadurch ist keine eigene Entscheidung möglich.

6. Das Behandlungsziel steht von vornherein fest: totale und lebenslange Abstinenz.

7. Kontrolliertes Trinken wird als Möglichkeit für Menschen mit Alkoholproblemen grundsätzlich verworfen.

Interne Attribution

8. Das Individuum wird gegenüber dem Alkohol als hilflos angesehen, als jemand, der nicht in der Lage ist, seinen Alkoholkonsum zu kontrollieren.

Motivationsgespräch	Traditioneller, konfrontierender Ansatz

Kognitive Dissonanz

9. Der / die Fragende versucht der Patientin Aussagen zu entlocken, die eine Besorgtheit über ihr Alkoholproblem ausdrücken.

Kognitive Dissonanz

9. Der / die Fragende versucht die Patientin von ihren Problemen zu überzeugen, indem er / sie Beweise für ihre Alkoholsucht anführt.

7. Schlußfolgerungen und Empfehlungen

Eine Reihe von Empfehlungen an Therapeuten wurde schon genannt. Vor allem anderen wäre es unserer Meinung nach für alle frei praktizierenden Therapeuten eine gute Sache, wenn sie sich intensiv mit den Wirkungsweisen von Alkohol und den Behandlungsmethoden auseinandersetzen würden – auch mit der Methode der Selbstkontrolle, bei der ein Therapeut seine Patientin unterstützen kann.

Wir haben eine Reihe von Punkten zur Diskussion stellen wollen: ob Alkoholismus immer als Gegenindikation zu einer Therapie gesehen werden muß und ob Abstinenz in allen Fällen das einzige Ziel einer Behandlung sein sollte. Auch die Frage, ob man sich in einem ersten Schritt den Hintergrundsproblemen zuwendet oder sich zunächst auf das Alkoholproblem selbst konzentriert, kam zur Sprache. Wir plädieren für ein zweigleisiges Vorgehen, wo und wann immer das möglich ist. Auch das Verhalten des Therapeuten sollte genauer unter die Lupe genommen werden: Es gibt durchaus Therapeuten, die das Alkoholproblem ihrer Patientinnen bagatellisieren oder nicht bemerken, daß sich hinter einem bestimmten Konflikt möglicherweise ein Alkoholproblem verbirgt. Und nicht zuletzt gibt es Therapeuten, die eine Patientin, nachdem sie Farbe bekannt hat, umgehend an eine der offiziellen Beratungsstellen oder Krankenhäuser überweisen. Wir halten es für außerordentlich wichtig, die übliche Stigmatisierung in der Beziehung zwischen Therapeut und Patientin nicht noch weiter zu treiben. Schuld- und Schamgefühle müssen einer trinkenden Frau beileibe nicht eingeredet werden – dafür sorgt sie schon selbst. Die manchmal üblichen konfrontierenden, harten Methoden, die das Ego schwächen, werden bei den meisten Frauen kontraproduktiv wirken. Bei Menschen, die eine Tendenz zum «Externalisieren» haben, das heißt, die dazu neigen, die Ursachen ihres Verhaltens vor allem außerhalb der eigenen Person anzusiedeln – und das tun, aufgrund ihrer Sozialisation, Männer häufiger als Frauen –, kann eine Konfrontation gut funktionieren. Bei Menschen, die eher die Schuld bei sich selbst suchen, anders ausgedrückt, die stärker «internalisieren» – und das ist bei verhältnismäßig mehr Frauen der Fall –, kann die verständnisvolle oder «entschuldigende» Einstellung eines Therapeuten angebrachter sein. Unserer Meinung nach kommen alle Therapeuten nicht umhin, die Problematik ihrer Patientinnen aus einer geschlechtsspezifischen Sicht zu sehen. Wir haben die Erfahrung gemacht, daß der Begriff des Überlebensmechanismus ein wichtiges Instrument sein kann, da er hilft, eine stigmatisierende Terminologie wie Störung, Schuld oder Krankheit zu vermeiden, da er die Patientin nicht aus der Eigenverantwortung entläßt und ihre Persönlichkeit nicht angreift bzw. ihr die nötige Unterstützung gibt, die sie braucht, um ihr Selbstwertgefühl zurückzugewinnen. Zudem halten wir es bei einer geschlechtsspezifischen Herangehensweise für wichtig, einen schärferen Blick für die ganz normale Alltagssituation zu entwickeln, die dazu beitragen kann, daß eine Patientin einen solchen Überlebensmechanismus nötig hat, wie beispielsweise ein ungleiches Machtverhältnis in der Beziehung, eine Sozialisation, die sie zur Überverantwortlichkeit tendieren läßt etc. Auch sollte man sich das soziale Netzwerk, in dem eine Frau lebt, einmal genauer ansehen bzw. fragen, warum ein solches Netzwerk nicht existiert. Viele Therapieformen richten sich allzusehr auf das Individuum und messen dem jeweiligen Umfeld eine viel zu geringe Bedeutung bei.

Ein solches Ausblenden schadet Frauen mehr als Männern, da sie in den meisten Fällen die Verantwortung für die Kinder tragen, ihre Partner häufiger selbst Probleme haben oder ihnen nur wenig Unterstützung geben und Frauen im allgemeinen stärker beziehungsorientiert sind und ihr Selbstwertgefühl über eine Beziehung definieren. Bei einem männlichen Patienten geht man oft wie selbstverständlich davon aus, daß er zu Hause aufgefangen und unterstützt wird. Auf die meisten Frauen trifft dies nicht oder in einem weitaus geringeren Maße zu. Von daher empfehlen wir die Entwicklung einer stärker systemorientierten Methode. Und darüber hinaus sollten alle Therapeuten im Hinterkopf haben, daß sexueller Mißbrauch in der Kindheit oder Jugend ein wichtiger Faktor bei der Herausbildung einer Überlebensstrategie sein kann, der unbedingt in den therapeutischen Prozeß miteinbezogen werden muß.

Wir sind uns absolut bewußt, daß wir mit diesem Buch nicht mehr als einen Denkanstoß geben konnten. Wir hoffen, daß man in Zukunft mehr Interesse für die große Gruppe von Frauen (und Männern) entwickeln wird, die sich zu Recht Sorgen über ihr Trinken machen, ohne daß man sie sofort in die Kategorie der «Süchtigen» einordnen könnte. Auch unter dem Aspekt der Prävention ist es wichtig, daß vom therapeutischen Sektor aus mehr für diejenigen getan wird, die noch nicht die Grenze zum chronischen und Problemtrinken überschritten haben. Wir wünschen uns, daß neben den Entwicklungen im Bereich der frauenspezifischen Therapien auch das Interesse für und die Auseinandersetzung mit den geschlechtsspezifischen Aspekten bei männlichen Alkoholikern größer wird. Momentan ist eine lebhafte Diskussion im

Gange, wie die Ausgangspunkte eines systemorientierten Ansatzes und die Prinzipien der frauenspezifischen Therapieformen zusammengeführt werden können. Es gibt also noch eine Menge zu tun.

Literatur

Aarnink, Gerda, ‹Verslaving als overlevingsstrategie›, in: *Verslag werkconferentie gebruikende/verslaafde vrouwen en seksueel geweld*, 9. Dez. 1993, Almelo; Landelijk Platform Vrouwenhulpverlening in de Verslavingszorg, 1994

Aneshensel, Carol und Leonard I. Pearlin, ‹Structural Contexts of Six Differences in Stress›, in: Barnett, Rosalind C., Lois Biener und Grace K. Baruch (Hrsg.), *Gender and Stress*, The Free Press, Macmillan, New York 1987

Asher, Ramona M., *Women with Alcoholic Husbands. Ambivalence and the Trap of Codependecy*, The University of North Carolina Press, 1992

Barnett, Rosalind C., Lois Biener und Grace K. Baruch (Hrsg.), *Gender and Stress*, The Free Press, Macmillan, New York 1987

Barnett, Rosalind C. und Grace K. Baruch, ‹Social Roles, Gender and Psychological Distress›, in: Barnett, Rosalind C., Lois Biener und Grace K. Baruch (Hrsg.), *Gender and Stress*, a. a. O.

Barrett, MaryJo und Terry S. Trepper, ‹Treating Women Drug Abusers Who Were Victims of Childhood Sexual Abuse›, in: Bepko, Claudia (Hrsg.), *Feminism and Addiction*, The Haworth Press, New York 1991

Belle, Deborah, ‹Gender Differences in the Social Moderators of Stress›, in: Barnett, Rosalind C., Lois Biener und Grace K. Baruch (Hrsg.), *Gender and Stress*, The Free Press, Macmillan, New York 1987

Benishek, Lois A., Kathleen J. Bieschke u. a., ‹Gender Differences in Depression and Anxiety Among Alcoholics›, in: *Journal of Substance Abuse*, Bd. 4, 1992

Bepko, Claudia und Jo Ann Krestan, *The Responsibility Trap. A Blueprint for Treating the Alcoholic Family*, The Free Press, Macmillan, New York 1985

Bepko, Claudia (Hrsg.), *Feminism and Addiction*, The Haworth Press, New York 1991

Berends, Thea, ‹*Zo 'n keurige mevrouw drinkt toch niet*›. *Probleemdrinkende vrouwen: typologieën en hulpverlening*, Nimwegen, Oktober 1990

Biener, Lois, ‹Gender Differences in the Use of Substances for Coping›, in: Barnett, Rosalind C., Lois Biener und Grace K. Baruch (Hrsg.), *Gender and Stress*, The Free Press, Macmillan, New York 1987

Bilsen, H. P. J. G., ‹Verslaving, fenomeen met veel gezichten›, in: *Tijdschrift voor Alcohol en Drugs* 18, Nr. 2, 1992

Blume, Sheila B. J., ‹Sexuality and Stigma. The Alcoholic Woman›, in: *Alcoholic Health and Research World*, Bd. 15, Nr. 2, 1991

Boland, Gusta, Gerda Aarnink u. a., *Seksueel geweld aan de orde. Werkboek voor het begeleiden van een basiscursus voor hulpverleners*, Medusa, Utrecht 1991

Boon, S. A. und O. van der Hart, ‹Dissociëren als overlevingsstrategie bij fysiek en seksueel geweld. Trauma en dissociatie›, in: *Maandblad Geestelijke Volksgezondheid* 43, 1988

Bridié, Anna, *Opgejut en uitgeput*, Anthos, Baarn 1992

Brug, T. T. und M. Croes, *Van knopen en verlangens. Rapportage knelpunten en behoeften in de hulpverlening aan verslaafde vrouwen met seksueel-gewelervaringen in de regio Rotterdam*, Boumanhuis Rotterdam, November 1993

Burger, I. und S. L. M. van de Toorn, ‹Alcoholgebruik in stadsdeel Scheveningen. Resultaten van een bezoekingsenquete›, in: *Epidemiologisch Bulletin*, Jg. 28, Nr. 4, 1993

Burgh, Marianne van der, *Alkohol-problematiek bij vrouwen. Een exploratieve studie naar de rol van sociale en kulturele normen en naar het funktioneren van de hulpverlening*, Dissertation, Klinische Psychologie, Katholische Universität Nimwegen, Mai 1987

Chodorow, Nancy, *Waarom vrouwen moederen*, Feministische Uitgeverij Sara, Amsterdam 1980

Cleary, Paul D., ‹Gender Differences in Stress-Related Disorders›, in: Barnett, Rosalind C., Lois Biener und Grace K. Baruch (Hrsg.), *Gender and Stress*, The Free Press, Macmillan, New York 1987

Cooper, M. Lynne, Marcia Russell u. a., ‹Stress and Alcohol Use: Moderating Effects of Gender, Coping and Alcohol Expectancies›, in: *Journal of Abnormal Psychology*, Bd. 101, Nr. 1, 1992

Dahlgren, Lena und Anders Willander, ‹Are Special Treatment Facilities for Female Alcoholics Needed? A controlled 2-year follow-up study from a specialized male (EWA) versus a mixed male-female treatment facility›, in: *Alcoholism: Clinical and Experimental Research*, 13, 1989

Dardis, Tom, *The Thirsty Muse. Alcohol and the American Writer*, Ticknor & Fields, New York 1989

Draijer, Nel, *Seksuele traumatisering in de jeugd: lange-termijngevolgen van seksueel misbruik van meisjes door verwanten*, SUA, Amsterdam 1990

Draijer, Nel, *The Structured Clinical Childhood Trauma Interview. Results from a Random Sample of Psychiatric Inpatients*, Amsterdam 1992. (Vortrag, gehalten auf der Weltkonferenz der International Society for Traumatic Stress Studies, Amsterdam)

Draijer, Nel, ‹Psychische en psychosomatische gevolgen van seksueel misbruik en fysieke mishandeling›, in: Baartman, H. und A. van Montfoort (Hrsg.), *Kindermishandeling:*

resultaten van multidisciplinair onderzoek, Bruna, Utrecht 1992

Editorial, ‹Drug Policy: Must We Choose Between Harm Minimization and Abstinence?›, in: *Drugs and Alcohol Review*, 12, 1993

Englebert, J. A., bearbeitet von J. J. Schoonhoven, ‹Het motivationele interview›, in: *Syllabus bij de basiscursus verslavingshulpverlening*, NIAD, Utrecht 1992

Ensink, Bernardine J., ‹Psychiatrische klachten na een misbruikverleden›, in: *Maandblad Geestelijke Volksgezondheid* 4–94, Nr. 4, April 1994

Ettorre, Elizabeth, *Women and Substance Use*, Macmillan Press, London 1992

Forth-Finegan, Jahn L., ‹Sugar and Spice and Everything Nice: Gender Socialization and Women's Addiction – A Literature Review›, in: Bepko, Claudia (Hrsg.), *Feminism and Addiction*, The Haworth Press, New York 1991

Friedan, Betty, *Der Weiblichkeitswahn*, Rowohlt, rororo, Reinbek

Fromberg, E., ‹Breinen, drugs en verslaving›, in: *Syllabus bij de basiscursus verslavingshulpverlening*, NIAD, 1992 (Nederlands Instituut voor Alcohol en Drugs, Utrecht)

Gefou-Madianou, Dimitra (Hrsg.), *Alcohol, Gender and Culture*, Routledge, London 1992

Gelauff, Clementine (Hrsg.), *Vrouwenhulpverlening na seksueel gewelt*, Leergangen Vrouwenhulpverlening, Utrecht 1990

Glaus, Kathleen O'Halleran, ‹Alcoholism, Chemical Dependency and the Lesbian Client›, in: *Women and Therapy*, Bd. 8, Nr. 1/2, 1989, The Haworth Press

Hamilton, Jean A. und Margaret Jenscold, ‹Personality, Psychopathology and Depressions in Women›, in: Brown, Laura S. und Mary Ballou (Hrsg.), *Personality and Psychopathology*, Guilford Press, New York 1992

Hansen, Dixi und Anja Meulenbelt (Hrsg.), *Werken met liefde. Professioneel commentaar op de lesbische hulpverlening*, Schorer, Amsterdam 1992

Harrell, Andrew W., *Do Liberated Woman Drive Their Husbands to Drink? The Impact of Masculine Orientation, Status Inconsistency and Family Life Satisfaction on Male Liquor Consumption*, Center for Experimental Sociology, University of Alberta, February 1985

Heine, Ben ter, *Alcoholisten en hun partners. Een onderzoek naar de huwelijksrelatie van mannelijke drinkers*, Swets en Zeitlinger, Lisse 1993

Herman, Judith, *Trauma en herstel. De gevolgen van geweld: van mishandeling thuis tot politiek geweld*, Wereldbibliotheek, Amsterdam 1993

Hochschild, Arlie und A. Machung, *The Second Shift*, Avon Books, New York 1989

Hut, Lucas van der, ‹Twee borreltjes, dat kan niet, die fles moet leeg›, in: *Sek*, Nr. 8, 1981

Huijser, Els, ‹Gezinstherapie en de belangen van vrouwen›, in: *Tijdschrift voor Psychotherapie* 19 (3), 1993

Jansen, Anita und Marcel van den Hout, ‹Over verslaving en anticipatieve compensatoire responsen›, in: *De Psycholoog*, September 1989

Karsten, Carien, ‹Verslaving en seksueel geweld; deconstructie van de hulpverlening›, in: *Lezing vrouwen onder invloed*, Stichting Drugshulpverlening, Amsterdam 1992

Karsten, Carien, ‹Wie is er bang voor de verslaafde vrouw?›, in: *Tijdschrift voor Psychotherapie* 19 (5), 1993

Karsten, Carien, *Female Harddrug-Users in Crisis: Childhood Traumas and Survival Strategies*, Utrecht 1993

Kobussen, J. H. A. M. und W. J. J. Booltink, ‹Zelfcontroletechnieken in de psychotherapie: toepassing bij alcoholproblemen›, in: *Tijdschrift voor Psychotherapie*, 19 (3), 1993

Komter, Aafke, *De macht van de vanzelfsprekendheid in de verhouding tussen de seksen*, VUGA, Den Haag 1985

Komter, Aafke, *Omstreden gelijkheid. De macht van de vanzelfsprekendheid in huwelijksrelaties*, SUA, Amsterdam 1990

Krestan, Jo-Ann und Claudia Bepko, ‹Alcohol Problems and the Family Life Cycle›, in: Carter, Betty und Monica McColdrick, *The Changing Family Life Cycle. A Framework for Family Therapy*, Allyn and Bacon, Boston 1989

Ladis 1993, Stichting Informatievoorziening Verslavingszorg IVV, Utrecht 1994

Lammers, Sylvia, Gerard Schippers und Marianne van der Burgh, ‹Alcoholproblematiek bij vrouwen›, in: *Maandblad Geestelijke Volksgezondheid*, Jg. 43 (1988), Nr. 12

Lammers, Sylvia, ‹Probleemdrinkende vrouwen›, *Nieuwsbrief Verslaving*, Jg. 5, Nr. 1, April 1990

Lammers, Sylvia M. M. und Gerard M. Schippers, ‹Sex as a Variable: a Critical Look at the Place of Female Drinkers in Recent Alcohol Research in the Netherlands›, in: *Contemporary Drug Problems*, Frühjahr 1991

Lammers, Sylvia, *Hulpverleningservaringen van vrouwen met alcoholproblemen. Een onderzoek onder cliëntes van het Boumanhuis te Rotterdam*, Instituut voor Verslavingsonderzoek, Erasmusuniversität, Rotterdam 1991

Lammers, Sylvia M. M., ‹Problem Drinking Women. Sex Role Conflict and Gender Identity›, in: Schippers, Gerard M., Sylvia M. M. Lammers und Cas P. D. R. Schaap (Hrsg.), *Contributions to the Pychology of Addiction*, Swets & Zeitlinger, Amsterdam / Lisse 1991

Lammers, S. M. M., G. M. Schippers und C. P. F. van der Staak, ‹Rebellie en onderschikking: excessief drinken van vrouwen in problematische heteroseksuele partnerrelaties›, in: Staak, C. P. F. van der, und C. A. L. Hoogduin

(Hrsg.), *Persoonlijke relaties en psychopathologie*, Bêta boeken, Nimwegen 1992

Lammers, Sylvia, *Alcoholgebruik bij mannen en mishandeling van partners*, Vortrag auf der 4. Internationalen Conference on the Reduction of Drug Related Harm, Rotterdam, 14.–18. März 1993

Lammers, Sylvia und Daniëlle Mainzer, *Vrouwen, menstruatiecyclus en alcohol*, Vortrag auf der 4. Internationalen Conference on the Reduction of Drug Related Harm, Rotterdam, 14.–18. März 1993

Langenkamp, Coby und Anne Swart, *Voor een liefde lang. Communicatie, autonomie en verbondenheid in lesbische relaties*, Schorer, Amsterdam 1990

Loulan, JoAnn, *Lesbian Passion. Loving Ourselves and Each Other*, Spinsters, Aunt Lute, San Francisco 1987

McConville, Brigid, *Women under the Influence. Alcohol and Its Impact*, Grafton Books, London 1983 und 1991 revidierte Ausgabe

Mc Donald, Maron (Hrsg.), *Gender, Drink and Drugs*, Berg, Oxford USA 1994

Miller, B. A., W. R. Downs, D. M. Goudoli und A. Keil, ‹The Role of Childhood Sexual Abuse of Alcoholism in Women›, in: *Violence and Victims*, 2:3, 1987

Minjon, Bert und Roland D. F. Wolters, *Hulpverlening bij verslavingsproblemen. Een multimethodische benadering*, Samson, Alphen aan den Rijn 1988

Nace, Edgar P., und Madeline Naegle, ‹De behandeling van alcoholmisbruik›, in: *Patient Care*, Dezember 1993

Nicolai, Nelleke, ‹Overlevingsstrategieën›, in: Gelauff, Clementine (Hrsg.), *Vrouwenhulpverlening na seksueel geweld*, Uitgeverij Leergangen Vrouwenhulpverlening, Utrecht 1990

Nicolai, Nelleke, ‹Incest als trauma: implicaties en consequenties voor de behandeling›, in: *Tijdschrift voor Psychotherapie*, 17-1 (I), 1991

Nicolai, Nelleke, *Vrouwenhulpverlening en psychiatrie*, SUA, Amsterdam 1992

Noorlander, Els, ‹Vrouwen, psychiatrie en verslaving›, Lesung in: *Vrouwen onder invloed*, Amsterdam, 26. November 1992, Stichting Drugshulpverlening, Amsterdam

Noorlander, Els ‹De erfelijkheid van alcoholisme›, in: *Syllabus bij de basiscursus verslavingshulpverlening*, NIAD, Utrecht 1992

Oakley, Ann, *The Sociology of Housework*, Martin Robertson, Oxford 1974

Olivier, Christiane, *De kinderen van Jocaste*, Arena, Amsterdam 1993

Oxford, Jim, *Excessive Appetites: A Psychological View of Addiction*, John Wiley & Sons, Chichester 1985

Padayashee, Anshu, Vortrag auf der 4. Internationalen Conference on the Reduction of Drug Related Harm, Rotterdam, 14.–18. März 1993

Post, Jacqueline van der, *Vrouwenhulpverlening in de praktijk*, Jan van Arkel, Utrecht 1994

Rens, H. A. J., M. Cornel und W. M. van Zutphen, ‹Herkenning van problematisch alcoholgebruik in de huisartsenpraktijk›, in: *Huisarts en Wetenschap* 32,2, 1989

Rooijen, Willy van, ‹Hoe volken nippen, drinken, slempen en zuipen›, in: *Onze Wereld*, Juli / August 1993

Rijkes, Astrid (Hrsg.), *Hulpverlening aan lesbische vrouwen. Verzameling artikelen*, Stichting de Maan, Amsterdam, Juni 1992

Saghir, M. und E. Robins, *Male and Female Homosexuality*, Baltimore 1973

Schaap, C. P. D. R., L. Schellekens und G. M. Schippers, ‹Alcohol and Marital Interaction: The Relationship Between Male Alcoholism, Interaction Characteristics and Marital Therapy›, in: Schippers, G. M., S. M. M. Lammers & C. P. D. R. Schaap (Hrsg.), *Contributions to* the Psychology of Addiction, Swets & Zeitlinger, Lisse 1991

Schaap, C. P. D. R. und Kees A. L. Hoogduin, ‹The Psychopathology of Addictive Behavior, in: *Contributions to the Psychology of Addiction*, Swets & Zeitlinger, Lisse 1991

Schippers, Gerard, Andrée van Emst und Henk van Bilsen, ‹Motivatie en probleemdrinken›, in: *Directieve Therapie*, Jahrgang 8, Mai 1988

Schippers, G. M., *Alcoholgebruik en alcoholgerelateerde problematiek. Een sociaalcognitieve studie naar individuele verschillen*, Dissertation, Reichsuniversität Leiden, Swets en Zeitlinger, Lisse 1981

Spee, Yvonne, *Oorzaken en gevolgen van alcoholverslaving bij vrouwen*, Lesung, Symposium Verslaafde Vrouwen In Zicht Boumanhuis, Rotterdam, Februar 1991

Stel, Jaap van der, *Alcohol en zwangerschap*, Zeeuws Consultatiebureau voor Alcohol en Drugs, Middelburg 1989

Toneatto, Anthony, Linda C. Sobell u. a., ‹Gender Issues in the Treatment of Abusers of Alcohol, Nicotine and Other Drugs›, in: *Journal of Substance Abuse*, Bd. 4, 1992

Verslag werkconferentie gebruikende/verslaafde vrouwen en seksueel geweld, 9. Dez. 1993, Almelo, Landelijk Platform Vrouwenhulpverlening in de Verslavingszorg, 1994

Vogt, Irmgard, ‹Idealtypische Lebensmuster alkoholabhängiger Frauen. Ergebnisse einer qualitativen Interviewstudie›, in: *Suchtgefahren* 33, 1987

Vogt, Irmgard, ‹Was hat Emanzipation mit Sucht zu tun?›, in: *Psychologie Heute*, Juli 1989

Vogt, Irmgard, «Gewaltsame Erfahrungen, ‹Gewalt gegen Frauen› als Thema in der Suchtkrankenhilfe», in: *Materialien zur Frauenforschung*, Band 17, Kleine Verlag, Bielefeld 1993

Vulink, Marijke, ‹Lesbische vrouwen en alcohol›, in: Hansen, Dixi en Anja Meulenbelt (Hrsg.), *Werken met liefde*, Schorer, Amsterdam 1992

Waals, Fransje van der, «Mother's Little Helpers», in: Meinen, Annemiek u. a. (Hrsg.), *Op haar recept*, Metis / Vrouwenstudies, Utrecht 1994

Walen, T., ‹Wives of Alcoholics: Four Types Observed in Family Service Agency›, in: *Quarterly Journal for Studies on Alcohol*, Bd. 14, 1953

Walitzer, Kimberly S. und Gerard J. Connois, *Gender and Treatment of Alcohol Problems*, Vortrag auf der Harm Reduction Conference in Toronto, Research Institute of Addictions, Buffalo, New York 1994

Watts, W. D. und A. M. Ellis, ‹Sexual Abuse, Drinking and Drug Use›, in: *Journal of Drug Education*, Bd. 23 (3), Baywood Publishing 1993

Werner, Marlo, *Herr Abhängig und Frau Co? Wenn Frauen zu ‹Co-Abhängigen› erklärt werden – ein Erfahrungsbericht*, Helmer, Frankfurt a. M. 1994

Wiel, A. van de, *Alcohol en ziekte*, Wetenschappelijke Uitgeverij Bunge, Utrecht 1993

Wilsnack, Richard, Sharon C. Wilsnack und Albert D. Klasen, ‹Women's Drinking and Drinking Problems: Patterns from a 1981 National Survey', in: *American Journal of Public Health*, Bd. 74, Nr. 11, November 1984

Wilsnack, Sharon C., ‹Sexuality and Women's Drinking›, in: *Alcohol Health and Research World*, Bd. 15, Nr. 2, 1991

Wilsnack, Sharon C. und Linda C. Beckman (Hrsg.), *Alcohol Problems in Women, Antecedents, Consequences, and Intervention*, The Guilford Press, New York 1984

Wit, Mieke de, ‹Codependency in relaties met druggebruikers›, in: *Vrouw en gezondheidszorg*, August 1994

Zwart, W. M. de, *Alcoholisme bij vrouwen. Onderzoek in een verslavingskliniek naar kenmerken en rehandeling* van vrouwelijke alcoholisten, Stichting Wetenschappelijk Onderzoek van Alcohol- en Druggebruik, Amsterdam 1983